U0852582

县乡中国

县域治理现代化

杨华 著

中国人民大学出版社
·北京·

图书在版编目（CIP）数据

县乡中国：县域治理现代化 / 杨华著．--北京：
中国人民大学出版社，2022.4
ISBN 978-7-300-30494-6

Ⅰ.①县… Ⅱ.①杨… Ⅲ.①县－地方政府－行政管
理－研究－中国 Ⅳ.①D625

中国版本图书馆 CIP 数据核字（2022）第 051296 号

县乡中国
县域治理现代化
杨　华　著
Xianxiang Zhongguo

出版发行	中国人民大学出版社		
社　　址	北京中关村大街 31 号	**邮政编码**	100080
电　　话	010－62511242（总编室）		010－62511770（质管部）
	010－82501766（邮购部）		010－62514148（门市部）
	010－62511173（发行公司）		010－62515275（盗版举报）
网　　址	http://www.crup.com.cn		
经　　销	新华书店		
印　　刷	涿州市星河印刷有限公司		
规　　格	148 mm×210 mm　32 开本	**版　　次**	2022 年 4 月第 1 版
印　　张	13.5 插页 2	**印　　次**	2025 年 11 月第 26 次印刷
字　　数	251 000	**定　　价**	69.00 元

版权所有　侵权必究　印装差错　负责调换

序 言

吕德文

（武汉大学社会学院教授）

“县官不如现管”是一句俗语，通俗理解是“管事的”不如“办事的”，这是长期以来国家治理的实践样态，乃至于成了基层社会的共识。站在国家的角度，“县官不如现管”当然不是一件好事。因为，它意味着正式权力很可能被非正式权力所歪曲、架空，国家治理的统一性和有效性都无法实现。时至今日，“县官不如现管”仍然是一个有待解释的国家治理命题，本书基于基层丰富的实践场景，试图回答县域治理现代化的方向和路径。

所谓“郡县治，天下安”，县域治理是国家治理的基石。自秦汉确立郡县制以后，“县官”是“朝廷命官”，是皇权的人格化象征，但县以下的官吏却很难说是皇权的代表。事实上，大多数胥吏都具有半正式性，他们或是来自基层社会，是地方势力的代表，或是“县官”的幕僚，与其说是地方官员，还不如说是私人助手。如此，县治就变得极其复杂。

皇权时代的“县官”，大都受益于科举制度。他们未必受过多少专业的行政知识训练，甚至于对国家治理事务也未必了然于胸，但他们所读的“圣贤书”的政治伦理，却足以成为政务处理的指南。在今天，“县官”在国家治理体系中的位置仍然关键。这不在于其权力有多大，管辖人口有多少，处理事务有多复杂，而在于县级行政是国家与社会的交汇点。

某种意义上，“县官”既是政务官，又是事务官。他们需要有全局意识，主动贯彻中央精神，因此需要对政治原则有深切理解。与此同时，他们又是“父母官”，需要对一方百姓负责。传统上，一个好的“县官”往往既是一个文人或学者，又是一个熟练的行政官员。前一个身份意味着，他对政治伦理有深切体会，维护皇权和国家治理的合法性。后一个身份则意味着，他能够体察民情，驾驭地方势力，保证国家治理的有效性。

今天，一个优秀的县级官员，应该既是政务官也是事务官。县是一个完整的治理单元，具有所有政治实践的元素，如果没有大局意识和政治驾驭能力，也就谈不上“和中央保持高度一致”。而相较于传统社会，当前的县域社会已经是一个高度分化和异常复杂的现代社会，对县级官员的行政能力的要求更高。

在这个意义上，县一级的吏治具有双重性，既要防止其乱作为，又要防止其不作为。从自上而下的视角看，吏治的首要任务要防止“乱作为”，避免地方政治的豪强化。具体而言，“县官”必然是国家权力在地方治理中的人格化象征，他们不能成为“土皇帝”，对上欺瞒对下施压，也不能被地方势力架空，出现“皇权不下县”的情况。但从自下而上的视角看，吏治的主要任务是防止“不作为”，避免官僚主义、形式主义泛滥。具体说来，“县官”不能仅仅是一个象征和摆设，不能仅仅成为上级的传声筒，而应该实实在在地回应基层诉求，为地方做实事。

与之相关的是，国家治理也具有双重性，是统一性和灵活性的结合。地方官员只有严格执行上级决策，准确领会政策精神，才能实现国家治理的统一性。也因此，“县官”虽然是一个职业身份，但更是一种制度设置，是科层体制中的一个环节。如果地方上各行其是，就容易导致政策被扭曲。客观上，这就要求“县官”们不能乱作为。反过来，由于每个地方的历史条件和环境条件都不一样，这就要求地方治理需要灵活性，“县官”们应该按照地方实际创造性地执行政策。因此，“县官”不作为，变成“太平官”，是不能允许的。

吏治的双重性和基层治理的双重性之间，存在矛盾。通常而言，如果在国家治理中强调统一性，地方官员的理性选择也许是“不作为”，从形式上应付上级要求，却并不一定会认真对待地方实际。如果国家治理强调灵活性，地方官员又很可能“乱作为”，将国家赋予基层的自由裁量权转化为个人的权力任性而为。

因此，在县域治理中，要实现“县官”和“现管”的有机结合，着实不容易。在帝制时代，“县官”是流官，是国家权力的代表，也是政策统一性的保障，县域治理的主要目标是防止“县官”被数量庞大的地方势力取代，“现管”这一潜规则泛滥成灾。当前，地方治理中的灰色地带仍然存在，潜规则也还有一定的生存空间。然而，更重要的事实是，县域治理的科层化程度已经极大提高，县乡村三级之间已经有了正式的上下级关系。尤其是在监督下乡背景下，基层干部的自由裁量空间越来越小。因此，县域治理的主要目标在于真正激活基层社会活力，重构基层治理自主性，让“现管”起点作用。

很多年来，学术界和社会各界都流行一个看法，把国家治理中出现的一些问题，归咎于“人治”，而解决之道是“法治”。至少从县域治理的经验看，问题没那么简单。历史上的“人治”，与其说是依靠人去治理，还不如说是依“礼”而治，而“礼”源自儒家经典、社会情理，它实际上是另一种制度形态。在这个意义上，在基层治理中强调重视“人治”，并非完全没有道理。今天强调“法治”，强调发挥制度的功能，并不能代替人的主观能动性，也不能消灭社会情理在治理中的作用。如果制度健全了，但人的积极性没有了，也不可能有好的治理效果。事实上，我们今天还如此强调地方领导者的德行与素养，强调群众工作要动“情”，甚至把“德治”与自治、法治的结合当作乡村治理新体系的方向，恰恰说明“人治”还没有过时。

因此，“县官不如现管”的问题，显然不是“人”的问题，而是制度问题。“县官”的权责设置，对其行为规范的要求，甚至于对其形象的塑造，都是制度运作的结果，绝非地方官员的个性使然。反过来说，县域治理中一系列制度要件要发挥作用，也离不开基层干部尤其是地方主要领导的领导艺术。基层治理有人格化的特征，想必是符合国家治理逻辑的。

本书从县域治理的内部视角出发，对县域治理体系、县域治理能力、县域治理的自主空间、基层干部的激励与发展，做了生动和形象的解读。书中的很多内容，在调研讨论、学术报告和日常交流中，我都听作者讲过，深受启发。杨华的文字一大特点是，文笔细腻生动，富有想象力，是“田野的灵感、野性的思维、直白的文风”的范本。读者阅其文章，一定是在享受一场极佳的思想盛宴。

2022 年 3 月 4 日于武汉珞珈山

目 录

第一篇

县域治理体系现代化

条块关系：
博弈与均衡

一方面县委县政府整合部门资源的能力增强，另一方面部门业务转化为县级政治任务的趋势加强，就很可能出现这样的局面：条块关系一改过去合作、竞争、博弈的“条块结合”状态，转变成“条块合一”的状态。所有的工作（无论重要与否）都变成县级党委政府重视的工作，部门从过去完成业务工作转变成推动落实县委县政府的工作，主要扮演协调、督查、考核的角色。县域条块关系问题由部门与县级党委政府的目标不一致矛盾，转变为部门与乡镇的权责不匹配矛盾。

悖论现象：“条条专政”与“块块扩权”并存

最近几年在县域调研，笔者发现从中央到地方部门的权力在强化，同时县一级党委政府对部门资源的整合能力也在增强。这是一个悖论现象。

按常理，条线部门代表中央权威。十八大之后，中央权威增强，条线部门的权力增加，其不受地方党委政府干预执行政策的能力增强。从条线部门的隶属来讲，条线部门的垂直程度增加，而其直属地方党委政府的程度减弱。这一点在环保部门体现较为明显。中央加强生态环保工作，各省对相关机构的隶属关系进行调整，县区一级的生态环境局不再是本级政府的隶属部门，而是转由地级市直接管理，改称“市分局”，其领导班子成员由地级市生态环境局任免。与之类似的还有工商局。垂直程度最高的当属四大银行驻县区分行。生态环境局的垂管化减少了地方党委政府的干预，后者对其资源的整合能力减弱，而中央对各级局机构的直接调动权力增强，即中央命令可以通过条线系统直达基层，而中间受各级党委政府的妨碍较少。国家环保风暴及相应的约谈制度，对地方的震慑作用很大。

部门权力从中央直达基层，绕开了地方党委政府，可能产生一些问题，那就是不顾地方实际刚性行使权力，政策会带来一些负外部性，对地方（基层）党委政府的治理产生消极影响，需要地方党委政府“擦屁股”。由于带着“尚方宝剑”下来，条线部门对地方（基层）意见置之不理，表现出权力“傲慢”的一面，因此常常被斥为“条条专政”。

在县一级，既然县级党委政府对条线部门的整合能力减弱，就意味着其权力或权威受到削弱，能够组织动员的资源减少，可自主做事的空间被压缩。但是，事实刚好相反，县级党委政府在这一时期也完成了权力扩张。主要表现：一是对条线部门资源的整合能力增强，整合的速度加快、力度加大；二是县委书记自主的空间加大，只要他想干的事情，全县条线部门就会集中资源助其实现。县委书记可以组织动员全县资源，依照其战略意图“经营县城”，实现县城在短期内变化的目标。

在不唯 GDP 之后，省委书记、市委书记如何看待一个县委书记的政绩与能力，除了大家都能做到的考核过关之外，主要是“看变化”。很多地方的市委书记每年都要抽个时间带着下面的县委书记到各县区走走，叫“走两区，看变化”，就是到工业园区、城区去看看到底有哪些变化，激发县委书记们的比较意识、竞争意识、看齐意识。一个县委书记要在短短的两三年任期内出政绩，就要使这两个方面起“变化”，让市委书记有印象，甚至让其县城成为全市现场会的召开点。由此，县委书记就要集中资源招商引资和经营县城，就要整合全县资源，但要在短期内使县城发生“与众不同”的“翻天覆地”或“看得见”的变化，仅靠县财政就是不吃不喝也不够，必须加大力度整合分散在各部门内部的资源。显然，县委书记能够做到。

那么，县级党委政府是如何在部门垂管程度强化的情况下，还能扩大对它们资源的整合力度的呢？

以政治的名义：块块对条条资源的整合

实践中，县级党委政府主要是以政治的名义来调动条线部门的资源。十八大之后，中央权威大大增强，中央部门不仅加强政策的执行力度，而且重视的事情越来越多。这样，政令出中南海之后就不变形，各级地方政府在中央重视的事情上层层加码。这些事情就是常说的政治任务或中心工作，诸如党建、扶贫、环保等工作，地方政府对这些工作不能含糊，必须重视，必须做或者必须配合做，否则就是“政治不正确”。

到县域，县级党委政府要把党建、扶贫、环保等工作作为中心工作来对待，还要把它们当作政治资源，用于整合县域内其他部门、单位的资源。即县级党委政府会以某项工作为龙头、为抓手来统领县域内其他的工作，不仅其他工作要配合，还要通过该工作来带动其他工作。

比如扶贫。这是 2014 年以后中国最大的政治任务，五级书记抓扶贫，县乡两级不脱贫不换将。陕西省某县的县长，在 2017 年时调任其他县任县委书记，三个月后因为不得换将的政令又返回原县任县长，从而出现“双县委书记”主政抓扶贫的局面。南方某镇镇委书记是 2013 年任命的三十岁出头的年轻干部，一直干到现在，八年有余，成为该县资格最老的乡镇党委书记。

县级党委政府以脱贫攻坚的名义统领全县经济社会发展全局。一般成立由县委书记、县长任组长（双组长制）的指挥部，下设九大职能部室，如指挥部办公室、宣传部、产业发展部、项目建设管理部、金融服务部、社会保障部、纪律作风部、资金管理部、扶贫协作部，将不同的党政部门、企事业单位作为成员纳入相关部室。这使不同单位在相关部室内部的关系，由之前的部门间关系转变成组织内部关系，这样便于调用相关部门的资源及协调行动。如社会保障部，主要涉及人社局、民政局、卫生局、保险公司、扶贫办等多个部门，与贫困户就医相关的事务、资源动员就在该部室协调解决。如在资金整合上，由金融服务部、资金管理部负责。资金管理部在整合涉农资金方面发挥了很大作用，它将不同层级来源的资金，包括水利发展资金、农业生产发展资金、林业改革发展资金、农村危房改造资金等 14 类资金整合起来，按照“渠道不乱、用途不变、统筹安排、集中投入、各司其责、形成合力”的原则，统筹集中用于支持全县贫困村的重点项目。金融服务部则通过政策杠杆向金融机构获取信贷额度，用于支持贫困户发展。某县共青团向该县农商银行存入青春创业扶贫行动风险防控资金 190 万元，按 1∶5 的倍数向贫困村创业致富带头人、青年领头雁等符合青春创业贷款申请条件的对象发放贷款。

县级党委政府以脱贫攻坚的名义整合各条线部门的资源。

一方面，条线部门要讲政治、讲大局，会积极主动配合和支持县委县政府的工作。这既是为了完成县级党委政府交办的任务，也是为了完成部门本身的扶贫任务。它们做的扶贫工作越多，越能体现它们的“四个意识”，也就越能向县级党委政府及上级对口部门“邀功寻赏”。另一方面，即便县委县政府对资源的统筹使用改变了渠道、用途，从而使部门工作“为难”，它们也不得不遵从，否则就会被认为不支持当前“最大的政治”。这样，县级政府要实现自己的意志，就容易将脱贫攻坚作为政治资源，以脱贫攻坚的名义整合相关资源做自己想做的事情，这会比以一般政策的名义要容易得多。

还比如党建。十八大以后，以“党建＋”的形式来做其他事情，会相对容易。比如，某村支书与村主任有矛盾，村主任不参与村支书搞的村级治理行动，但是如果村支书在村级治理中嵌入党建内容，作为党员的村主任就不得不参与和支持了。还例如，县委书记要进行旧街改造，既要干部群众支持也要部门资金支持，思想动员工作难度大，而如果说搞“党建文化一条街”，工作就容易做多了。

跟扶贫、党建工作一样，生态环保、发展集体经济、乡村振兴工作都是很重要的政治资源，是基层体制内的政治正确。越是讲政治，就越要政治正确，以它们的名义开展工作，就越能达到事半功倍的效果。在县一级，书记县长承担这些政治任务的主体责任，他们以这些政治任务的名义开展工作名正言顺，进而也就成了加强部门资源整合百试不爽的政治资源。

常态治理中的条块博弈：达成两个均衡

在县域内，作为块块的党委政府拥有最高权威并掌握最大权力，能够统领和整合全县资源；作为条条的政府部门则掌握专业资源，拥有独立行使职能的权力。县域条块关系既有合作也有博弈。合作表现在块块对条线部门的权威支持，及条线部门对块块政策的拥护和贯彻。条线部门要在本职工作中体现同级党委政府的中心工作，块块对条线部门的考核也主要是其贯彻中心工作的情况。

条块博弈体现在以下两个方面：

一是条线部门对块块权威资源的利用。党委政府拥有权威资源，条线部门若能获得党委政府的支持，就能更好地贯彻落实自己的政策任务，包括其他部门更能给予配合，乡村两级会调动更多资源放在这些政策任务上。特别是县级部门的政策任务都得到乡镇来落实，若是获得了乡镇党委书记的重视，那么其部门事务在乡镇就是重点工作，乡镇党委书记就会给予重点关注、调动优质资源予以完成，对于县级部门而言，其政策任务落实的质量就较高，也节省了其人力、物力等资源支出。而要乡镇党委书记重视，就得先让县级党委政府重视，最好能够成为县级党委政府的工作任务。

但是，县级党委政府的政策、县级主要领导的注意力是稀缺资源。不是所有政府部门的事务都能轻易转变为县级党委政府的工作任务，更不可能轻易引起县级主要领导的关注。只有让县级主要领导觉得重要之后，才可能成为他们重视的事情。有以下方式能够引起县级主要领导关注：其一，部门管辖事务出了较大问题，甚至引发了舆论问题，主要领导必然会过问；其二，部门领导游说县级主要领导，先让分管领导觉得重要，再由分管领导向县长、县委书记游说；其三，创造部门亮点工作，引起县级主要领导关注；其四，打擦边球，挂靠在其他中心工作之上，如在县级党委政府下发的文件或工作委员会的文件中夹带“私活”，将部门事务纳入其中，从而成为县级综合考核的一项内容。

县级主要领导有自己的意志、判断及关注重点，并不会轻易“上钩”，其注意力资源不会轻易倾斜。即便是领导予以“关注”了，也会对部门事务进行注意力“定级”：如有的非常重视，有的相对重视；有的长时期重视，有的短时期重视；有的会亲自盯着要求有回应，有的则交代下去而不再关注；有的会召开现场会，有的则召集联席会议；有的出台文件，有的只是口头表达；有的主要领导关注，有的分管领导重视。如果领导对什么事情都平均用力，就会把自己累死，工作还不一定干得好。如此，部门领导也就知道自己的事情要引起领导关注不是一件容易的事情，要游说领导就要拿得出过硬的理由，否则就是自讨没趣。亮点工作也不是随随便便就能创造的。因此，部门领导只有在真正重要的事情上才会厚着脸皮找领导。

所以，在条块关系互动博弈中，只有真正重要的或事关全局的部门事务才会成为县级党委政府的政治任务，县级主要领导才会倾注注意力。而一般性的部门事务，则很难受到县级主要领导的重视。这是条块博弈中达成的第一个均衡。

二是块块对条线专业资源的利用。党委政府并不掌握具体事务治理的资源，尤其是除人力、财政之外的专业资源，包括专项经费、专业人员、专业技术、专业设备、专业权力等。这些资源掌握在政府部门手中。专业资源都是法定的，要使用它们需要法定资格、权限，走法定程序，条条框框很多，不能随便动用。政府部门按照法定原则使用资源落实专业事务，承担了绝大多数县级治理事务。但是，县域内有些事务是综合性的，非某一个部门能够独立完成，需要协调多个部门的资源，其中就包括县级主要领导为实现自己的政治抱负自行创设的治理和政策议题，俗称“领导推动的工作”，诸如各种运动式治理，具体如小城镇建设、涉农资金整合、创卫行动、三改一拆、全域旅游等。县级主要领导要让自己推动的工作落地，就要调动和整合相关部门的资源。

对于相关部门的领导来说，一方面，县级党委政府交办给他们的这些事情是其专业事务之外的“社会面事务”，是额外的事情，他们并不想多干活。因此，一开始领导找他们谈的时候，他们本能地会找各种理由推掉，希望最好是让领导推动的工作“胎死腹中”。另一方面，领导推动的工作有时间紧、任务重、压力大的特点，在调动和整合部门资源过程中，往往要改变部门资源流动的渠道、方向、路径等，这些都会给部门工作带来被动局面。支持党委政府的工作，就可能要突破规则；不支持党委政府的工作，则给领导的印象不好，严重的话，部门领导还要被调离岗位、不被重用。例如，某区区长发现全区涉农资金使用分散、混乱，致使事倍功半，想对各口涉农资金进行改革整合。区长先到财政局调查研究，现场某分管副局长和主管科长反对了区长的提议，认为这项工作不合规，区长火冒三丈，后来，二人被降职到乡镇工作。

对于政府部门的领导来说，他们要在不违规和支持党委政府工作之间“走钢丝”，既不能完全不支持领导推动的工作，又不能明显违规。他们一般会在态度上支持主要领导的工作，但同时也会找出许多理由来修正领导的思路，不能完全被领导思路牵着走，更不能完全按领导的意思办。主要的理由就是相关政策与法律、规范。规范摆出来了，领导就说调规、变通，部门的挡箭牌是规范太死、太硬，调规太麻烦，要到省里去，耗时太久。如果要让领导完全放弃自己的想法，就要给出足够硬、足够正当的理由，让领导知难而退。这种情况一般较少。

对于领导来说，他要将自己的想法变成县级工作推动下去，首先要让相关部门的领导理解自己的想法、意图，变自己的想法为他们的想法，进而支持工作、共同制定政策并落实。这就需要领导频繁地参加各种调研会、讨论会、协商会、动员会等，领导的主要注意力要放在这里。县级领导在与部门的沟通协商中，既要根据部门的实际情况提出应对策略，也要及时修正自己的想法。领导要坚持己见，也要拿出合适的理由说服部门领导，不能全是命令。一来一往的博弈，有争辩、妥协，有较劲，有斗争，会耗费领导大量的时间和精力。

由于政府部门并非完全“听话”，也非胡搅蛮缠，于是乎，它们就会对领导想推动的工作有“牵制”“监督”作用。领导的注意力是稀缺资源，而“领导出面”则是最稀缺的资源：只有真正最重要的事情，领导才会出面，才会身体在场。而领导要推动工作，就要与部门进行面对面的沟通、协调和博弈，就要消耗最稀缺的资源。由于政府部门的牵制，领导不能轻易完成“推动工作”的事情，那么，对于领导而言，他要推动的工作就必须是真正重要的、部门认可的事情，而不会将一般的事情放到这个台面上来推动。

即是说，在条块关系体制下，县级主要领导要干成一件事情并不容易，于是他就必须拣重要的干。在这样的体制下，干好事不容易，干坏事也相对不容易。因为有部门牵制，干坏事的概率就要低一些，干大家都接受的好事就可能多一些。表面逻辑如此。这是条块博弈中达成的第二个均衡。

综合以上两个均衡，部门业务转化为党委政府政治任务的是重要的业务，而党委政府要整合部门资源的工作也是重要的事情。只有重要的事情才能转化为政治任务，只有事情重要才能去整合部门资源。

条块天平的倾斜：块块对条条的整合能力增强

在常规治理下，县域条块关系达到两个均衡，使县域治理有重点、有主次、有条理，政府部门主要做专业事情，县级党委政府推动重要工作，部门偶尔配合之，也不会浪费资源和扰乱阵脚。但是最近若干年，县域条块关系发生了很大变化，打破了上述两个均衡。其中一个变化是党委政府权威加强，整合部门资源、推动工作的能力增强，条块关系的天平向党委政府倾斜。

在县域条块关系中，县级主要领导的政策动议要得到部门的支持，就要有依据。政策动议的依据越充足，就越能说服部门领导。中央的政治任务是县级主要领导推动工作的重要依据。中央越有权威，政治任务的政治正确性越强，它们作为政策依据的效果就越好。正是因为县级主要领导在工作推动中，加持了诸如“脱贫攻坚”“党建”“环保”“集体经济”等政治正确标签，才使得原本相对平衡的条块关系被打破，条块天平的重心向党委政府倾斜。

党委政府以“贫困帮扶”的名义整合部门资源，让部门干活，底气更足，因为这是在讲中国最大的政治。有这个理由就可以不要其他理由了。部门要讲政治就要配合工作，主动清除工作推动过程中的拦路虎。部门合法合规的说辞，在政治正确面前底气不足，更不用说它们的小九九。

由于天平向党委政府倾斜，政府部门就起不到对党委政府的牵制作用，更谈不上监督、制约。如此，县级主要领导就可能越来越任性乃至妄为，他们给政府部门施加政治压力，其推动的工作容易得到政府部门的支持，较容易地就能调动部门资源，工作也就容易落实落地。

比如，过去县委县政府要向四大银行贷款搞建设，四大银行是纯垂管单位，与县级党委政府只有属地联系的关系，因此四大银行就不太买账，或者对县级党委政府的要求大打折扣。如今县级党委政府以“脱贫攻坚”的名义来调动资源，四大银行知道只有风险没有利润，但也得咬牙支持。农商银行对此就更加积极。县里成立城投集团整合各类公共资源，再以公共资源作为抵押向银行贷款，银行一看公共资源“有价无市”，一般不愿贷。但是，若城投集团以“扶贫开发”“环境整治”的名义贷款，就要容易得多。城投集团整合分散在各部门、各单位的公共资源，如水利局的水面、林业局的林场、自来水公司的饮用水、公交集团的公交线等，也更加容易。

由此，推动工作本身就不会消耗县级主要领导太多的时间和精力，这样会有两个结果：一是他们推动的工作会增多。以前认为不重要、不紧迫的工作，他们也会通过做批示、出政策给予关注。这意味着，乡镇政治任务一大堆，事无巨细，几乎所有的工作都变得重要。二是干好事的能力增强，做错事的可能性也增加。由于没有部门的牵制和监督，许多大而无当、不计成本、消耗浪费、寅吃卯粮的政绩工程就可能堂而皇之接二连三地推出。

条块之变：从条块结合到条块合一

部门的业务工作政治任务化趋势加强，也是县域条块关系变化的内容之一。表现在三个方面：一是中央省市重视的事务增多，到了县域就成了中心工作。这些事务许多原本是部门业务（如环保、党建、安全工作），成了县级中心工作之后，事权、责任向乡镇压实，职权、监督权则掌握在部门手中。二是中央省市重视的事务有不少是综合性的、社会改造性的，如环境卫生整治、改厕、乡村振兴等，涉及不同部门的某些相关业务。于是，这些部门就将部门的其他业务也纳入综合事务中，或者其他部门千方百计地将自己的业务纳入综合事务中，从而把自己的业务工作转变为县委县政府的工作。三是县级主要领导重视的事情增多，与这些工作相关的部门的业务也顺带转变为县委县政府的事务。

这样，一方面县委县政府整合部门资源的能力增强，另一方面部门业务转化为县级政治任务的趋势加强，就很可能出现这样的局面：条块关系一改过去合作、竞争、博弈的“条块结合”状态，转变成“条块合一”的状态。所有的工作（无论重要与否）都变成县级党委政府重视和推动的工作，部门从过去完成业务工作转变成推动落实县委县政府的工作，主要扮演协调、督查、考核的角色。那么，事权、责任都到乡镇了，乡镇要重视所有部门的事务，对所有事情都使较大的力。

在县一级条块合一了，县域条块关系问题由部门与县级党委政府的目标不一致矛盾，转变为部门与乡镇的权责不匹配矛盾。

2021 年 4 月 17 日

资源与考核：
条块体制中的支配关系

过去，条块关系问题的核心是协调县级部门与县委县政府的关系。随着双方矛盾性减弱、一致性增强，条块关系演变成县级部门与乡镇街道的关系。部门要支配乡镇，乡镇要自主，乡镇干部要“自救”，就会采取各种反制手段，如避责、形式主义等。如何处理好部门与乡镇的关系，是当前条块关系研究面临的新课题。

工作落实中的部门与乡镇

上面对工作落实越来越重视，县级部门就要加强工作的推动力度。部门可做的有两项举措：

一是强化部门设在乡镇、村的“腿”，通过完善部门的组织体系来强化工作落实。在北京平谷区，每个部门不仅在乡镇有自己的站办所，将事业编人员和临聘人员充实进去，在村一级也聘用了专职工作人员，如司法所的司法员、民政办的民政干事、残联的助残员、国土所的国土助理员等。部门的组织体系越完整，力量越充沛，其工作任务落实得就越好。各部门都希望自己有“大长腿”，不断向编办诉苦要编制。

二是强化对乡镇的调动力度，通过乡镇党委政府重视来推动部门工作落实。这就会涉及条块体制中部门与乡镇的关系。部门是主抓业务工作的单位，业务工作需要到乡镇来落实，部门的工作落实情况与乡镇的重视程度有关。乡镇作为一级党委政府，有自己的工作优先主次判断，不会对各部门事务都均衡用力。这样一来，部门要落实好自己的工作，就要竞争乡镇主要领导的注意力，充分调动他们的积极性。虽然部门代表的是县委县政府，它们的工作乡镇不能推卸，但是在级别上，乡镇与部门是同级，相互之间没有隶属关系，部门不能强制乡镇重视自己的工作。

在大部分地区，部门的组织体系还无法渗透村一级，在乡镇也主要依靠乡镇自身的相关力量。因此，部门落实工作主要还是动员乡镇力量。部门可以通过私人关系调动乡镇，例如，某局长与乡镇党委书记私交较好，打电话要求党委书记重视自己的工作。但私人关系具有偶然性，部门需要通过制度规范来调动乡镇，这就涉及条块关系问题。

笔者通过调查了解到，部门对乡镇的调动主要有两种方式：一种是资源调动，一种是考核调动，分别形成了部门对乡镇的资源支配与考核支配关系。

部门对乡镇的资源支配

中部某省 M 县在全国百强县中排名靠前，自主财政资金雄厚。M 县的发展规划是“南工北农”，南部乡镇以发展工业为主，侧重招商引资和工业布局，税收留存较多，可谓财大气粗。北部九镇定位为农业、旅游乡镇，大部分规模企业已搬至南部乡镇。北部乡镇的建设用地指标挪移到南部乡镇，为全县工业发展做出了贡献，县里则统筹向北部乡镇大量转移民生、建设资金。我们调查的 H 镇，本级税收一年只有 3 000 多万元，上缴后留存的可以忽略不计，M 县除包干 H 镇的人员工资、办公经费外，每年还有 5 000 万元的转移支付，H 镇用这笔资金做了大量微民生项目，解决了农村中的许多“小事”，但是较大的水路电气危改等项目，还需要镇村组向上争取项目。

M 县因为本级财政有钱，各部门的本级财政预算非常充裕，大大小小的项目非常多。各乡镇尤其是北部九镇都使出浑身解数向各部门争取项目。由于 M 县本级项目较多，镇村组就不一定需要到省市争取项目。

M 县在机构改革后，有 26 个科局，各科局的每个科室都有大量的项目可分配。项目分为入库项目和非入库项目。入库项目就是进入了县发改委项目库的项目，每个项目都会公开申报指南，有时限、标准要求，为的是杜绝一个工程申请多个项目，套取项目资源。非入库项目是各科局、科室的预留项目，不一定在网站上公布，镇村组依靠内部渠道和社会关系网络获取信息。有的也会公开，但早已“戴帽”完成，或者时限短，许多单位获悉后来不及申请。

由于各科局乃至科室都有项目资源，而这些项目资源又多是竞争性资源，需要镇村组各显神通去争取。科局的项目越多，乡镇对它们的依赖程度就越高，而它们对乡镇的支配力度就越大。因为项目资源的分配是竞争性而非普惠式的，分配权在科局，所以乡镇要发展、建设，要参与同其他乡镇的锦标赛，就要多争取项目，它们就有求于科局。哪个科局的项目越多，乡镇相对于它就越处于被支配地位。

竞争性项目分配强化了部门对乡镇的权力。乡镇要想获得项目资源，至少得做好以下两件事情：

一是同科局及其科室保持联系。调查发现，乡镇对接相关科局、科室的站办所人员任职时间越长，与科局的关系就越密切，也越熟悉科局的工作和运作，可以获取更多的项目信息和资源。科局的工作专业化程度高，工作人员变动较少，而乡镇工作综合性较强，站办所工作人员调动频繁，刚好与相关科局对接、熟悉好，就可能变动工作岗位。这会给乡镇争取科局项目带来一定的麻烦。比如在M县北部，某乡镇主管农业的站办主任一干就是十年起，他跟农业农村局的关系就较为密切、稳定，虽然该镇农业没有 H 镇发达，农田数量也较少，但每年获取的农业项目资源却是 H 镇的倍数级。

二是做好科局的每一项工作。科局的每个科室都有项目，每个项目都很重要，乡镇要想获得这些项目，就不得不做好每个科室布置的工作任务，不能怠慢每个科室的工作人员。这是最基础的条件。如果乡镇对某个科局某个科室的工作不上心，致使该项工作在全县短周期考评中排名连续落后，就会给科室主任、分管副局长留下不好的印象，严重的还会给他们的工作添堵。这样，即便人家迫于无奈非得给你乡镇项目，也会往小里给、象征性地给。而做好工作的乡镇，则会得到科局的项目奖励，不仅“戴帽”的项目多，非入库项目的金额也会往高里给。如此，凡有项目的单位布置下来的任务就要认真对待，派下来检查工作的人要认真接待。

做好以上两件事情有利于部门工作在乡镇的推动。乡镇落实好了部门工作，部门下到乡镇的资源就更多，乡镇对部门资源的依赖度就更高，部门对乡镇的支配就越强，从而有利于进一步推动工作。

部门对乡镇的考核支配

在 M 县，乡镇能不能通过向省市争取资源来摆脱部门的资源支配？不能。因为M县太有钱了，向省市争取的资源根本不可能与之等量齐观。而且也不是所有乡镇都能够向省市争取资源，只有个别有能量的乡镇党委书记（村支书、组长）才能越级跑项目。M县资源体量大，省市的许多项目、荣誉（及后续配套资源）M县的乡镇看不上，因而县级领导不会主动出面帮忙争取，也懒得去构建、维护与省市厅局的关系，因此，省市项目下到M县的就少。各乡镇也就不得不为本县科局的资源所支配。

M县的科局通过资源能调动乡镇，就不需要通过监督考核来督促乡镇落实工作。我们调查到，M县的许多工作都没有纪委监委的介入，具体工作中也较少出现督查督导组，尤其是短周期考核的工作任务少，这给镇村减少了许多工作任务和压力。县级部门正是有资源可支配，使得考核仅仅是指挥棒，而不是推动工作的利器——它们不需要通过考核进行工作动员。

但是，在一般的中西部地区，县级就是吃饭财政，各科局财政预算少，不仅乡镇不能指望县级科局而要向省市争取项目，而且县级科局本身的很大部分精力也是用于向上跑资源。比如，县级发改委除了承担项目整合打包的工作外，还要协助乡镇、其他科局做好项目申请书的包装工作。因此，乡镇在项目资源上不依赖于县级科局，科局对乡镇支配力较弱，同时也缺乏其他的约束手段。在工作推动上，县级科局对乡镇的项目资源激励弱，双方之间的关系就相对平等。乡镇对科局布置的任务既不会置之不理，也不会花百分之百的心思；科局对乡镇的期待也不是百分之百，只要工作能够在大面上不差就行。

在没有资源约束的情况下，科局对乡镇的动员力度较弱，工作“平平过”、差不多就可以。但随着中央强调工作重在落实，各科局也就要重视工作的落实，它们就要着手动员乡镇。

“手里没有米，唤鸡都不来。”没有项目资源，科局便千方百计地将自己的工作纳入县级党委政府的综合考核中，将之转化成县委县政府的工作，由县委县政府布置给乡镇，自己则成了监督考核方。只要部门的某项工作纳入了县级综合考核，该部门就会成为考核组成员，它就有了指挥乡镇的“尚方宝剑”。由于被纳入综合考核的工作越来越多，考核分值小且分散，在最终总分值中乡镇之间相差很小，拉不开距离，使得某项工作分值再小也很重要。乡镇不仅要将部门纳入考核的这一项工作做好，还要将该部门的其他工作也做好，否则握有“尚方宝剑”的部门就可能在自己纳入考核的工作项中给乡镇打低分，影响乡镇的综合排名。

也就是说，只要科局有一项工作被纳入了县级综合考核，它就有了对乡镇的支配手段。相对于资源支配，这是考核支配。随着被纳入综合考核的部门工作增多，握有“尚方宝剑”的部门就越来越多，甚至连团委、妇联、残联等过去十分边缘的部门都有工作被纳入综合考核，或者成为考核组的成员，从而有了支配乡镇的权力。

与综合考核相伴随的是，县委县政府的工作在落实过程中，还会有密度不一的督查督导形式，以推动乡镇按时保质增量完成工作。越是重要的工作，督查室、纪委、督导组越主动介入工作过程，部门还会缩短考评周期、增加调度频次。有些工作一周一考评，几天一调度。微信工作群里工作进度排名的频次就更高了。问责的压力伴随工作全过程。这样，乡镇就不能懈怠，需要满负荷应对部门工作。

部门对乡镇的支配类型及结果

部门只要对乡镇有支配手段，就可以调动乡镇资源落实自己的工作。相较而言，资源支配是一种正向激励的手段，是部门调动下级的一贯做法。在该激励措施下，完成部门工作的主动权在乡镇手中，部门只是布置了任务，并不对如何、何时完成任务做细致规定，乡镇可以根据自己的实际情况完成工作。同时，项目资源多，乡村两级在做项目中会有盈余，也可以增加乡村两级自主支配的资金，增加乡村治理活力。

考核支配是依托县委县政府权威的支配，实质上是一种政治权力支配。在考核支配下，部门只下任务、不给资源，乡镇硬着头皮、顶着压力、带着怨气按部门的规定亦步亦趋地工作，缺乏工作的主动性和主体性。被综合考核纳入的工作越多，乡镇的工作量和工作压力就越大，乡镇很可能用形式主义应对部门的权力支配和任务考核。

在M县的资源支配中，也存在一个问题，那就是分配资源的部门容易形成既得利益。项目资源越多，既得利益就越大，要想动既得利益就越难。这样造成的一个问题是，项目资源极其分散，科局内部科室及其工作人员都是既得利益者，使得资源整合利用牵一发动全身，非大魄力、大动作不可为。县委书记要整合资源，就要动县里各科局的既得利益，也要动市里对口部门的利益，这样不仅可能引发上访上告，还可能影响政治前途。

过去，条块关系问题的核心是协调县级部门与县委县政府的关系。随着双方矛盾性减弱、一致性增强，条块关系演变成县级部门与乡镇街道的关系。部门要支配乡镇，乡镇要自主，乡镇干部要“自救”，就会采取各种反制手段，如避责、形式主义等。如何处理好部门与乡镇的关系，是当前条块关系研究面临的新课题。

2021年8月9日

县乡关系：
从共谋到卸责

县乡共谋可以解决大疆域、复杂国家的政策灵活性问题，但县乡地方利益也可能消解政策的统一性。县乡在对上负责过程中相互卸责，虽可能保证政策的统一性，但却消解了政策执行的灵活性，同样会带来新的问题。

如何理解从共谋到卸责

在基层政策执行中，各级暗访督查越来越普遍、频繁，媒体还经常报道省委书记、省长暗访。暗访除增加了督导检查力度外，还促成了县级对乡镇督查的加码，而不是与乡镇共谋。然而，迎检与共谋、暗访与加码之间只是表层联系，背后的深层结构是县乡政府间关系发生了改变。过去，县乡因共同利益而建立共谋关系，迎检中的共谋现象层出不穷。现在，县乡之间利益关联减弱，更多地相互卸责，县对乡层层加码，乡对县搞形式主义。

县乡共谋可以解决大疆域、复杂国家的政策灵活性问题，但县乡地方利益也可能消解政策的统一性。县乡在对上负责过程中相互卸责，虽可能保证政策的统一性，却消解了政策执行的灵活性，同样会带来新的问题。

共谋的制度情境

共谋现象指的是，当省级政府下来检查工作时，市县乡村会合谋应对检查；而当市级政府下来检查时，县乡村会合起来应对市级政府；当县级政府下去检查时，乡村两级会共谋。最主要的共谋层级是县乡村。县乡村共谋有以下制度情境：

一是执行方结构。县乡政府间关系具有特殊性，与二者所处的位置不无关系。县级是承上启下层级，既要承接、转化上级政策，推动乡镇落实，又与乡村同处治理一线，一道推动政策落地。因此，作为政策推动者，它与上级利益一致，是对乡村两级的督导、检查、考核方；而作为政策一线落地者，它又与乡村两级利益捆绑在一起，是被检查方、被考核方。然而，因为县级是政策落地方，所以，只要上级监督、检查政策落地情况，就不会将它与乡村区别对待，从而容易将县级推到上级的对立面，使它与乡村的利益联系更紧密。在这个意义上，中央省市作为政策制定者、推动者，与作为政策执行、落地者的县乡村在利益上不一致。县级与中央省市的利益一致性较弱，而与乡村的利益一致性较强。因此，县级利益关系、社会关系的重心在乡村，而不在上级，县乡在面对上级检查时有共谋的基础。

二是一票否决项。并不是所有的迎检都存在县乡共谋现象。只有在上级党委政府综合考核中被定义为“一票否决”的工作上，县乡才会共谋。比如以前的计划生育，是国策、全国性中心工作，该项工作没做好，就会影响全县的综合考评，县级主要领导不能评优，全县各单位不能拿年终奖。还比如信访维稳，乡镇有到北京信访的人员，县乡往往会通过各种渠道将人接回，到国家信访局销号。对“一票否决”项的检查考核属于“硬检查”“硬考核”，影响上级党委政府对下级党委政府的整体工作评价，上下级之间无谈判空间，下级党委政府会高度重视，会同自己的下级党委政府共谋应对上级检查。即便单位被“一票否决”，对单位及领导个人的影响期也只是一年，这就使得某些领导在一些“一票否决”事项上“敢冒风险”，如赌“安全生产”不出事，而不过多投入人力物力。

而一般部门业务工作，由部门进行检查考核，检查考核力度不大，考核结果不影响全局工作评价。被检查考核单位对这些工作及其检查考核不太重视，检查考核部门在检查考核中也不会过于较真，一般都会及格达标。另外，上级部门的业务工作需要下级党委政府配合完成，后者越给力，上级部门工作完成得就越好。因此，对于一般业务工作检查考核，部门与被检查考核单位之间有协商空间，无须县乡共谋。

三是强正向激励。该前提可分为正向激励和强激励两个方面。就正向激励而言，因为县乡作为政策执行者有公共的利益基础，如果上级的检查考核是以正向激励为主，那么，二者就更可能为了共同的正向激励而结成更紧密的“利益联盟”，简单说，就是：乡镇在检查考核中得高分，也就是县级得高分，二者都会因此获得正向激励。负向激励是附带的，如果乡镇在省市检查考核中出了问题，或排名靠后，那么，县一级也会跟着受批评，但一般不会对县级领导产生实质性影响。也就是说，县乡共谋是为了遮盖问题、应对上级，争取检查考核获得好成绩，获得正向激励，而不是避免领导个人被问责，那么共谋而不是撇开责任就成为选择。

就强激励而言，上级重视的工作一般都会附着较强的政治和经济激励。比如，在全省的检查考核中，县里获得了好成绩，市里沾光，往往会奖励县里数十万元的单项奖励；在全市检查考核中，乡镇获得了表扬，县里脸上有光，往往会奖励乡镇数十万元。诸多重要工作连续几年排名靠前，不仅主要领导政治前途看涨，单位其他领导被提拔重用的概率也会增加。那么，强激励就会释放县乡两级的全部能量，共谋则会表现为精诚团结，卸责则表现为一推到底。强正向激励促成了县乡在共谋上的不遗余力。

卸责的制度条件

县乡卸责是指上级党委政府将责任推卸给下级党委政府，下级党委政府通过形式而不是扎实地做好工作来撇清责任。

县级卸责有以下三种情况：一是在划清责任过程中，县级把事情、责任划给了乡镇，而权力、资源不划下去，造成乡镇的“事责权利”不匹配。在诸如环保、安全、国土等执法事项上，乡镇没有法定职权，按照属地管理原则，出了问题就要承担法定责任。县级部门则从主责任部门变成监管部门，主要责任由乡镇承担。二是县级部门将部门业务转化为党委政府的工作，部门从执行者变成监督者。一旦部门业务转化为县委县政府的工作，落实者就变成了乡镇，部门则代表县委县政府负责监督、检查、考核，激励也由部门的弱激励变成县委县政府的强激励，乡镇对部门业务负责就是对县委县政府负责。三是，一旦被上级查出问题，县级会从快从重处分乡镇。在跨级督查、暗访中，乡镇被通报，县级党委政府不再与其共谋并护犊，而是过度问责乡镇以撇清关系、脱卸责任。

乡镇卸责有多种情形。比如，每个岗位事务都按照上级要求走好程序、留好留痕，倒查问题时可细分责任，但不一定真把事情做好了；在做事之前与上级就属事责任与属地责任进行清晰划分，最到位的是列好权力、责任清单；秉持多做多错、少做少错、不做不错的态度，尽量不主动谋事、做事，遇事就躲，明哲保身。

之所以县乡之间会相互卸责，与以下制度条件有关：

一是县乡监督方与执行方对立。随着近年部门角色督查化加剧，县级政策的执行者角色减弱，其推动者、督查者角色增强，县级与上级部门的利益越来越一致，而与乡村的利益对立性加剧。县级从执行者角度转向从政策制定者角度思考问题，心态上更亲近上级，关系上更倾向上级，县乡共谋的基础削弱，而相互卸责的可能性增加。

二是监督问责体系的建立健全。过去综合检查考核的权力在发改委或组织部门、县两办，它们代表县委县政府对乡镇完成中心工作、重点工作的情况进行考核。这些考核虽然是政治考核，但主要是针对业务工作和促进业务工作，考核结果可作为政治奖励参考。一般只有检查中出了纪律、法律、态度问题，纪委才会介入。然而，随着十八大以后，基层监督考核体系的建立健全，对于各项中心、重点工作，纪监委、巡察组、督查办、督导组等都会给予过程介入，业务问题容易上纲上线为政治问题，使乡镇落实工作要承受问责压力。

三是责任主体从单位变成个人。过去检查考核，结果一般针对作为单位整体的乡镇，而不直接针对个人。监督问责体系建立健全的一个重要表现是，所有承担工作的个人因岗位不同、问题性质不同而要承担责任，问责对象主要是个人。单位主要领导承担主体责任，一岗双责，只要某项重点工作、中心工作出了问题或单位出了问题，主要领导要承担主要责任。比如，只要经手了路桥项目，签字了，就负有终身责任。被问责后一般要过了影响期连续三次评优才能被提拔重用，一次三年影响期的问责实际影响期至少是六年，基层领导干部都忌惮被问责。

检查考核的结果从由单位承担到由个人承担，以及领导承担主要责任，结果是：（领导）个人必然（更多地）为自己的安全、前途着想，他的行为策略要么是不做事、不负责，出事问责的概率低；要么做事就要保证绝对安全，将事情按章做到位，乃至做绝，也就是顶格、刚性、加码执行上级政策，而不顾及、不反馈实际情况，更不会冒险变通，造成只知执行、不顾及政策后果、形式主义泛滥的局面；而一旦出问题（被上级查到、有社会影响），就会千方百计地将责任推卸出去，下级是其推卸责任的最好冤大头，从快从重处罚下级就成了必然选择。

个人成为责任主体，每个人首先是“自保”，而不会（更多）考虑单位利益、同事利益。那么，有责任、有担当的人会越来越少，个人对单位的情感以及单位利益共同体也会逐渐弱化。为了“自保”，无论是领导，还是工作各环节的普通干部，在囚徒困境下，都不会为了共同的利益而“共谋”。县乡共谋的制度基础被打破。

四是政治激励以负向激励为主。政治激励是强激励，以负向为主就是强负向激励（见表1－1）。如果说强正向激励可以激发县乡共谋的话，强负向激励则会让县乡主要领导为了各自的政治前途而走向“对立面”：出了问题，县委书记为了不被问责，或降低问责处分档次，就会将责任向乡镇推卸，从重问责乡镇党委书记；乡镇党委书记知道，只要出了问题，县委书记就会拿自己“开刀”，他就不会在工作中为县委书记冲锋陷阵，而是谋求不出事；为了不让乡镇党委书记出事影响到自己，县委书记就会更多地约束监管乡镇党委书记的行为，从而束缚住了乡镇党委书记的手脚，使之畏首畏尾，不敢干活、干不了活，为此县委书记就要向乡镇党委书记施加更大的政治问责压力（督导检查不断地上），推动其工作，在工作上加码，乡镇党委书记的压力也就越来越大。工作上、监督上层层加码是典型的上级卸责的表现。

表1－1　基层政府激励类型

激励类型	正向激励	负向激励
强激励	强正向激励：县乡共谋	强负向激励：县乡卸责
弱激励	弱正向激励：部门—乡镇协商	弱负向激励：部门—乡镇无涉

五是一票否决的政治任务项太多。过去一票否决项就那么

两三项，乡镇能够应付过来，或者可以存在侥幸心理，一些事情不真做，出问题的概率也较低，比如安全问题、信访问题。而随着各部门的工作都转化为党委政府的事情，政治任务越来越多，一票否决项也一大把，只要一项工作出问题，全局工作就受影响。一票否决项多了，出问题的概率就高了，乡镇就不能再存侥幸心理了，不知道哪项工作会出问题，因此哪项工作都要做好、做到位。但是，这么多工作，都逐一做好的话，就要耗费大量的人力、物力资源，乡镇承担不了，只能是将有些工作在形式上做到位，以避开可能的责任追究。

县乡关系变化的深层结构

基层监督问责体系的建立健全，目的是推动上级工作任务的保质保量完成，手段是加强对代理人的监控，核心是确保县乡两级党委书记的“四个意识”，关键是打破县乡党委书记的共谋格局，目标是保证他们真正成为只对上负责、脱离地方利益的代理人。为了达到这个目标，监督问责体系对基层政府体制做了两大改变：

一是领导干部个体成为责任主体。这个改变让领导干部从单位整体利益中解放出来，更多地强调个人的利益，单位或地方利益服从、服务于领导干部个人利益。强调个人利益，就必然带来“自保”和“唯上”。个人的政治利益是最大的利益，而“唯上”才能保障该利益。这样可以确保县乡两级书记对上负责，个人也可能卸责。

二是激励措施以强负向激励为主。这一改变则让县乡党委书记的共谋失去了基础，让他们考虑自己如何才能不被问责，而不是如何获得共同的好处。这样，卸责就有了制度基础。

虽然县乡政府都越来越唯上，但一个是政策推动者，一个是政策执行者，没有了共谋的基础，谁来承担政策执行的主要责任，就成了一个问题。那么，在监督问责体系愈发完备的情况下，卸责就可能成为双方的选择。

2021 年 6 月 13 日

从“乡镇没有两个一把手”说起：
县乡党政关系实践形态

乡镇事务具有整体性，专业性不足，科层部门设置不完整、职能不强，以致权力运行更多的是权威性、协调性、配置性而不是法定性，这为具有总体性特征的乡镇党委书记的权力运行提供了基础。如果说在乡镇只见书记不见乡镇长的话，那么，到县一级，党政关系就要复杂、实质得多。县级党政关系体现在两个方面：一是党委与政府的关系，二是县委书记与县长的关系。

党政关系有制度上的关系，也有实践中的关系。制度规定是前提，实践中因嵌入不同的制度环境、政治生态、权力结构而表现出多种形态。制度上，县级党政关系与乡镇党政关系是一致的。但实践中，二者有较大差异。

“乡镇没有两个一把手”

某乡镇党政办申主任跟我讲了他们乡镇书记与镇长的一个故事。镇长喜欢打篮球，有一次跟邻镇干部约好到邻镇去打友好赛。镇长觉得这不是公对公的事情，就没有想到要跟书记沟通一下。申主任提醒了他，但他觉得没必要。书记知道此事后，在例会上严肃批评了镇长没有组织纪律的行为，并说镇上“只有一个一把手，没有两个一把手”。这句话让镇长十分尴尬，也凸显了乡镇党政关系的实质。

在乡镇不存在书记是党委一把手、镇长是政府一把手的说法。在书记眼中，整个镇上的事情无论是干部人事，还是经济财权，都掌握在自己手中。镇长跟其他干部一样，在书记那里就是普通干部，也要听书记的话。乡镇决定都由书记做出，镇长不能做决定。我在江西一个乡镇访谈党委书记时，镇长三番两次跑过来汇报，说一个村的小组长想在扶贫项目中搞个名额，问书记怎么办。书记挥手说了几次“这种事情你说了算”，这才算是书记授权给了镇长，否则镇长就不能自己做决定。

在其他干部眼中，镇长是主持政府的一把手，地位和权力与其他干部有质的区别。镇长是正科级干部，进入了县域权力的核心圈，官阶、地位都比其他干部高。但是，如果镇长自己也真把自己当个“角儿”了，事事做主，不跟书记沟通汇报，就会引起书记反感。书记会认为镇长没有扮好自己的角色，不仅越权，还有争权的味道。书记需要的是一个能够摆正自己位置的镇长：领会书记的意思和坚定执行决定，有事多沟通、多汇报，没事不找事。

镇长把自己当“镇长”，就使得一个乡镇有两个权力核心，这个乡镇就可能陷入权力斗争的泥潭，什么事都做不成。

镇长的正确角色是党领导下的政府的办事员，不是政府的一把手。尽管书记和镇长的级别都是正科级，但权力和地位相差很大。

乡镇部门不健全不独立

乡镇是一个纯粹的执行部门。政策执行部门与制定部门具有完全不同的权力属性。制定部门可以有多重权力中枢，政策的制定过程就是利益博弈的过程。这样，制定政策虽然耗时较长，但是更符合多元利益的实际，使其在执行过程中较少受到阻碍。政策执行部门则必须政令畅通，快速地将政策执行下去。这个过程中如果还有博弈，就会影响政策执行。政策执行部门的权力应该是集中化、一元化的。越到基层，政策的执行性越强，制定性越弱，权力的集中化程度就越强。

在具体工作上，虽然乡镇党委书记和班子其他成员有名义上的分工，但在面对驻村工作、中心工作时，乡镇干部都是一起干，专业性不那么强，分工也不那么明确。在乡镇治理事务中，分不开哪是党务、哪是政府工作、哪是群团工作，许多工作都是一笼统、一麻袋，搅和在一起，需要党委负责统筹协调。乡镇工作的总体性和统合性，决定了权力行使也要具有总体性和统合性。

这样，乡镇权力也就必然集中在党委书记手中。乡镇是一个整体，无论是政府的事情还是党委的事情，都得让书记知道，要通过书记，这叫规矩。作为镇长，在其中就难以找到自己具体的事务，只有书记分配给他的事才是他要做的事。书记的秉性、好恶、擅长的事情不同，分配给镇长的事情就不同。

比如，A省某镇的书记擅长做具体实务，不习惯在办公室发号施令，他就把镇上党务、纪律及日常事务都交给镇长去管，自己去村里搞征地拆迁、搞小城镇建设、做群众工作或向上跑项目。另一个镇的书记则主要在办公室待着，把任务分配给镇长去执行，自己不插手具体事务。B省某镇的书记则把经济发展、招商引资的事务交给镇长去搞，自己统揽全局。C省某镇的书记则在年初就让各个干部自己制订一年的工作任务，并叮嘱除非重大的、实在需要书记协调的事，一般不要打搅他，他要做的就是年终按计划考核镇干部、协调重大事务。

党委书记不仅掌握了乡镇的人事权，还掌握了乡镇的财权和事权。一般来说，财权掌握在政府一把手的手中。但是，在乡镇，签字权力在书记手中。乡镇长不直接掌握任何权力。

之所以如此，最主要的原因是乡镇的科层化程度不高。所谓“科层化”，就是政府机构（部门）设置是否完整、权力行使是否独立。如果部门设置完整，本级部门又能独立行使职能权力，那么说明科层化程度较高，反之则低。科层化是现代国家构建的重要途径和体现。但是，在乡镇一级的政府部门，一方面，部门是不完整的，即并不是所有的部门在乡镇都有设置；另一方面，这些不完整的部门，大多也是县级部门的派出机构，它们没有独立的行政职能，其人事权、财权和行政权力都掌握在上级部门手中，与乡镇没有隶属关系，乡镇长没有权力调动它们。

垂直站所与乡镇的关系在制度上较为清晰，但在实践中却较为复杂。这些站所虽是上面的派出机构，但是它们又设在乡镇，许多工作需要乡镇层面的配合；它们的人财物权属于上级直属部门，但是权力行使又在乡镇范围内，乡镇有很多工作需要它们配合。所以，乡镇不能直接给垂直站所下命令、分配事务，即便分配了，站所人员也可以敷衍，不完成、完成得不好，乡镇也拿它们没办法。

那么，在实际工作中，垂直站所与乡镇的关系不是隶属关系，而是相互配合的关系。在乡镇，能够协调站所关系的人得满足两个条件：一是权威性，站所会考虑到权威关系而配合乡镇工作；二是长期交往中的私人或工作关系，乡镇的相关分管领导与相关站所交集多，关系较好。前一个条件中的权威是乡镇党委书记，他在县域政治中具有一定权威，跟县级领导、部门领导有一定的关系，下面站所会给他面子；同时，虽然乡镇不掌握站所的官帽子和钱袋子，但是乡镇有对站所一把手的人事建议权和考核参考权，如果乡镇党委书记坚决不愿意某个人任自己所在乡镇站所的一把手，或者向上面反映他的问题，上面都会考虑党委书记的意见。乡镇为了更好地开展工作，会把一些重要的站所一把手选为党委委员，或者给予站所一定的办公经费、年终福利等。鉴于此，站所对乡镇党委书记的工作动员会积极响应，由此也增强了乡镇党委书记的权力。在这方面，乡镇长要逊色。站所需要乡镇配合工作时，就要动员乡镇的力量，而对乡镇的资源动员能力最强的就是党委书记，所以站所要积极搞好与党委书记的关系，自然也会配合党委书记的工作。

就分管工作而言，主要是党委副书记、常务副镇长分管较为重要的部门，比如派出所、财政所等，他们与站所一把手的关系就会较近。在乡镇一级，班子成员虽然有排序排位，但是不存在直接的上下级隶属关系，就是排位靠前的副书记也不能直接命令其他班子成员干活。为了动员其他班子成员协助其工作，副书记就得帮他们干活。比如在某班子成员的工作需要派出所出面，而他又没办法动员派出所时，副书记就可以利用与派出所的关系，请派出所配合该班子成员工作，等下次副书记需要该班子成员干活时，对方也会积极配合。乡镇长不分管具体工作，他跟主要站所长的关系还不如党委副书记。当然，党委书记对站所的动员能力最强，各班子成员要完成自己的分管工作，有时候也需要借助党委书记对站所的权威动员。而乡镇的内设科室，其人事权在乡镇党委书记手中，直接听命于党委书记。

归结起来，乡镇事务具有整体性，专业性不足，科层部门设置不完整、职能不强，权力运行更多的是权威性、协调性、配置性而不是法定性，这为具有总体性特征的党委书记的权力运行提供了基础。乡镇长在这种格局中权力空间较少。

乡镇党委书记的硬作风

担任过乡镇党委书记的人彼此之间就像过去同年考上进士一样，因这种共同的经历而有较强的身份认同。譬如省厅某个副厅级干部与某个处级干部碰在一块，聊到后者当过党委书记，前者说“我也干过”，问“你什么时候干的”，后者说某年到某年，前者说“哎呀，您还是前辈啊！我××年才开始干呢”。二人话题投机，互生好感。干过党委书记是一种具有强烈自豪感的资历，也是向上晋升重要的履历。但仅做过乡镇长却不是基层最好的履历，也不能引发较强的身份认同。

虽然乡镇政府属于最基层政府，部门不齐全，责权利不匹配，但它的事情是综合性的、全局性的。党委书记掌管着乡镇全方位事务，既要协调乡镇层级的利益关系，还要沟通村镇县关系。能够做到乡镇党委书记和做了几个乡镇的党委书记的人都有几把刷子，是全能型、复合型领导人才。

乡镇党委书记的工作除了要对接上面、向上跑资源外，主要就是做群众工作，将农村复杂的事情摆平，同时将乡镇一班子人马拧成一股力量为乡镇干活。农民和乡镇干部都不是文绉绉的人，乡镇党委书记跟他们打交道需要讲究策略。

乡镇是最基层的一线，上面各个部门的事情都得在这里贯彻下去。但是，乡镇一级责权利又最不匹配，乡镇干部事情很多、责任很大，而职权却很小。要把事情办好，乡镇干部、乡镇党委书记就得在机制、手段、技术、方式、方法上创新。所以，经过乡镇党委书记岗位锻炼的人，在治理技术上、群众工作上、资源动员上、关系协调上、政治技巧上都是好手。

相较而言，没有做过乡镇党委书记的委办局长，他们管的是专业技术方面的事务，面比较窄，所能调动的资源不全面，面对的事情没有乡镇复杂，负的责任也没有乡镇大。委办局的事务更多的是按照法律法规或技术技能标准来操作，多数属于标准动作、自选动作，自主空间不足，其所治理事务的后果、风险一般在预测范围之内。委办局的治理事务也较为单一，治理对象较为确定，其内部利益关系也较为简单，额外的治理事务、突发性的治理事件很难发生，处理的利益矛盾不是很尖锐。那么，一直在委办局线上待的领导，无论在视野、魄力上，还是在应付突发事件、群体性事件的能力上，都难以与乡镇党委书记匹敌。

所以说，乡镇党委书记基层经验丰富，政治技巧娴熟，关系动员手段高超，行事风格果断，能够独当一面。

县级党政关系

如果说在乡镇只见书记不见乡镇长的话，那么，到县一级，党政关系就要复杂、实质得多。县级党政关系体现在两个方面：一是党委与政府的关系，二是县委书记与县长的关系。

县级党政关系要实质性得多，因为县级政府的部门是完整的，行政职能是独立的。县政府及其部门作为独立于党委系统的一套体系，有正式的法律制度规范其权力运行，县长是政府行政首长，各委办局长由其签发任命书任命。在这个意义上，县长有调动委办局资源、行使行政职能的权力。

县级党委及县委书记管理的是党务系统，对县域进行政治、组织和思想领导，不涉及具体行政职能。但在实践中，党委统揽一切、协调各方，形成“党委领导，政府主导”的治理局面。党委与政府的关系并不是相互独立的系统，党委较深地介入具体的治理事务之中。县委书记作为县里的一把手，要具体领导县域经济社会事务发展，将自己的意志变成县域发展思路。实践中，操作不好势必造成党委与政府在权力、职能分配上错位，造成县委书记与县长分工协作上的张力。

县级党委介入政府事务主要有几个措施，其中之一是县委常委分管政府事务，每个常委分管一部分政府部门的事务，各部门向常委负责，分管常委承担分管责任。县政府系统各副县长也对各部门有分管责任。这就可能形成双重分管的局面，使各部门分别向党委和政府分管领导负责，增加了管理层次，加大了行政成本，还可能因县委分管领导与政府分管领导意见不同而导致政策无法执行。

党委还通过党委的协调部门介入政府事务。这些协调部门包括政法委、宣传部、农工部等，协调部门扮演着领导和牵头的角色，过去有的协调部门还掌管着所协调部门的人事权。

党组织是党委对政府各部门进行政治、组织和思想领导的重要组织载体，也是介入政府事务的主要渠道。在政府及各部门中都要设立党组织，县长是县政府党组的书记，各部门的主要领导（有党员身份者）是部门党组的成员。县级党委通过党组及其成员来贯彻自己的意志。

对于县委书记来说，除了通过上述组织方式介入政府事务外，还有两种方式来影响和调动政府部门：一是配置干部，二是设立临时机构。

党管干部是党的一项重要原则。在县一级，党管干部主要体现在县委书记有决定和配置县域内副科级以上干部的权力。副科级以上干部的任免需要常委会通过，主要决定权在县委书记手中，其他常委有推荐干部的权力。县委书记通过任免重要委办局一把手来调动政府部门，这些一把手围绕县委书记的思路来行使职权。

设立临时机构来集中办理一些临时性的重要事务，是中国共产党重要的工作传统，也是行之有效的治理工具。在县域治理中，设立临时机构也是政府权力向党委集中的重要方式。县委书记就可能通过常委会的组织形式成立临时机构，将县政府及部门一些重要事务的治权和事权转移到临时机构中来。县委书记可以担任重要临时机构的负责人，也可以任命其他人担任负责人。临时机构向县委书记负责。

在县域，县委领导、政府主导的治理格局已经形成。但是，毕竟政府是一个独立的系统，行政职权掌握在政府及部门手中。实践中，可能出现这种局面：县委及县委书记做出了决策，政府及部门可能不执行或选择性执行。在县级领导架构下，县委书记管干部，县长是财务“一支笔”。县委书记要用钱，需要县长签字。如果县长不签字、不批钱，县委书记做出的决策也就执行不了。即便财政局局长认同县委书记的决策，但是没有县长签字，财政局局长也就没有权力动用财政的钱。

例如，在某县，2013 年国有企业下岗职工上访要求购买社保，县委书记从信访维稳和关心群众的角度在常委会上做出妥当安置下岗职工的决策。但因经费需上亿元，县长认为拿出这么多钱会妨碍县里其他事业的发展，对县委书记的决策不以为然。但是，县委书记的决策又不能不执行，于是县长就划拨了一两百万“意思了一下”，使得这项决策变成了烂尾决策。

委办局长有时也会“软对抗”县委的决定。部门有自身独立的利益，它们要对接上面的任务、政策和法规，同时又要实现县委书记的治理意图，二者可能发生矛盾。一般时候，委办局长会尽力为县委书记跑前跑后。但是，如果要踩线或越线，矛盾就会很大。或者，委办局长就是县长提拔上来的人，不乐意为县委书记跑前跑后。在这两种情况下，委办局长会以法律规章的名义敷衍县委书记。

以上表明，政府科层制越发达、条线部门越独立、依法行政越严格，县级对政府部门的动员能力就相对越弱。

2016 年 11 月 22 日

领导的权威如何树立：
单位政治与一线政治

“单位政治”讨论的是，领导是否有政治地位和政治前途，对获得下级的忠诚、组织动员下级非常重要。下级将自己的政治前途系于领导身上，因为忠诚非畏惧领导权力而听命于领导。“一线政治”的基本原理是，因为要直接解决问题，一线领导需要具有相应的解决具体问题的能力，这既是一线对领导的要求，也是下级对领导的期待。如果领导能够满足要求和期待，就可以与下属建立“权威—忠诚”的关系，从而便于对下属的组织动员。

单位政治：谁有前途跟谁走

调查发现，基层领导在单位或辖区内越有政治地位和政治前途，下属跟着他就越有政治前途，干活也就越有干劲，领导在单位的动员能力就强。反之，领导在辖区内政治地位不高，没有政治前途，下属跟着他看不到希望，也就不愿意给他卖力干活，领导的权威和动员能力就弱。这是单位领导与下属之间的权力实践关系，可称之为“单位政治”。

“单位政治”是单位上下级间的政治，核心是下属的政治前途系于领导的政治地位和政治前途，领导的动员力源于为下属创造政治前途的前景。领导看中的是下属干活的能力，下属看中的是领导的政治地位。官员在体制内的目标是“被提拔重用”，以实现体制内向上流动。对于下属来说，谁有能力为自己实现向上流动的目标，或谁为自己实现了向上流动的目标，就给谁卖力干活。

在单位内部，主要领导的人事权包括两个方面：一是决定权，即对单位内部中层及以下干部的决定权。这是单位主要领导的主要权力，单位领导通过人事决定权来调动普通干部和中层干部的积极性。二是推荐权，即向上级组织部门推荐本单位中层领导或班子成员的权力。本单位内部的人要获得组织部门的认可，单位主要领导的推荐及意见最重要。单位主要领导向组织部门推荐并得到提拔重用的本单位干部越多，单位内部领导干部的晋升流动就越快，对单位内部领导干部的激励就越大。

单位主要领导的人事推荐权取决于主要领导在辖区内的政治地位和政治前途。单位主要领导在辖区内的政治地位高，比如担任过多个乡镇的党委书记和委办局的一把手，那么无论从资历还是从工作能力来讲，该领导在县域政治中都会有较高的认可度，其在县域政治中就拥有话语权，在县级领导面前也有面子，他推荐的干部就更容易获得通过。又如，一名党委书记将一个经济落后、政治不稳定的乡镇治理成全县的明星乡镇，获得了县级领导和全县干部的认可，该党委书记在县域政治中就会有较高的地位，组织部门和县级领导也就会更多地给予他支持。如果县里对这些政治地位高的单位领导都不支持，对他们推荐的人都不更多地予以考虑，那何以激励他们这些人？

有政治前途的单位主要领导也是如此。这些人年轻有为，在众多人中脱颖而出，与辖区内主要领导关系密切。因为他们的政治前途明朗，组织部门或县级领导会更多地支持他们的工作，那么他们就可能获得更多的资源。这样既可以使他们的工作做得更好，又为他们的提拔重用打下更扎实的基础。如果一个单位的主要领导是有政治前途的领导，那么该单位走出的干部会相对较多，干部流动会相对快一些。

在有政治地位和政治前途的单位领导手下工作，下属的发展会更有前景，向上晋升流动的可能性更大，他们在当地的政治地位也更高。那么，他们跟着领导干活有较强的政治激励，也就有动力卖力干活，进而也就提高了领导对单位的组织动员力。一个单位被组织动员起来了，干活的人多了，卖力的人多了，领导的意志更容易贯彻，单位的活会干得更好，单位领导在政治锦标赛中就更容易胜出，也就更有政治地位和政治前途，他在辖区政治生活中就更有话语权，形成正反馈。

相反，如果一个单位的主要领导在辖区政治生活中没有地位，其个人也被认为没有政治前途，那么他在上级组织部门或领导中的人事推荐权就弱，他能够推荐上去的本单位的干部就少，单位干部人事流动少，许多干部多少年都动不了，干部的工作积极性就不高。同时，单位主要领导政治上没地位和前途，会连累单位和干部职工在辖区政治生活中的地位，使其在与其他单位及其干部职工的对比或评比中憋屈。比如每年的评优，弱小单位的名额少，被其他单位及其干部职工看不起，追随这样单位领导的人就少，该领导讲的话、做的指示就不会有多少人听，更不会有人积极地为他分忧解难。如此，单位领导对单位干部职工的动员力就弱，进而使得单位的许多工作推动不下去，单位在锦标赛中落后，领导在辖区政治生活中的地位就会更低，单位内部干部人事流动更不畅，形成负反馈。

更糟糕的是，主要领导被政治问责，或出现重大过失而（暂时）丧失政治前途、政治生命。那么，单位主要领导虽然还在位，但是政治权威已丧失，下面听他话的人寥寥无几。领导使唤不动中层干部，他们跑得再勤快也无济于事，工作局面很难打开。此时就得对主要领导进行调整，“换手如换刀，干活的还是底下那些人，但干劲就不一样了”。

领导没政治前途（地位），下面的人干活没劲；领导越有政治前途（地位），下面的人干活越带劲。这是“单位政治”的基本原理。正如房宁教授所说，官帽子是干部的“总开关”，用官帽子激励官员才是回到了政治录用的基本规律上。领导有政治地位和政治前途，意味着下属有可能获得更大的官帽子，这样才能激励和动员下属。

一线政治：谁有能力听谁的

单位主要领导丧失政治权威的另一个表现是，被底下的人认为没有领导能力，对其领导不服气，在其面前消极怠工不合作。

在实践中，体制内有一线和非一线之分。在上下级关系及权力运行上，也就存在“一线政治”与“非一线政治”之别。

一是关系属性方面的差别。在一线，上下级之间不是上级与下属之间的层级关系，而是共同协作的工作关系，领导还会刻意营造工作团队内部的人情味。因此，一线上下级之间、同事之间的关系较为扁平化，等级性不强；相互之间在工作中较为随意，距离感不强，内部掺杂着各种拟亲关系。在非一线层级，上下级关系以“法定”为主，等级性较强，相互之间有较强的距离感，工作中内部较少有人情关系和拟亲关系。

二是权力实践方面的差别。一线权力运行刚性不足而柔性有余，上级对下级下达任务，不是直接命令，更多带有协商讨论性质，在某些时候上级还要“讨好”下级，求他们把事情办好。上级在布置任务之后，自己不能闲着，他们要跟下级一同完成任务。上级要刻意营造良好的团队工作氛围，通过关心、利益共享等各种策略将成员团结动员起来。在一线，为了更好地调动下级干活，领导还会创造诸多的工作机制，以实现人与人、人与事之间的最佳匹配。在非一线层级，权力的运行是非人格化的、刚性的，领导直接向下属布置任务和下达命令，下属无条件服从。否则，上级可以依照规则对下属问责，或者通过其他方式惩罚下级。

三是权威来源方面的差别。在一线，领导权威来源于职位赋予的权力，职位越重要，权力就越大，在下级面前就越有权威。比如，乡镇党委书记是乡镇一把手，权力要大于乡镇长和其他班子成员，他在下级面前更有权威。此外，领导权威还来源于领导的个人能力及其魅力。一线领导个人的能力包括调动资源、协调关系、解决问题、应对危机等综合性能力。其能力越强，越有领导魅力，下属就越佩服，越会心悦诚服地听领导的话、跟着领导干活。反之，若领导水平差，不能解决问题，乃至“外行领导内行”，领导在下属面前树立不了威信，下属对其命令和领导不服气，也就不会忠诚于领导，不会为领导卖力。对于一线领导的权威来说，权力和能力二者相辅相成，缺一不可。在非一线层级，领导的能力和个人魅力不太重要，只要占据了权力岗位，发布的命令和指示就会有下属去传达、布置和执行。

之所以“一线政治”和“非一线政治”会有上述差别，与一线和非一线面临的问题和所处的环境有关系。一线直接面对具体问题，不仅工作人员要有解决具体问题的能力，一线领导也要有解决问题的能力。一线领导能力越强，在下属面前权威就越高，下属对其就越忠诚。一线工作具有复杂性、多变性、难控性、非规则性等特点，需要充分调动一线人员的积极性和主动性，也需要给予一线人员一定的自主性、灵活性和自由裁量权。那么，一线工作团队就不能等级性太强，权力运行不能过于僵化。而在非一线层级，不直接面对具体治理事务，各个层级主要是起到一个做宏观决策、政策转化或上传下达的作用。领导有没有解决具体问题的能力，并不影响体制权力的运行和上下级关系。非一线层级掌握着较大的权力和资源，可以通过权力和资源来动员下面的人干活，而不需要通过个人魅力或私人关系、情感等来动员。所以，上下级关系完全可以是等级性的，权力运行也可以是直白和刚性的。

所谓“一线”，主要是指基层治理一线，包括街乡治理、街头执法、医院诊疗、企业生产等领域。但是，“一线”是一个相对概念，与具体问题所涉及的面有关系。当问题是在村一级时，村一级是一线，村支书是一线领导，他们需要有解决具体问题的能力。当问题上升到乡镇一级时，乡镇是一线，乡镇党委书记是一线领导，他们需要有处理具体问题的能力。而当问题是市县面上的问题时，市县领导就成了一线领导，他们就要有解决这些问题的能力。省市也有可能成为一线，届时其领导也就成了一线领导，也要有解决这一层级问题的能力。

一旦某个层级从之前的非一线变成一线，其领导就成了一线领导，就必须展示解决具体问题的能力，否则就不能在下属面前树立权威，下属就不会积极配合工作，也就难以指挥得动下面具体干活的人。

上下关系的实践逻辑

在体制内，领导与下级的关系是一个重要的政治问题，它涉及领导能否充分动员下级、贯彻意志。所谓“权力运行”实际上是政治意志在领导与下级之间传递，传递是否畅通与“领导—下级”之间的关系状态有关系。“单位政治”讨论的是，领导是否有政治地位和政治前途，对获得下级的忠诚、组织动员下级非常重要。下级将自己的政治前途系于领导身上，因为忠诚非畏惧领导权力而听命于领导。“一线政治”的基本原理是，因为要直接解决问题，一线领导需要具有相应的解决具体问题的能力，这既是一线对领导的要求，也是下级对领导的期待。如果领导能够满足要求和期待，就可以与下属建立“权威—忠诚”的关系，从而便于对下属的组织动员。

2020 年 2 月 14—15 日

片线结合：

不变体制变机制

乡镇不缺人，缺的是财、权、政策等资源。乡镇要想做好工作，就需要将工作人员最大限度地调动起来。“片线结合”制度将乡镇工作分成科层工作、基层工作和重点工作，再通过“双向选择”的方式，将不同的人配置到不同的工作岗位上，达到人与事、人与人之间的优化组合，实现工作与培养、激励相统一，从而全面调动了乡镇干部的积极性。

机构改革的“三定”方案是指定部门职责、定内设机构、定人员编制。定了之后就成了固定的体制，一般很难再变化。但是，乡镇具体的治理实践并没有按照“三定”方案设定的路径亦步亦趋地走，而是在不违背“三定”方案原则的基础上，针对具体治理事务，创新治理机制，最大限度地利用“三定”方案设定的体制资源，实现基层治理的有效性。基层治理的机制创新激活了体制，转化了体制的优越性。湖南 X 县各乡镇实施的“片线结合”制度，是典型的机制创新。

“片线结合”的基本情况

2019 年 3 月，X 县根据中央和省里的机构改革要求，按照“精简、统一、效能”和“小政府、大服务”的原则，对全县乡镇机构进行了重新设置，共设十个部门，采用“6＋1＋3”的模式。“6”是指六大办公室：党政综合办公室、基层党建办公室、经济发展办公室、社会事务办公室、社会治安和应急管理办公室、自然资源和生态环境办公室。“1”是一个综合行政执法大队。“3”是三个中心：社会事务综合服务中心（挂文化综合服务站牌子）、农业综合服务中心、政务服务中心。

这十大机构按照“职责同构”原则，对应市县职能部门的相应机构，承接这些机构下达的行政业务。乡镇与市县机构并不“上下对齐”，除基层党建办公室只对接县级一个部门（组织部）之外，其他机构都属于综合职能机构，对接市县多个职能属性相近或相关的职能部门。党政综合办公室对接县委办公室和县政府办公室，社会事务办公室对接民政办、社保局、医保局、退伍军人事务局等，自然资源和生态环境办公室对接自然资源局、生态环境局、建设局。这些机构的办公人员也都身兼数职、一岗多责。乡镇班子成员之外的工作人员的编制分别纳入这些机构，改革前属于民政办编制的工作人员统一编入社会事务办公室，之前编制在统计站的工作人员一并划拨到经济发展办公室。这就是所谓“编随事走，人随编走”。不同机构的人员拥有不同的职责，掌握不同的权限，他们所做的事、所承担的责任、所行使的权限都是法定的，他们一般不承担法定之外和其他岗位的任务。

岗位的法定任务是行政业务，属于事务性工作，李元珍将其概括为“科层工作”，就是科层体制要正常运转需要完成的事务。科层工作不能涵盖乡镇所有的工作内容，它只是乡镇工作的一部分，此外还有两项工作，分别是基层工作和重点工作。

基层工作包括农村工作和社区工作。许多科层工作需要到基层落地，是基层工作的部分内容。但是，若每项科层工作都要工作人员直接对接每个村、社区，那么工作人员就难以应付过来。例如新农合、新农保费用的收缴，相关工作人员无法跑遍全乡镇二十几个村，工作量太大，难以在既定时间内完成任务。这样就需要一些人专门来承接科层工作，以使工作更有效率、精准、有力度。那么，这些科层工作就要转化为基层工作。

基层一线还有许多治理事务无法纳入科层机构的职责范围之内，或者由职能机构的工作人员来处理效果不好，但这些工作又必须由乡镇工作人员承担。诸如，做群众工作，必须由对农村工作熟悉、与村民相互熟识的人来做；处理群众矛盾，先要由村组干部和代表乡镇的驻村干部处理一遍，或做前期基础性工作，再交由乡镇综治机构来解决；还有一些是不经过站办所，党委政府直接交办下来的任务，需要在基层落地，也必须由乡镇工作人员去推动，这些一般是综合性事务，如空心房整治、大棚房整治等；还有许多上传下达的工作，如十九届四中全会精神的传达、农村维稳情况上报，因难以由职能机构的工作人员或村干部来完成，就需要有专门的人来做；再如基层民众的许多需求，特别是一些新需求，需要乡村干部及时掌握和回应，就需要有对某些村特别了解的乡镇干部；等等。相对于科层工作来说，基层工作有着细小、琐碎、综合、不定时、无规律的特点，需要发挥乡村干部的积极性、能动性和主体性，因而需要有专门的人来承担。

重点工作是指从乡镇各类工作中划分出来的重要事务，乡镇主要领导对这些事务投入较多注意力，给予较大人力物力投入。重点工作有四个特点：一是综合性较强，单一的职能机构无法完成，需要调动多部门的资源和力量，如征地拆迁、棚户区改造、增减挂钩。二是要与群众打交道，需要动员、协调群众和做群众工作，还可能与群众展开利益和情感博弈。这样的工作也不是每个乡镇干部都能胜任。三是涉及属地发展稳定，如综治维稳、城镇建设、工程建设等工作，而被设定为重点工作。四是具有长期性。重点工作不是阶段性工作，而是乡镇长期要面对的治理事务。即便重点工作中有些具体的治理事务，在某个阶段完成了，但是还会有新的类似的治理事务出现。经济社会发展速度越快的乡镇，重点工作就越多。X县的N镇是城关镇，属地内的重点工程特别密集，其重点工作也就非常多。农业型乡镇的重点工程则相对偏少。因此，重点工作虽然不像创卫、扶贫等中心工作那样需要动员全乡镇的工作人员去做，但仍要有专门的机构和人员来承担。

基层工作、重点工作与科层工作一样，都是乡镇的常规工作。然而，在乡镇机构改革中，机构和编制是依据科层工作来设置的，而没有考虑基层工作和重点工作的量大量小。科层事务量大的机构就增设编制，典型的如基层党建，不仅增设了专门的机构，还增加了编制。乡镇纪检工作也较过去工作量显著增加，县编委就相应地增加纪检干事的编制。科层事务减少的机构则会缩减编制，如N镇原计生办有30个编，机构改革后只剩下8个。“人随编走”，基层工作和重点工作由谁来做？

不仅此次乡镇机构改革没有参考基层工作和重点工作，以往的机构和编制设置也对此视而不见。为了应对基层工作和重点工作，X县各乡镇采取了“人编分离”“混编混岗”的政策，具体做法就是“片线结合”。我们主要调查的N镇2019年共有工作人员149人，其中公务员编制的有45名，包括1名精神病人、1名请假且停发工资的人员和1名编制在县局单位的挂职人员；事业编工作人员104名，包括2名借调到其他单位、5名请假且停发工资的人员。该镇实际在岗人员是139人。乡镇在具体人员的安排上，除党政领导外，其余工作人员皆突破原有机构设置，实行混编混岗，将一部分工作人员从编制所在机构抽离出来，安排到基层工作和重点工作上。

N镇在对工作人员配置时，将全镇的工作分为四大类（见表1-2）：

一类是党政工作，由13名班子成员承担，人数占全部在岗人员的9.29%。

二类是科层工作，共留了53人，占在岗人员的37.86%。科层工作又称“面上工作”或“坐办公室”，是在办公室完成的上级相关职能部门交办的常规任务。

三类是基层工作，共安排了27名工作人员，占在岗人员的19.28%。基层工作又称“片区工作”，将下面的村、社区划分为4大片区，每个片区由1个片长和若干片员组成，他们负责包干村、社区的所有事务。

四类是重点工作，也就是“线”上的工作，共安排了47人做线上的工作，工作人员占在岗人数的33.57%。N镇的重点线工作有两条，分别是综治维稳线和重点工程线。重点工程线是N镇最重要的重点线，工作人员有29人之多，主要工作是协调辖区内重点工程的矛盾。重点工程线由镇人大主席担任主管领导，负责线上的全面工作，下设办公室主任1名，主持线上的日常工作。重点工程线将辖区分成4个片区，将线上工作人员分配到各个片区，每个片区设1个片长，由他主要负责解决片区内重点工程的矛盾。若片区解决不了矛盾，就上报办公室，由办公室主任出面协调，若还解决不了，则由主管领导出面，协调、调配各片区的精干力量共同攻关。

表1-2　N镇工作人员配置

工作类别	公务员		事业编		总计	
	人数	占比	人数	占比	人数	占比
党政领导	13	9.29%	0	0	13	9.29%
科层工作	14	10%	39	27.86%	53	37.86%
基层工作	5	3.57%	22	15.71%	27	19.28%
重点工作	11	7.86%	36	25.71%	47	33.57%
总计	43	30.72%	97	69.28%	140	100%

如表1-2所示，科层工作人员共53名，只占全部工作人员的37.86%，而基层工作和重点工作的工作人员共74名，合占总人数的52.85%，高出科层工作人员近15个百分点。在普通干部中，接近六成的人跳出了自己编制所在的机构和岗位，从事"三定"方案之外的工作。留下来的约四成工作人员，有的调到其他的办公室从事岗位之外的工作，比如从社会事务办公室调到基层党建办或党政综合办公室工作，或者担任纪检委员从事纪检工作。

根据"片线结合"制度，每年年初N镇都会搞一次"双向选择"，即片长（或重点线领导）选片员和片员选片长。先由党委政府定下片长、重点线领导，重点线领导一般不会变化，但是片长会有变化，或者片长管理的片区会有变化。在N镇，片长由中层干部或普通干部担任，但会有班子副职担任片区或重点线的分管领导和主管领导。而在X县C镇，则是班子副职担任片长，中层干部或普通干部担任副片长。片长或重点线领导确定之后进行双向选择，双向选择确定正式名单后，片长或重点线领导会从中选择得力的人担任副片长。

在双向选择中，从工作人员的角度，他们会考虑哪些工作自己能胜任，可以锻炼自己，工作轻松，工作氛围好，领导与自己相互熟悉，自由度高，待遇高等；站在片线领导的角度，他们会考虑谁胜任这项工作，谁会为自己主动干活，跟谁比较默契，谁团队意识强，谁值得培养等。因此，有的人会选择跟某个片长从事基层工作，有的人则选择某个重点线，还有的人会选择留在办公室。那些专业性强的岗位的工作人员，如财政、统计，一般不参与双向选择。双向选择中会出现这样的情况：有的工作人员想去某个片区或重点线，但片长或重点线领导没有看上；还有的则可能片长或重点线领导看中了，但工作人员不愿意跟过去。每年都会有三五个人没有一个片区或重点线要，就要暂时下岗。过去这些人这一年先下岗，等待下一年的双向选择。现在镇领导会做片线领导的工作，将这些人硬塞下去。

片线的工作人员会相对稳定。片长管理的片区也相对稳定，三四年会调配一次片区，某个片长从一个片区调到另一个片区当片长，下面的片员也会跟着过去。片长与片员或者重点线领导与工作人员之间，相处多年，磨合得较好，有感情，工作起来配合度高。比如，重点工程线的罗主席与下面的办公室主任、办公室原主任都是多年的老同事，办公室原主任一直跟着罗主席干：罗主席在政法线的时候，办公室原主任也在政法线；罗主席到重点工程线后，他也跟了过来。因此，在双向选择中，片线领导和一般工作人员都会选择自己熟悉的人、长期在一起工作的人，或是关系好的人。

乡镇是工作的一线，乡镇的领导干部最清楚哪些工作需要多少人、哪些人能够胜任哪些工作。这样，通过“片线结合”的制度安排，在乡镇一级就可以很好地将不同数量的工作人员配置到不同的工作中去，将不同的工作人员分配到不同的岗位上，从而做到“人适其事，事得其人”，最后就能够“人尽其才，事尽其功”。

“片线结合”的必要性

“片线结合”是 X 县的经验。N 镇的重点工程线是 2012 年启动的，“片线结合”制度的设立也是在这个时间点前后。“片线结合”的工作是乡镇的重要工作，但又与中心工作不同。中心工作一般是阶段性的工作，需要调动全乡镇的力量去完成。“片线结合”的工作是长期性的，虽然每个重点线内部有不同的阶段性的工作，但这些工作的性质是相同的，因此，片区管理机构和重点线管理机构都是常设性内设机构。

“片线结合”的制度创新在实践中发挥了很好的作用，也有其实践的必要性。

（1）“三定”方案原初设计的问题。在“三定”方案原初设计中，考虑的只是县级各职能部门任务到乡镇后落地的问题，包括：有哪些行政业务，需要设置多少机构；有多少量的工作，需要配备多少职数和编制；哪些岗位需要专业人员，哪些岗位不需要。将乡镇的行政业务量定下来后，机构和编制也就定下来了，然后将现有的工作人员的编制都纳入各个机构。如果乡镇超职数和编制了，就得先将超额的消化，等到缺编的时候再按编进人。职能、机构、编制的背后是资源。财政按照“三定”方案拨经费，有多少事、多少人就拨多少钱。但是，“三定”方案并没有考虑乡镇本身的基层工作、重点工作。而这些工作是较科层工作更大的一块工作，要消耗更多的人力、物力等资源。但“三定”方案中并没有设置这部分资源，那么，乡镇就必须从“三定”资源中划拨一部分资源到这些工作中来。随着国家对村、社区的投入及改造加强，基层治理的任务会越来越重，所耗费的资源也将越来越多。

“三定”方案中，也没有对乡镇现有人员适合什么岗位进行判断；“三定”之后，有些办公室缺编，也难以判断新进来的人胜任何种工作。也就是说，“三定”方案很难在乡镇做到人事、人岗、人职的匹配。“三定”方案以专业化为准则，要求专业的人做专业的事。但是，乡镇很多工作专业性不强，不同的工作需要的不是专业技能，而是工作人员不同的能力、经验、特点、禀赋及关系。“片线结合”则可以将工作的属性与工作人员的特性结合起来，使二者具有较高的匹配度。

（2）新生事务不断出现的问题。乡镇工作中，新生事务包括两个方面：一是农村社会生长出来的新生事务。由于农村社会极大地融入了现代化之中，出现了一些新的事务，产生了一些新的矛盾和需求，这些都需要乡镇给予解决和回应。二是每个乡镇都有自身的发展定位，希望做出一些亮点，以彰显乡镇的特色和政绩。比如，有的乡镇搞工农产业发展，有的乡镇搞旅游项目，有的乡镇打造文化项目，有的乡镇搞居家养老试验，有的乡镇搞特色小镇，有的乡镇创新党建引领治理，等等。这些项目有的是专业性的项目，能够对接相关职能部门；有的则难以落到某个职能部门。但是，乡镇要想做出成绩，都不能仅靠职能部门，而是需要将其划入重点工作行列，有专门的机构和人来盯着。

（3）工作任务增多抓实的问题。十八大以后，乡镇政权一改取消农业税后悬浮型、维控型政权的特性，变成了积极有为的一级政权，主要表现在执行政策和完成任务上。一方面，上面下达的工程建设和社会改造任务越来越多，这些任务都得在乡村两级落地，乡镇的任务是督促和监督落实情况。另一方面，上级职能部门的各项工作要对接到村到户，件件都要抓落实、求实效。过去，乡镇只抓中心、重点工作，而许多站办所的工作做个七八分能交差就不会做到十分，因而许多工作能应付就应付，绝不会认真地去落实。但是现在，乡镇每项工作都变得重要，都要"狠抓落实"。这就需要加强乡镇落实和推动工作的力度，也就需要有专门的人来做落实和推动的工作。在村一级落地的工作，需要有代表党委政府的人来推动乡村干部落实工作，督导他们工作；而重点工程的工作，则需要直接有人来负责落实。

"片线结合"的机理

"片线结合"之所以能够发挥很好的作用，与其内在运作机理实现了基层相关要素的有机结合有关系。

（1）人与事的有机结合。科层制定编定岗最大的问题是可能造成人事不匹配，不能发挥工作人员最大的优势和潜能。比如，某个人的编制在财政所，搞财务是其专业，但是他可能更擅长写材料或者做群众工作，若他留在财政岗位工作，就不能完全将他的这些能力发挥出来。如果一个不善于跟人打交道但有较高文字水平的人的编制在社会治安与应急办公室，那么他就不太能胜任矛盾调解的本职工作，只有将其调至党政综合办或基层党建办才能"人尽其才"。

在“片线结合”中，除领导岗位和一些专业性较强岗位上的工作人员不能变动之外，其余工作人员都可以在基层工作、重点工作和科层工作之间自由选择。专业性工作人员达到一定工作年限后，在有人接手其工作的情况下，也可以参与双向选择。工作人员自由挑选的岗位一旦被片长或重点线领导接受，就可以做到人事匹配。人事匹配主要包括：一是个人的能力与工作的要求相匹配，能够胜任他所选择的工作；二是个人的偏好与工作的特性相匹配，能够在所选择的工作中找到乐趣；三是个人的个性与工作的环境相匹配，能够与所选择工作的环境氛围相融洽。

在N镇，从事科层工作的主要是年轻人，只有个别专业性站所的人年龄比较大，如财政所、国土所。年轻人一般学历较高，公务员都有大学本科学历，事业编也有高中或大专学历，能够运用电脑和其他现代化设备办公。年轻公务员有较强的文字撰写、政策理解和创新能力，他们能够胜任办公室的材料撰写、经验总结、宣传报道、活动创新等工作。N镇30个非党政领导的公务员中，有14人从事办公室工作，几乎一半的公务员留在了办公室。办公室的另一个显著特点是女性工作人员较多。这与办公室的工作相对有规律、有正常的上下班时间（党政办除外）、不需要处理复杂矛盾、大部分工作相对清闲、有些是窗口工作等有关系。女性的个性特征、需要照顾家庭等正好与此相匹配。

基层工作要下乡、与农民打交道，不仅细小琐碎，而且矛盾复杂，工作人员既要有一定的群众工作经验，还要耐心细致和善于控制情绪，但对文字水平和电脑操作的要求不高。因此，参与基层工作的人一般是有过驻村工作经历或熟悉群众工作且年富力强的人，在年龄上以 30 多岁为主。N 镇 27 个基层工作人员中，有 22 个是事业编，只有 5 个是公务员编。4 个片长都是事业编，2 个是 80 后，2 个是 70 后，都有很丰富的群众工作经验。N 镇的公务员基本上是近 10 年进的人，都较为年轻，没有多少群众工作经验。如果主要让他们参与群众工作（包括基层工作和重点工作），就很容易出问题，比如言语、工作方式不对，可能会引起村里干部、群众的对抗性反应。少数参与基层工作的年轻公务员由经验丰富的事业编工作人员"传帮带"，不单独处理群众矛盾。N 镇基层工作分 4 个片区，共 5 个公务员，每个片区 1～2 个公务员，有 1 个片区没有公务员。

重点线工作主要是解决群众矛盾和协调群众利益关系，不仅关系到乡镇工作能否落实，还涉及全镇政治社会稳定。也就是要解决问题，还不能出问题。所以，重点线上的负责人一般是在该乡镇工作时间特别长、群众工作经验特别丰富、各方面关系都特别熟稔、能调动各方面资源摆平事情的人，"要有魄力，要有口才，讲得心服口服。与群众打交道，要镇得住。"N 镇重点工程线指挥长、办公室主任、办公室原主任都是五十五六岁的老干部，在该镇待了二三十年。该镇综治办共10个工作人员，全是群众工作经验丰富的事业编干部，没有公务员。重点工程线共有29人，40岁以上的人占绝大多数，只有两三个人是二三十岁的事业编。重点线中有11个公务员，他们也都是四五十岁、一直在该乡镇工作的“老乡镇”，工作经验丰富，与群众的社会关系广泛。从性别上讲，重点线工作人员主要是男性，只有少数几个“老乡镇”型的女性。每年都会有个把年轻公务员参与重点线工作，属于锻炼性质，待的时间不会很长，一两年就会调离。

(2) 领导与干部的有机结合。在乡镇治理一线，领导与干部在工作上不是刚性的“命令—服从”的权力关系，因为领导基本上没有太多的资源调动下面的干部干活。手下的人不积极、认真、主动地干活，什么事都应付了事，领导也没办法。在“三定”条件下，可能领导与下属相互不对眼，领导对下属不满，下属对领导有意见，但是双方都无法自主选择对方。这种状态会加剧双方的矛盾，领导难以调动下属的积极性，下属在领导手下干活也不称心如意，从而影响工作的开展。“片线结合”通过双向选择，而不是“人随编走”，就可以很好地解决“跟谁一起干活”的问题。

在“片线结合”中，首先是班子成员商定由哪些班子成员担任片线的主管领导，再由主管领导在中层干部、普通干部中选片线负责人，然后由片线负责人挑选工作人员。片线负责人可以在双向选择中挑选自己所在片的工作人员，也可以向主管领导申请要某人，或者亲自跟他选定的人做工作。一般工作人员则在乡镇确定了主管领导和片线负责人后选择不同的片线，他们既可以看人选片线，即跟着某些人走而不挑工作；也可以先选片线再看人，就是先认定是到片区还是到线上工作，再看片线的主管领导和负责人哪些适合自己跟。双向选择，既是选工作，也是选人。

领导挑选了中意的下属，自己的工作就会轻松、简单些，不用操心片线内人际关系，包括团队建设、调和成员之间的矛盾，就可以相对容易地调动下属的积极性和主动性。下属选中了认定的领导，就可以在相对融洽的关系中工作，身心舒畅愉悦，没有跟领导处关系的心理负担，因而会主动想领导之所想、分领导之所忧，把事情想在前面、办得稳当妥帖。所以，领导和工作人员选人的首要标准是熟悉，其次才是能否胜任工作。在相互熟悉的基础上可以建立两重关系：一是亲密关系。也就是相互之间的关系距离很近，没有权力、等级和心理隔阂，相互之间把对方当“自己人”，这样就会把对方的事情当作自己的事情来办。最近距离的关系就是兄弟关系、朋友关系及盟兄弟关系，他们之间的工作关系会转变为“自己人”一起干活的关系。二是信任关系。下属相信，跟着领导干活，自己不会吃亏、待遇有保障；领导相信，将活交代下去，下属不会敷衍了事。领导和下属相互熟悉，工作就不需要磨合，每个人上手、进入状态都很快，团队的组织成本就很低。原来就在一起干活的领导和下属，相互间的默契程度更高，不需要领导说话或安排，下属就可以把活干好。

片线负责人跟片线成员是平级的，没有正式的层级和权力差别，因而他们不可能直接指挥、吩咐成员干活，更不能以命令的口吻跟成员说话，他们主要是跟成员一起商量着干活。因此，片线负责人挑选成员越是相熟越好，之前一起配合工作过更好。N镇的谢片长和张片长两人的际遇充分说明了这点。谢片长1988年生人，已当了两年片长。2019年，他所在片的片员都是他挑选的，与他之前都有过工作关系，而且都是年龄相仿的男性，各自家庭情况都差不多，相互间气味相投，工作氛围好，在一起工作的时候不谈私事，私下里聚会不谈工作。访谈时，谢片长情绪高昂，对工作态度积极。张片长则相反。他停薪留职了几年，2018年才回来上班，挑选片员时由于主管领导调离，他想要的人都没有要到，领导分给他的都是其他片线选剩下来的，而且年龄普遍偏高，男女都有，相互之间不熟悉，都有各自的重心，既玩不到一块，也说不到一块，这样工作起来的积极性和配合度就不高。张片长难以调动他们，甚至连表格发放这样的工作都得张片长亲自去做。访谈时能够感受到张片长有较大的负面情绪。

在“片线结合”中，通过双向选择，一方面可以建立主管领导与片线负责人之间的熟悉、信任、亲密的关系，打通领导层与工作一线的关节，加强领导推动工作的力度。另一方面，也可以建立片线负责人与片线成员之间的熟悉、信任和亲密关系，节省一线工作的运行成本，增强协同工作的能力和强度。

（3）一线工作与干部培养的有机结合。在乡镇，干部是放在治理一线中去锻炼培养的，一线工作机制与干部培养机制是结合在一起的。乡镇干部培养有两个方向：公务员的培养和事业编的培养。在身份上，公务员相对于事业编有更大的上升空间，事业编工作人员的天花板是站办所主任，很难有机会升任副科级干部。公务员则在理论上可以一直往上升。乡镇对年轻公务员和年轻事业编的培养方式和目标有差异。

就年轻公务员而言，他们考上公务员进入乡镇后会首先被安排到办公室工作，比较普遍的科室是组织办（基层党建办）和党政办（党政综合办公室）。这两个办公室既需要有较强文字驾驭能力的年轻人，也很能锻炼人的综合能力。党政办是一个从事调度协调、收发文件、材料撰写、领导文秘的综合部门，在该单位待上两年时间可以培养以下能力：材料撰写、调查研究、服务意识、上传下达、调度协调、政策理解、后勤保障等，也能熟悉全镇干部、各村社区的情况，还能与县级党政办工作人员、其他单位办公室工作人员、本镇领导干部、村干部等建立一定的社会关系。组织办在加强基层党建之后力量得到加强，工作量大幅度增加，在该单位工作对工作人员的制度创新、材料撰写、组织活动、联系沟通等能力会有较大提升。

新进公务员在组织办或党政办工作两三年后，乡镇会安排他们驻村工作。年轻公务员一般不会担任片长或副片长、单独联系一个村，而是由“老乡镇”带着进村入户，学习怎么跟村干部、群众打交道，学习如何处理群众矛盾、掌握群众工作的方法。还有的年轻公务员会被安排到重点线工作，他们也不会单独开展工作，尤其不会独自接触比较敏感棘手的事务。乡镇不会让年轻公务员在片线上待太长的时间。无论是驻村还是驻线，都容易出问题而被问责，而公务员被问责就会影响发展。因此，乡镇会在一两年后就将公务员调离片线，重新安排他们到办公室岗位。表现突出的，可以担任站办所的副主任或主任，或者其他重要职务。担任中层副职的公务员会有驻村的工作，但会被安排到工作基础比较好的村，或他们熟悉的村，这些村的工作相对简单，不容易出问题。在中层岗位上，年轻公务员要负责一方面的专职事务，不再仅仅扮演执行者的角色，还要扮演决策和负责的角色，角色不一样，得到的锻炼也不同。其中优秀的，在三四年之后就可以提拔为副科级干部。普遍规律是，党政办主任或组织办主任被提拔的概率较高。没有被提拔的则会在几个站办所正职或副职之间轮岗，获得更多的经验，有的还会选择驻村，但一般不会驻重点工程线。进入乡镇班子的年轻公务员会在新的岗位上获得新的工作经验。从在乡镇的调研来看，年轻公务员有较多的机会和空间获得成长，他们的经历和经验是丰富的、完整的。

如果说对公务员的培养是综合性的话，那么对事业编的培养就具有单一性，主要培养的是他们的专业性或做群众工作的能力。在一些专业性比较强的站办所，事业编会在专业化上获得经验，有的工作人员一辈子就待在一个岗位上，成为该领域的专家型干部。年轻的事业编进乡镇后，也多被安排在站办所工作。但与公务员不同的是，他们去党政综合办或党建办的少，而去专业科室的多，可能是专业科室与事业编的非流动性具有契合性。也有的事业编一进来就跟着“老乡镇”们到片区去驻村。由于事业编可能一辈子都会待在一个乡镇，他们在办公室和片线上与他们的负责人、主管领导会因为工作关系形成稳定的“师徒”关系或“盟兄”关系。比如，某年轻事业编驻某村时跟的是某片长，由该片长带着做农村工作，二者就很容易形成工作上的“师徒”关系。若该片长调到另外一个片区当片长、到某科室当一把手或到线上工作，该事业编往往也会跟过去。

另外，由于年轻的事业编没有上升空间，受了处分也无所谓，因此不需要刻意“保护”他们，而是敢于用他们，充分利用和发挥他们的优点，让他们在一线工作中尽快成长为乡镇工作的能手。比如，X县乡镇的事业编多来源于退伍军人，他们有着执行能力强、敢冲敢闯的特点，乡镇就会先放他们到各个片区去锻炼，然后让他们到重点线工作，群众工作经验特别丰富的可以进入重点工程线。有了若干年站办所、片线工作经历，30多岁的事业编就可以成为“万金油”和独当一面的“老乡镇”。

事业编长期在一个乡镇工作，在专业或群众工作上会得到很好的锻炼，也可以在乡镇和村社区建立良好的人际关系，便于他们开展工作。但是限于身份，他们最高只能担任中层正职，即站办所或片线负责人。因此，公务员理论上可以在各个层级的岗位上得到锻炼和培养，而事业编却难有担任乡镇副职及以上领导的经验。

所以，在“片线结合”的制度安排中，公务员可以得到全面系统的锻炼，获得各个层级的工作经验，被培养成各个层次的党政领导；对事业编的培养全面，但层次不多，他们的培养目标是成为专家或“老乡镇”。“片线结合”的干部培养体系的特点：一是多层次。公务员朝领导方向培养，事业编朝“老乡镇”方向培养。二是速度快。在短期内将公务员培养成有办公室、片区管理（及重点线工作）、中层正副职经验的领导干部，将事业编培养成各方面做群众工作的行家里手。这样，对于工作人员来讲，他们得到了不同程度的成长；对于乡镇来说，人才有梯队，工作有人干。

（4）授权与控权的有机结合。“片线”属于乡镇自设的中层机构，跟站办所等正式机构有差异。站办所是乡镇的直属部门，直接听命于乡镇领导，人财物权的运用都有制度规定，自主性不强。“片线”是乡镇党委政府授权成立的机构，其运转没有明文规定，具有较强的自主性。从性质上讲，站办所带有更多的科层性质，“片线”则“封疆”性质更浓，“片线”负责人在自己的一亩三分地内有较大的自主决定权。

乡镇党委政府对“片线”的授权主要有以下三个方面：

一是事务授权。乡镇将“片线”内的一摊子事务打包给“片线”，由“片线”负责人代表党委政府全权处理。“片线”负责人对内部事务有较大的自由裁量权。负责人可以定义“片线”内部治理事务，哪些事务可以进入治理范畴，哪些事务不在他的治理范围内；负责人可以决定治理不同事务的轻重缓急，确定治理行为的先后次序；负责人可以决定通过什么样的方式、手段，调动什么样的资源去完成治理事务。乡镇党委政府不过问、不干涉、不监控“片线”具体的治理过程，治理过程由“片线”负责人自主把握。

二是人事授权。在双向选择名单最终确定之后，由党政办印发公布，具有法定效力。“片线”工作人员在此后一年不会变动。“片线”负责人对内部人事有决定权，包括调配和评价。负责人会根据成员的特点和要求给他们分配不同的工作。比如，在片区，片长会将不同成员分配到不同的村庄社区，成为联系该村的驻点干部；重点工程线也分片，每片都安排有负责人和片员。负责人会根据具体工作需要在片区统一调配干部，一起工作，协同攻关。比如，重点工程线办公室会根据需要调配不同片区的线上人员，对一些“疑难杂症”进行集中攻关；

片长也会将驻点干部调配到非驻点村做群众工作。“片线”人员的编制在站办所，年终绩效考核也在站办所。站办所主要依据“片线”负责人的评价对“片线”人员进行考核。

三是经费授权。“片线”工作属于“定职责”之外的活，没有法定经费，其工作经费从乡镇总盘子里面划拨，每年的额度是固定的。比如，每个片区的年度工作经费是 5 万元；重点工程线办公室的工作经费是 10 万元，县里会给每个工作人员每月 1 000 元的补贴；综治线每年的工作经费是 50 万元。“片线”的工作经费属于包干性质，多了不退，少了不补。只有综治线可以根据实际情况再向县里申请维稳补助。之所以会包干工作经费，而不是实报实销，原因是“片线”的许多工作都是群众工作，耗费的主要不是物质资源，而是干部的人力资源，因而难以用发票体现出来；农村消耗的许多物资资源也难以获得发票，比如在菜市场买米买菜；基层群众工作具有临时性和不定时性特征，许多工作要加班加点，可能需要用餐、用车及住宿等，每次都临时向领导申请比较麻烦（还可能申请了，领导高兴就批，不高兴就不批）。包干经费之中，“片线”负责人可以根据实际情况灵活地使用。

乡镇党委政府对“片线”最大限度地授权和放权，可以调动“片线”的积极性和责任心。但乡镇不是对“片线”放任不管，而是会在某些方面予以控权：

一是结果控权。结果控权是乡镇对“片线”管理的最基本原则，乡镇对“片线”治理过程不感兴趣。在对片区的管理上，乡镇根据每个村的年终考核情况来综合确定片区的年终绩效。综治线的考核看年内乡镇是否出现群体性事件、赴省赴京上访的数量等。重点工程线则看各个重点工程的进展情况，没有预期完成的工程看是否是群众工作没做通的缘故。

二是问责控权。乡镇不管“片线”怎么开展工作，但是如果“片线”在治理过程中出了问题，如片区内出现重大安全事故，重点工程线出现围攻事件等，就要对“片线”负责人及工作人员进行问责或责任倒查。

三是反馈控权。乡镇主要领导、主管领导掌握了较“片线”负责人更多的资源，所以，“片线”在遇到无法解决的问题时会首先向主管领导反馈，由主管领导协调资源解决；如果还不能解决，主管领导会向乡镇主要领导汇报，由主要领导调度解决。乡镇通过“反馈—调度”掌握“片线”工作的情况，把握“片线”工作的方向，并给予支持、指导和督促。

（5）人员配置与干部激励的有机结合。“片线结合”是典型的以事务为基础对人员进行配置的制度安排，达到人事的最佳结合。同时，这种人事安排也起到了激励干部的作用，体现如下：

一是做自己喜欢的事。“片线结合”通过双向选择，尽最大可能地实现了人与事的结合，使多数乡镇干部能够做自己喜欢、擅长或适合自己的事情。比如，重点工程线中有几个四五十岁的女性公务员，她们之所以会留在重点工程线，与她们群众工作经验丰富、能够处理复杂矛盾纠纷有关；也与重点工程线工作自由、自主支配的时间较多，从而可以更多地照顾家庭有关；也与领导充分考虑到她们的实际情况，认可她们的选择有关。这样，她们在处理矛盾纠纷时就会比较卖力。事业编的职业空间不大，多年重复做同样的工作容易产生倦怠和“磨洋工”心态，双向选择促进了他们在不同岗位上流动，带来工作的新鲜感。

二是跟喜欢的人一起做事。“片线结合”还是人与人之间的有机结合。俗话说“男女搭配，干活不累”，跟不同的人在一起工作，会有不同的工作动力和状态。尤其是对于一辈子要待在乡镇的事业编来说，工作的积极性问题很大程度上是跟谁一起干活的问题。跟熟悉自己、认可自己、关心自己的领导一起干活，他们会把工作视为“为领导分忧解难”，把工作关系转化为私人感情。年轻公务员在关心自己成长、对自己要求严格、经常指点自己的片长、主管领导手下干活，既卖力又心情舒畅。若领导与工作人员不熟悉，相互之间的往来只能公对公，就很难激发他们的内在动力。跟相互熟悉、气味相投、私交较好的人一同共事，工作氛围友好和谐，相互间不会计较谁占便宜谁吃亏。

三是做自己的事。“片线”实行的是包干制，内部的主动权、自主性较大，怎么做由自己决定，做好了自己受益，没做好都不好过。因此，每一个“片线”都是一个责任和利益共同体，每一个人都是在做自己的事。首先，“片线”工作人员按照自己的方式做事，能够将自己的主体性和创造性发挥出来，每做一件事情都会有自己的创造在里面，会有较大的成就感和获得感。做事本身就是“最大的乐趣”，这是对干部的内在激励。其次，“片线”工作是包干的，不存在上班与加班之说，只有干活和干完活之分。那么，他们有事情就做事情，没事情时也不需要坐班，工作时间较为自由；有事情的时候，大家一起尽早干完，干完活之后时间自由支配。最后，“片线”有自主支配的工作经费，没有花掉的工作经费内部可以分掉。那么，其内部就会倾向于更多地出人力而节省用度。

四是自己得到了成长。年轻干部得到成长对他们也是很大的激励。在乡镇，年轻公务员是最容易被调动的群体，因为他们渴望获得领导的认可、在不同岗位上得到锻炼和提升。一个片长说，如果年轻公务员不听话，他就会向主要领导报告，该年轻公务员就会进入领导的黑名单，对他的成长很不利。所以，年轻公务员在不同岗位都较为积极，努力表现自己。

五是走到了中层岗位。一些经验丰富、能力突出的事业编会晋升为乡镇中层正职，这是事业编获得的最高职务，对他们来说是最大的激励。但是，站办所数量有限，无法完全通过这些职位来激励有能力的“老乡镇”。“片线”虽然是自设机构，“片线”负责人也没有得到县组织部的正式认可，但级别与站办所相当，在乡镇的地位比站办所还要高。“片线”负责人需要参加乡镇党政联席会议，参与乡镇重要工作事项的讨论。能够担任负责人，本身就是领导重视、认可的充分表现，能够增强他们工作的动力。“片线”的设立增加了中层岗位职数，有利于对“老乡镇”的激励。

六是激活了竞争意识。过去的驻点干部除了驻一个村之外，在乡镇还有本职工作。但是，片区的工作是包干的，片区工作人员也不再承担乡镇的其他工作，那么片区工作优劣就直接与片区工作人员有关。N镇被划分为四个片区，在片区之间会形成比较和竞争。片区的某项工作在四个片区中落后了，会给片长带来压力。如果同时多项工作落后，片长的能力就会受到质疑。因而各个片区会竞相把自己的工作搞上去。先进村评选也如此，“按村来，你这个片区没有几个先进的村，你的脸上就挂不住”。就村一级而言，在没有片区的时候，全镇二十几个村放在一起排名，即便是工作落后的村也不会感到压力，一是因为落后的不止一两个村，二是因为村多且各方面基础不同，难以真正进行比较。但是，分片区之后，在同一片区内的村各方面条件都差不多，可比性较强，而且一个片区就四五个村，工作一落后就比较明显。一个村落后还会拖累片区在乡镇的排名。因此，成立片区后，各村的片区荣誉意识增强，片区内村与村之间的竞争意识加强，有利于强化村干部的工作力度。

“片线结合”的功能

“片线结合”制度的上述机理，在运行中发挥了以下功能：

（1）合理配置和充分利用体制资源。乡镇的人财物权等资源是从体制中下来的，到乡镇后这些资源如何最好地发挥作用，就需要有具体的运行机制。乡镇不缺人，缺的是财、权、政策等资源。乡镇要想做好工作，就需要将工作人员最大限度地调动起来。“片线结合”制度将乡镇工作分成科层工作、基层工作和重点工作，再通过“双向选择”的方式，将不同的人配置到不同的工作岗位上，达到人与事、人与人之间的优化组合，实现工作与培养、激励相统一，从而全面调动了乡镇干部的积极性。

除党政领导外，从身份上可以将乡镇工作人员分成两大类：一类是公务员，一类是事业编（见表1-3）。从年龄上讲，这两类工作人员又有年轻人和中年人之分。不同年龄段的公务员和事业编有不同的特性、禀赋及诉求，对他们的动员和使用要有不同的方式。

表1-3　乡镇普通工作人员分类

	年轻人	中年人
公务员	Ⅰ年轻公务员	Ⅱ中年公务员
事业编	Ⅲ年轻事业编	Ⅳ中年事业编

年轻公务员有上进心，有闯劲，有较强的文字功底和学习能力，是组织部门谈话和乡镇领导培养的对象。对他们无须刻意动员，安排他们在党政办、党建办和片区及中层岗位锻炼就是对他们的培养，培养过程就是动员过程。乡镇对年轻公务员的培养目标是党政领导，因此对他们的岗位安排既具有全面性又具有层次性，属于梯度型培养。同时还要保障他们不被问责，不能把他们放到风险性较高的岗位上锻炼，至少不能放太久。

中年公务员在乡镇属于少数，他们多是40岁以上的普通公务员且以女性为主。他们在政治前途上几乎没有上升空间了。职级并行之后，他们还有可能在职级上调到一级、二级主任科员，因而他们有一定的工作积极性。由于他们有较丰富的群众工作经验，乡镇对他们的安排一般是站办所一把手，或者重点工程线的工作岗位。

年轻事业编不存在政治追求，但他们跟年轻公务员一样，也有闯劲、有热情、有身体条件，关键是如何调动和培养。因为事业编没有政治前途，对他们的培养就无须全面系统，也不需要他们有不同层级岗位的经验，主要是要将他们培养成做办公室工作或做群众工作的专家，是深度型培养。对年轻事业编积极性进行调动主要在于他们干什么活、跟谁一起干活及领导重视。双向选择很对他们的路。

中年事业编大部分都成了“老油条”，除个别人外，他们普遍缺少积极性和责任心。作为“老乡镇”，他们有丰富的乡镇工作经验，在镇域范围有广阔的人脉关系。N 镇是城关镇，跟县直部门打交道比较多，一些“老乡镇”跟县直部门领导乃至县级领导都是老关系。若能对他们进行有效动员，充分利用他们的经验和人脉关系，执行任务时很可能起到事半功倍的效果。对他们的动员，一是要创造中层岗位，把他们安排到这些岗位上。N 镇的“片线”就是自设机构，“片线”领导基本上是中年事业编。这样既体现了领导对他们的重视，又能让他们发挥才能，推动工作和“传帮带”。二是要把他们安排到待遇好又自由的攻关一线，在经济待遇和工作自由上给予他们激励。“老乡镇”不需要考虑前途问题，安排工作时不用考虑问责风险。

（2）激活体制，使体制运转起来。首先是激活了体制的适应性。机构改革的“三定”方案在全县具有一致性，但是，一方面，全县各乡镇的差异性较大，无法按照统一的治理模式运转；另一方面，方案本身只参考乡镇站办所的工作，而没有将基层工作和重点工作纳入其中。因此，如果完全按照“三定”方案来运转，就照顾不到各乡镇的差异性，很多工作做不了。“片线结合”制度虽然是全县的制度安排，但是形式灵活多样，使其能够应对不同乡镇的不同情况。例如，N 镇是城关镇，县城的重点工程都是它的工作范畴，因此重点线这一块投放的力量很大。而 C 镇是山区乡镇，重点工程较少，其重点工作是农村工作，而农村工作的重点又是环境整治和森林防火，因此力量配备主要是在片区。

其次是激活了体制的回应性。“三定”方案中站办所的工作是上级相关部门派下来的任务，站办所只是代表乡镇被动完成，站办所不具备对社会问题和需求的主动回应性。而“片线”设立后，包干给相关工作人员，由他们全权负责“片线”内的所有事务，包括社会问题和农民需求。出了问题，都由“片线”负责，其负责人就有动力主动回应“片线”内的问题和需求，主动与“片线”内的老百姓打好交道、建立联系。也就是说，“片线”包干制明确了内部问题和需求的责任人，由过去整个乡镇负责变成由具体个人和团队负责。由乡镇负责就等于没有人负责，乡镇党委书记不可能管得那么细、那么具体。

最后是激活了体制的有效性。“片线结合”对乡镇人力资源进行了优化组合，使乡镇能够有针对性地调动资源，进行精准有效的治理。体制要改变和回应社会，就要与社会进行有效对接。“片线结合”是体制与社会对接的有效形式。

(3) 增加治理层级，减少治理范围，强化治理力度。N镇有23个村社区，总人口达11万之多，还有密集的单位、工厂、市场、小区和工程建设项目等，治理事务呈现繁多、复杂、新生、重要等特点。乡镇既要将上级的工作在村社区有效落地，又希望将问题化解在治理一线。这样势必需要强化各项工作的推动力度。而通过乡镇党委书记直接跟村社区书记对接的工作力度是最大的。但是，该镇有23个村社区，每个村社区都需要党委书记直接来推动工作，乡镇党委书记没有这么多的时间和精力，更何况还有其他重要的事情要做。

从管理上讲，23个村社区的管理范围太大，管理做不到具体、精细、全面，更难以做到面对面地督促工作，从而使工作打折扣。这个时候就需要通过增设管理层级来缩小管理范围。N镇将23个村社区分成4个片区，由片长代表党委书记对各个村社区进行管理。这样，每个片区只有五六个村社区，管理范围大减，片长就有充足的时间和精力对接每个村社区。片区内每项重要的工作，片长都可以跟村社区书记进行面对面沟通和督导。一般的工作则由片区内驻点干部跟村社区直接对接。这样就极大地加强了工作推动力度。

“片线结合”的制度有个比较巧妙的地方在于，“乡镇党委书记”“片线负责人”“村社区书记”三者中，乡镇党委书记与片线负责人是体制内上下级关系，前者对后者的控制力较强，可以放心地将片线工作包干给后者，而不需要担心干不好工作。因此，乡镇党委书记不需要对每项工作都面对面地给予督导，只监控结果就行。而村社区属于自治单位，村社区书记并非体制内工作人员，他们对党委政府交办的任务不会那么上心。如果他们没有把工作做好，对他们也没有很好的惩处措施。因此，要想村社区把每项工作都做好，就需要乡镇对村社区推动工作的过程进行监控。而面对面地督促和督导是力度最大的。

体制的稳定性与机制的灵活性

“片线结合”是对基层体制运行的机制创新。治理资源是从体制上下来的，体制必须保持一定的稳定性，治理资源才会有保障。体制是自上而下设立的，从大的方面讲，它在全国范围内具有相似性；从小的方面讲，它在县域范围内有普遍性。体制资源还是分散的，分布在各个职能、机构和编制内，以使它们有效地发挥作用。但是，稳定性使体制无法应对社会的变化，普遍性使体制难以回应社会的特殊性，分散性无法使体制集中力量进行综合攻关。

治理机制是体制与社会对接的具体形式，也就是体制的实际运行状态。机制创新是对体制资源的打破重整和优化组合，以应对具体的治理事务。治理机制具有灵活性的特点，可以根据治理一线的特殊情形进行调整和创新。不同地方的治理事务不同，应对问题也有差异，就会有不同的治理机制的创新。乡镇主要的体制资源是“人”，因此，乡镇的治理机制创新就利用这一点，主要是对乡镇领导干部进行优化组合。到了县一级，体制资源包括权力、财政等，那么县级的机制创新更多针对的是权力和财政，比如涉农资金整合、执法力量整合或下沉等。

机制创新的目的是最大化地利用普遍化的体制资源，来处理辖区内特殊性的治理事务。成功的机制创新能够实现体制资源与具体治理事务的有效对接和精准匹配，实现体制资源的集约和优化利用，达到事半功倍的治理效果。

中国共产党领导的体制具有很大的优势。这些优势怎么发挥出来和体现出来，需要有具体的运作机制。要通过机制运行和机制创新来激活体制优势。机制创新使得体制具有较强的适应能力和应变能力，这是体制活力的重要体现。机制创新的主体是县乡党委政府，对象是职能部门的人财物权等资源，目标是党委政府配置和利用职能部门的资源治理辖区事务。

2019 年 12 月 15—18 日

河长制是个好东西

> 河长制的设立还好在：在河道管理中造就了一个“无缝隙政府”，使各部门在党委的协调和调动下通力合作，共同将河道管理好。各部门的管理边界在河长制下就会变得模糊，一改过去相互扯皮拉筋状态，共同向河长负责。通过联合行动、联动执法，可以很好地应对新出现的和变化了的治理事务。

运动式治理的不足

河长制是江浙地区的治理经验，现在被推广到全国，说明其经验经受住了实践的考验。对河流的治理源自经济社会发展到一定程度后，人民群众对环境有了新的更高的要求。党和政府也积极回应这个诉求。

如果一段河流出现了污染、乱挖河沙的现象，人们会反映到环保局或者水利局。而如果环保局说河水的污染来自漂浮的白色垃圾，而不是工厂或城市污水排放，应该找水利局，到了水利局，水利局的说法则是这些白色垃圾主要是船上游客扔下的，这个他们管不了，要找交通部门，交通部门又说，他们只能管水上运输，扔下去的垃圾管不了，那么，到底该找谁？这些部门都有理由，但都在相互推诿、踢皮球，最后谁都不愿意管，河道的污染就会越来越严重，沿途群众的意见也会越来越大。

于是，群众上访到乡镇，乡镇说：那些委办局是我们的上级单位，我们调动不了它们。于是到县市去上访，信访局将信访案件转批到各相关委办局，情况依旧。再到省市上访，上面案件批转下来，到县委书记手上了，或者到县里上访的人数比较多，成了群体访，引起了县委书记的重视。于是，县委书记督办下去，各相关部门协同作战，搞运动式治理，一段时间内问题给解决了，但是过一段时间复如是，形成循环。县委书记也忙其他重要的事情去了，只有出了问题，或者上级督办，才会再次引起他的注意。

运动式治理机制化

河长制的设立，好就好在解决了河道治理的整体责任问题。中国正处在快速发展过程中，社会变化很快很大，一些治理事务是新近出现的，一些治理事务还在变化。这些事务往往具有整体性，分割的、专业化的部门难以应对新出现的整体性的事务。

以前，河道的污染源只有工业污染物或家庭污水。多年以来，环保部门已经发展出了一整套专业的处理技术和程序，它一个部门就可以处理。河道运管也是如此，以前就是运输河沙、物资等，客流较少，即便丢下垃圾，也不成为问题。交通河道运输管理处只管理运输这一块就行了，这也属于其专业执法范畴。水利局也只维护河道的畅通，垃圾堵塞不用管。

但是，现在游客多了，扔的垃圾多了，河道不仅被污染了，也堵塞了，你说这是交通部门的事情，还是水利局的事情，抑或是环保局的事情？似乎与每个单位都有关系，都是它们管理的一部分，却又似乎跟谁都关系不大。所以，谁也担负不起责任，谁也不想担责任。于是，大家推来推去，谁都不管，问题就越来越严重。

河长制设立之后，河道污染或其他问题就有了责任主体。最小的一段河道上，河长首先是村支书；在更长的一段上，河长是乡镇党委书记；再往上，则是县委书记、市委书记和省委书记。就是在村支书负责的一小段河流，它的河长还包括省市县委书记，他们都是责任主体。如果这段河流出了问题，首先是村支书的责任，如果他解决不了，比如涉及更大范围的问题，或涉及某些县乡重点企业，或涉及某些重要人物，他就会找乡镇党委书记，而不是去找各个部门的领导。作为河长的乡镇党委书记会及时调动资源解决问题，如果他也解决不了，就向县委书记汇报。县委书记向市委书记汇报，一层层没解决，就一层层上报。到省一层级，终会解决。

有了责任主体，河道就有了婆家人。责任主体会把河道上的问题当作自己的责任，重视起来。一旦事情到责任主体那里，他们就会着手解决问题，没有推诿余地了。

河长制好在担任河长的都是属地一把手，这样就使得对河道的治理变成了党委的政治任务，具有较强的政治性，谁都不会轻易去触碰这条红线。这对于那些阻碍河道治理的势力来说是一个警示，使他们忌惮相关部门的执法，收敛自己的行为。

河长制的设立还好在：在河道管理中造就了一个“无缝隙政府”，使各部门在党委的协调和推动下通力合作，共同将河道管理好。各部门的管理边界在河长制下就会变得模糊，一改过去相互扯皮拉筋状态，共同向河长负责。通过联合行动、联动执法，可以很好地应对新出现的和变化了的治理事务。

河长制与以前的分管模式不同。副书记或副县长也可能分管与河道治理相关的部门，分管领导也有协调各部门工作的权力。但是，一方面，分管领导只负分管责任，而不负主体责任，他们可能采取多一事不如少一事的态度，倾向于少管事。另一方面，分管领导手中掌握的资源较少，权威性不足，他们只能调动所分管部门的资源，而无法调动其他部门的资源。河长直接由各级党委书记担任，赋予河长在辖域内最高权威。党委书记不仅可以调动相关部门联动作业，还能够调动辖域内所有的资源进行河道治理。党委书记手中的资源是全面的、整体性的，较专门性的委办局和分管领导的资源多得多。

党政体制是基础

河长制是在党政体制内的具体运作机制，其权威来自党委的权力，也属于压力型体制的一部分。党委只下责任，没有相应的经费及制度配套。

2017 年 2 月 22 日

监督下乡：
问责成为主要的激励方式

在监督问责体系下，县乡政府上下级关系被重塑，上下级政府间的关系不再是利益“共谋”的关系，而是相互卸责的关系。上级为了压实下级责任，必须加大问责力度，一旦出问题，首先向下级追责，追得越大，自己脱卸的责任就越多。下级则可能通过留痕而不是实质性地做好工作来应对来自上级的压力。

责任与监督

十八大以后，为了规范基层治理、推动基层工作落实，对基层干部的激励由以奖励为主的正向激励，转变为问责主导的负向激励。正向激励主要依托以下基础条件：宽松的经济财政权力，便于实施经济刺激；结果导向的考核，政策执行过程有充足的自主权和剩余索取权；任务与激励相匹配，重要任务配套政治强激励。这些条件在十八大以后逐渐被改变，财政规范管理限制经济刺激，过程监控、细则管理框限基层行为，任务讲究对标落实而不讲轻重，政治激励与具体任务脱钩。

在这种情况下，一方面，基层对干部的正向激励措施减少，而基层干部承担的任务却在增多。另一方面，落实任务被认为是具体部门、科室及岗位的责任，推动工作落实就是要推动基层干部履责，隐含着不需要额外的激励的意思。那么，在正向激励缺少的情况下，要基层干部完成较多的任务，就要加强对干部履责的监督，对没有很好履责的干部给予问责。问责作为一种负向激励方式，也就成了当前基层主要的激励方式。基层干部因为害怕被问责而履行责任。十八大以后，从中央到地方形成了一套完整的监督问责体系。

乡镇是工作落实的一线，县级党委是实施监督问责的主体。从县乡调查来看，一项任务或某个岗位至少包含三项责任：一是做事的责任，即所要完成事项、任务的属性要求；二是履职的责任，即职权行使过程中的规范要求；三是表态的责任，即党员干部完成任务过程中的政治要求。一岗三责，每做一件事情都有三套责任压身，以推动基层干部完成任务。

责任体系需要监督体系来落地，基层监督体系也包括三方面，分别是督查、巡察和督察。督查对应的是做事的责任，督察对应的是履职的责任，巡察对应的则是表态的责任。所以，虽然督查、巡察和督察都有督导检查的意思，但是所督的内容不一样：督查督的是“事”，督察督的是“职”，巡察督的是“责”。三者各有分工，又相互联系。

督查督事

所谓“督事”，就是督促责任人按照事务属性完成任务。督查是党委政府或条线部门对其所布置工作完成情况的督导检查，属于业务督查。在县一级，县委和县政府分别设有督查室，督查室与考核办往往在一起，以增加督查的力度。随着两项工作任务的增加，许多县市倾向于分开设立。县委督查室主要督查的对象是上级党委交办的任务、县委年度中心工作和县委书记推动的工作。县政府督查室督查的是上级政府及其督查室交办下来的任务、政府工作报告中的重要事项和县长推动的工作。县委书记、县长批示过的事情一般不由督查室来督查，而由秘书“盯着”，以有更及时的反馈。

中央部委一般在办公厅下面设有督查室。前些年，省市厅局为了推动工作也纷纷设立督查室。由于严重干扰基层工作，2019 年初以后省市厅局的督查室被逐步撤销，改由省市政府督查室或发改委督查室联合督查。联合督查因为针对的事项较多，督查的力度不大，各厅局便将督查工作改为检查工作，依然下去督导检查，但由于权威性不足，督导的效果大为下降。县一级部门没有督查室，督导工作也多为检查形式。督查之所以有权威性，是因为它代表的是党委政府，督导检查的结果可以直接呈现给党政一把手。检查工作则是部门内部事务，如果发现工作中有违纪违法情况，再将案件移交相关机关，以起到震慑作用。

督查室会对所督查事务进行轻重缓急分类，紧急事务亮红牌督查，次急的黄牌，再次的则是蓝牌。不同等级的事务，督导的力度不一样。督导的内容包括工作任务的时间、数量、质量、程度、进展等要求。比如，紧迫的事情有时间要求，就要对进度进行督导检查，没有完成阶段性任务则督促加快速度。又比如质量，工程质量要达到某标准值，未达到则下达整改通知书，限期整改以达到要求。

督查的任务分两种：一是规定督查，督查室根据重点任务的安排开展督查；二是根据主责部门或第三方反映的情况，对有问题的任务进行督导检查。具体的督查方式包括调研和暗访，了解情况后撰写报告，向责任方反馈意见，要求在特定时间内出整改意见。整改反馈后，督查室还可能进行回访，检查整改落实情况，再将情况向县委或县政府汇报。如果主责单位整改不到位，就要找出原因。如果是客观原因，则继续解决客观问题；如果是主观问题，比如态度问题，或是违纪违法问题，则将问题线索移交。督查实现闭环。

督察督职

所谓“督职”，就是督促责任人按照职权规范完成任务。“督察”与“督查”一字之差，区别在于，后者是督促检查的意思，前者带有监督检查的意思，具有指导和监督检查执行政策、规章、制度的功能。国家一些部门设有督察室，如自然资源部设“国家自然资源总督察办公室”。到基层，能用督察的只有县市党委和纪委。县市党委只有在针对某些重大问题时才会组织督察组，而纪委是专门的督察机关。

纪委是执纪监督部门，主要是监督检查任务完成过程中是否存在违纪违法情况，即履职是否越位。若存在违纪情况，则给予问责；若存在违法情况，则移交司法机构。所以，纪委督察主要是纪律监督，问责由纪委执行。

纪委督察分日常督察和专项督察两种。日常督察是针对具体的问题线索，对某些个人或政策执行情况进行监督检查；专项督察是指对辖区内重点工作、重点任务以及重点领域进行监督检查。前者是找证据，实施问责。后者是检查执行过程中是否有违纪违法情况，以及督促按规范执行。

正是因为纪委有执纪监督和问责的职能，县里许多工作的推动都有纪委的身影，甚至直接由纪委牵头推动。工作推行有纪委在，下面就不敢胡作非为、怠慢工作。纪委督察在规范政策执行、整肃基层行为方面起到了很大作用。但实践中也有些问题，比如，有些地方纪委执纪监督内容比较宽泛，受长官意志影响较大，县级党委为了推动工作，容易滥用纪委督察利器，加大问责力度，基层干部带着压力干工作。另外，一些地方纪委督察还容易将纪律问题变成政治问题，泛化问责。

巡察督责

所谓“督责”，就是督查责任人是否按照政治要求完成任务。党的巡视条例规定，中央省市党组织建立专门机构对下级党组织领导班子及其成员进行巡视监督。县市则称其为“巡察”。县级党委成立巡察领导小组，设办公室一个，即巡察办，负责领导小组日常工作；另设四个左右的巡察小组，负责巡察工作。

巡察是政治巡察，要解决的是下级党组织的政治问题。政治问题会在具体的工作中体现出来，巡察可以通过对事的巡察来透视政治问题，也就是责任人作为领导干部的政治责任问题，具体表现就是领导干部有没有“四个意识”、有没有“四个自信”等。所以，巡察组会通过对重要工作、关键领域的巡察，来发现问题线索。例如，当巡察组发现某项工作停滞不前时，会寻找原因，如果是客观原因，则跟督查工作一样责令责任方整改，回头看是否还是如初。若发现是领导干部意识不够、责任不强时，则是政治态度问题，则需要提交给巡察领导小组，由巡察领导小组来评判是否需要交给纪委进行问责。

从“共谋”到“卸责”

督事、督职、督责，虽然各有分工和侧重，但在具体实践中，有逐渐向问责靠拢的趋势。督事的督查室组织督查时经常将专职问责的纪委捎上，纪委则把党委政府、巡察组的活儿也一并干了，这容易把问题归结为主观因素、思想问题、站位问题。

基层监督问责体系的构建和完善，把任务推动的责任压实在基层，有利于工作的推动和落地。同时，在监督问责体系下，县乡政府上下级关系被重塑，上下级政府间的关系不再是利益“共谋”的关系，而是相互卸责的关系。上级为了压实下级责任，必须加大问责力度，一旦出问题，首先向下级追责，追得越大，自己脱卸的责任就越多。下级则可能通过留痕而不是实质性地做好工作来应对来自上级的压力。

2020 年 12 月 9 日

第二篇

县域治理能力现代化

基层工作与政治任务

因为各项考核之间的分值差距太小，项目之间拉不开距离，丢掉一项无法在另一项上找补，就使得每一项都很重要，都不能轻易丢分。加之，许多项目很难量化，考核时主观色彩较浓，乡镇也就必须重视每个部门的项目、分值。一个部门只要有1分出现在综合考核中，这个部门对乡镇的工作就有指挥棒，就可以指挥、督导、检查、考核乡镇。

为什么乡镇要重视所有部门的所有工作

在县乡调研，乡镇班子成员都很忙，忙着推动中心工作、分管工作，忙着应付各种督导检查、赶各种会议的场子。A县B镇党委书记说，乡镇每天要接待两三拨督查，每拨都不能怠慢，他要亲自接待，有两天接待了三拨县纪委不同工作的督导检查。部门的工作会议越来越多，不同科室还不协调一块开；每项工作都说很重要，都希望主要领导出席，至少要分管领导参加，主管中层赴会被视为不重视工作，有的还通报批评乡镇。

在乡镇领导口中，他们要重视上级部门下达的所有工作任务，每项工作都不能敷衍、应付了事，都要尽心干好。哪项工作没干好，不仅会影响部门对乡镇的印象和考核打分，还会影响县级综合考核排名。乡镇工作不再像过去那样有明确的主次、轻重、缓急之分，没有哪项工作不重要，没有哪项工作可以掉以轻心。乡镇干部称，不是所有工作都是政治任务，但对待所有工作都要像对待政治任务一样重视。结果是，乡镇干部身体累，乡镇领导则身心皆累，进而在精力、资源有限的条件下，许多工作只能以形式主义应付。

调查也发现，并不是所有部门的工作，或部门的所有工作都被纳入了县级综合考核。一些过去认为不重要、边缘化的部门的工作，乡镇也都同样认真对待起来。

那么，为什么乡镇要重视所有部门的所有工作，进而乡镇工作不再分轻重缓急？从县级考核机制的变化可窥见一斑。

考核分值设置：项目越少，越可凸显重点

县级考核有综合考核和部门考核两大类。综合考核的主体

是党委政府，考核内容是党委政府布置的中心工作的完成情况，属于政治考核。部门考核的主体是县直部门，考核内容是对部门下达的工作任务的完成情况，属于业务考核。每个部门只对自己的业务进行考核。

综合考核事项是某些重要部门的重要事务，从部门抽离出来专门由党委政府组织考核，因此数量较部门考核事项要少。县级一般有专门的考核办，设在县两办或发改委、组织部。一般情况下，年初考核办很难布置详细的目标任务，到年底或年中时才会下达考核细则（考核表、考核办法、考核方案），新的一年乡镇只能按照上一年的考核项目抓工作。年中县里会有新的重点工作、中心工作下到各乡镇，这些工作会成为年底综合考核的新增项目。

考核细则一般包括考核原则、考核范围、考核内容、考核方式、考核依据、指标体系及权重等。最重要的当然是考核内容，指标体系及权重是考核内容的具体细化。考核内容就是考核的类别，有大项、子项和小项之分，有的小项之后还列了细项。从调查来看，考核内容从少到多发生了巨大量变，引起了乡镇工作的质变。

在十八大之前，考核内容较少。就某县来说，在 2011 年的时候，该县对乡镇的综合考核共有 9 大项、42 子项、31 小项。基本分 100 分，9 大项及分值是经济建设 45 分、社会建设 14 分、生态文明建设 15 分、党的组织建设 2 分、宣传文化建设 2 分、党风廉政建设 2 分、特色工作 10 分、专项督查 5 分、现场观摩 5 分。

其中，经济建设占比最高，有 14 个子项，仅第三子项“地方一般预算收入及增长率”（8 分）下就又有 3 个小项。其次是生态文明建设和社会建设，分别是 15 分和 14 分。社会建设有子项 12 项，只有安全事故死亡率和上访率分值分别是 2 分，其余项目分值都在 1.5 分及以下；生态文明建设有 7 个子项，其中节能降耗工作 3 分、环境保护工作 5 分、城乡环境综合整治 3 分、林木病虫防治 2 分，其余工作都在 2 分以下。单列大项，党的组织建设、宣传文化建设、党风廉政建设各 2 分，但没有子项，说得较为笼统，一般不会丢分。特色工作 10 分，属于创新性工作。专项督查 5 分，虽然有 26 个需要专项督查的项目，但是每个项目算下来，分值也不高。现场观摩 5 分，县领导评议和县直部门负责人评议分别占 6 成和 4 成。

从上述内容看，该县主要的工作是经济建设、社会建设、生态文明建设、特色工作，共 84 分，其余内容分值共 16 分。那么，根据综合考核的分值分布，乡镇工作可以分为重要工作、一般工作和不重要工作三类。重要工作就是涉及经济建设、社会建设、生态文明建设和特色工作的工作，一般工作就是党建、宣传及 26 项督查项。不重要的工作包括工会、妇联、人大、政协、农业、水利等部门没有被列入考核的项目。那么，在工作中，乡镇就会有轻重缓急的做法：重要的工作重点抓，次要的工作常规抓，不重要的工作应付即可。

乡镇工作之所以可以“抓大放小”，是因为四大项重要工作占比84%，比重足够大。乡镇之间的竞争差距就体现在这四大项中：

一是因为综合考核项目较少，各项的分数设置就可以按照领导的意图和事情的重要程度来设置，真正重要的可以设高分值，不重要但必须被纳入考核的设低分值，分数相差就可以特别大。比如，四大项之外的项目占比小，即便丢了分也不会太影响乡镇的总分。如宣传文化项2分，全丢也只占2%。

二是四大项之外的项目都是容易得分或送分的项目，比如大党建的党组织建设、宣传文化建设、党风廉政建设，只要乡镇没有出主要官员腐败问题，基本可得满分。又如专项督查，都由相关部门进行，即便检查出问题也可以有解释、沟通的渠道，一般可以得分。

三是四大项工作的子项和小项较少，那么每个子项所占分数就较高，特别是经济建设项中，有2个子项是8分，1个子项是6分，3个子项是3分，6个项是2分，2个子项是1分，分值都比较高，那么得分与丢分之间的差距就相对比较大，这样乡镇就会把注意力放在这些分值较重的工作上面，而较少关注分值只有零点几分的其他子项目。

四是四大项工作中，前三项中大部分子项都是可以量化的硬指标，操作空间很小，做好了就得分，没达到指标就不得分或被扣分。特色工作有 10 分，乡镇只要抓 1 项或几项特色工作，就可以得分，乡镇自然会重点打造特色工作。

这样一来，能拉开乡镇之间考核分数差距的主要在四大项 84 分之中，而只要拉开了差距，就会是相对较大的差距。因为只要在这四大项中，有 1 项的子项被扣分，就会扣掉较多的分，四大项之外的分值较少，相互之间的差距较小，填补不进来，那么扣分与不扣分之间差距就较大：有数分的差距，也有十数分的巨大差距，而不仅仅是零点几分。相反，如果扣的是四大项之外的分，因为分值较少，还可以从四大项中找补回来。在四大项内部也一样，有的子项目分数太低，相对于高分子项目，可以忽略不计。因为高的分数特别高，低的分数特别低，就使得低的分数不存在区分的意义，有无都无所谓。所以，考核中较低分值的项目也就都得分了。

也就是说，当综合考核的项目较少时，百分制下的分数设置就比较合理，在大项中分值就可以呈梯度设置，最重要的大项设置最高分，次之次高分，其余低分。在最重要的大项内部也如此，最重要的子项设置高分，不太重要的则设置低分，相互之间不构成比例，比如 8 分对比 1 分、2 分对比 0.5 分。这样，在乡镇全部工作中，乡镇会重视被纳入综合考核的工作；在综合考核项目中，乡镇会重视分值较重的工作；在分值较重的大项中，乡镇会重视分值高的子项。

基于这样的分值设置机制，乡镇对工作才会有主次之别、轻重之分，有的真重视，有的应付过去。

乡镇只能将四大项工作、某些专项督查、现场观摩的工作当作政治任务，重视起来，投入较多的资源和领导注意力，而对于其他工作，则基于常规治理、底线要求。也因为综合考核可以凸显差距，彰显乡镇对待县级重点、中心工作的差异，县级党委政府就可以依据综合考核结果来考察乡镇工作、乡镇主要领导政绩，综合考核发挥的作用就大。

纳入考核：每分必争

综合考核是指挥棒，指挥棒往哪里指，乡镇的工作重点就在哪里。被纳入综合考核的部门工作成为乡镇的工作重点，乡镇在这方面花的力气就大，工作完成的效果就好。这对于部门来说有两个好处：一是自己的工作推动力度大、效果好，自己就有工作成绩；二是部门从之前动用资源亲自推动工作，效果还不太好，变成指挥考核乡镇工作，效果还好，何乐而不为？

部门都希望自己的工作被纳入县委县政府对乡镇的综合考核，这样它们就有了推动乡镇工作的指挥棒，自己从具体的工作落实部门变成督查部门。一项工作只要“被纳入考核”，就会成为乡镇的重要工作，乡镇就会重视起来，予以“重金打造”。在某地某区 HS 镇调研时，该区正在搞“一带一盔”行动。该工作被纳入政法系统的综治工作，年底由政法牵头、交警对属地进行考核。于是，全镇都被动员了起来，从乡镇分管领导到包社区干部、社区干部等都定时到街头做宣传、发动、劝解工作。

十八大之后，部门工作以各种各样的方式被纳入县级对乡镇的综合考核范畴。2020 年的某县综合考核项分为 4 个大项、31 个子项、109 个小项和 371 个细项。由于分得更细了，2020 年的子项、小项就相当于 2011 年的大项、子项，而 2011 年大项、子项分别是 9 项、42 项。

具体来说，比如，2011 年大党建包括组织、宣传、廉政 3 项工作，共 6 分，而 2020 年党委系统工作除这 3 项外，还包括政法综治工作、县委办公室工作、人大和政协工作、人统工青妇工作等 4 个子项，共计 40 分。乡镇重点工作中，2011 年没有、2020 年则有林业工作、水利工作、扶贫工作、农机工作、中小企业工作、畜牧兽医工作、文广工作、统计工作、民政工作等。而信访工作方面，2011 年赴省进京访 2 分，到 2020 年则变成了单独的大项，分 6 个子项、24 个小项，共计 10 分。2020 年还增加了政务工作大项，分 3 个子项、14 个小项，共计 10 分。这些工作项目基本上涵盖了县级大部分委办局的工作，除档案馆、编办、体育局等之外，大多数部门的工作都有涉及。

2020 年多出 22 个大项、68 个子项、340 个小项，这么多工作都得在 100 分内分担分值，即便是平均下来，每个大项的分值也只有 3.2 分，每个子项的分值为 0.92 分，每个小项的分值为 0.27 分。结果是，工作项目越来越多，分值越来越小，这会给考核带来以下影响：

一是考核分值一定，项目增多，分值设置空间就被压缩，设置起来就不那么从容。不可能再像 2011 年那样，一些工作分值设得非常高，一些工作分值非常低。因为项目太多，如果高的设置为数十分，就挤占了其他项目的分数，其他项目可能只有零点零几分的分值，再往下细分就不好分。于是在分值设置中，就必须相对均衡，这样就会拉低之前被认为是重要工作的分值。再加上能够进综合考核的，都认为自己的工作重要，不希望自己的分数太低，还会游说考核办。小项之间多数分值是在 0.05～0.3 分，只有个别在 1 分左右。如此一来，大项之间的分数就拉不开距离，小项之间、细项之间也是如此，分数就被平均化。

二是既然各项目之间的分值相差不大，项目又多，在 100 分之内，平均下来，大项目的分值为一两分，小项、细项的分值为零点几分，甚至零点零几分。那么，各乡镇之间的分数差距就会非常小，一般在零点几分的样子。由此，乡镇之间的竞争就变成了小项、细项之间的竞争，也就是 0.5 分左右的竞争。因此，乡镇就必须重视每个小项的分值，争取把每个小项的分值都拿了，至少不丢（丢 1 个小项，名次就排后面了）。在 2011 年，竞争的是分值大的大项，比如经济发展，大项搞好了，分值小的就不重要。

三是许多工作可量化的少，做台账的多，可操作的空间就大了。如果部门对乡镇的印象不好，就可能打低分。只要一个部门的项目打了低分，就会影响总分。

综上，因为各项考核之间的分值差距太小，项目之间拉不开距离，丢掉一项无法在另一项上找补，就使得每一项都很重要，都不能轻易丢分。加之，许多项目很难量化，考核时主观色彩较浓，乡镇也就必须重视每个部门的项目、分值。一个部门只要有 1 分在综合考核中，这个部门对乡镇的工作就有指挥棒，就可以指挥、督导、检查、考核乡镇。

细化考核：不能应付

2020 年与 2011 年相比，除了增加了部门工作外，还有一个变化是每个项目都变细了。2020 年的小项有 109 项、细项有 371 项。

比如，2011 年的宣传工作考核，只列了大项说明，没有子项、小项，共 2 分。2020 年的宣传工作在大项外，还有 4 个子项、15 个小项，分别是：构建学习型机关（1.25 分），含 4 个小项；舆论宣传（1.25 分），含 4 个小项；文明创建（1.25 分），含 3 个小项；文化繁荣（1.25 分），含 4 个小项。

在综治项中，2011 年的考核只有 4 项：(1) 实有人口万人刑事案件发案率（1分）。按各乡镇（街道）、开发区指标值从低到高排序，第一名得1分，其后依次递减0.05分，计算得分。（2）实有人口万人命案发案率（1分）。按各乡镇（街道）、开发区指标值从低到高排序，第一名得1分，其后依次递减0.05分，计算得分。（3）实有人口万人治安案件发案率（1分）。按各乡镇（街道）、开发区指标值从低到高排序，第一名得1分，其后依次递减0.05分，计算得分。（4）基层单位内部安全保卫措施到位率（1分）。

那么，在2011年，综治项只要抓好了这三项案发率，就能得分，乡镇的综治工作就抓好了。综治其他方面出了小问题或没做到位，不影响该项工作的评分。

但是，到2020年细化评分项之后，不仅列入了7项相关工作，增加了考核项，还对每项进行了细化，并确定细化考核分值：

（四）政法综治工作（5分）

……

2. 重点治乱工作（0.5分）

（1）出台重点治乱工作方案。（0.1分）

（2）形成排查机制，每季建立规范的排查台账，有专项报告。（0.15分）

（3）对排查出的乱点和突出治安问题落实责任单位、责任人，定期整治，并有记录。（0.15分）

（4）对整治的乱点和突出治安问题进行检查验收，并有规范的验收情况报告。（0.1分）

……

在2011年的时候，乡镇在综治工作上可以说是“一俊遮百丑”或“一好百好”。而到了2020年，乡镇就要针对每一项的细化项目对标完成工作，只要每一小项或细项没做好就会被扣分，一小项或细项扣分了就会影响综治的整体工作，综治其他工作做得再好也没有用。这是一项不好就会影响全局的“百好才好”的逻辑。

其他工作也是如此，要么考核中有总体量化指标，要么对该项的考核说得较为笼统，一般都没有列出细化指标。比如党建工作，只要该年度做出了亮点，其他方面如材料、档案、记录等没有做到位则不影响整体得分，亮点工作就可以得高分或全得分。

指标越细化，一方面说明要做的工作越多，乡镇要付出的精力越多；另一方面将要做什么、达到什么样的目标、数量是多少，非常明确，没有模糊空间，必须刚性执行。

这样，乡镇对待纳入考核的部门工作就不能只是集中做好某一项工作，总体上达到要求，笼统地做其他工作，而是必须“面面俱到”、对标完成。

在没有细化指标、总体上达标的时候，乡镇可以有自主空间，自己可以决定怎么完成综合考核项的工作内容，对工作也有自己的解释权。打造工作“亮点”就是自主性和自主表达、阐发的体现。而当工作细化后，不仅工作内容已经明确，而且如何开展工作也明确了，乡镇的自主性就较弱，必须亦步亦趋地按照上面的规定来办，否则就拿不到分值。

其他工作：未敢马虎

县域各部门都有很多工作，虽然到2020年综合考核项已经“事满为患”了，但是相对于部门要做的事情来说，还是属于少数，大量的治理事务并未被纳入综合考核之中。比如，某部门某科室的一项工作被纳入了考核，该科室的其他工作、其他科室的工作没有被纳入考核，那么，乡镇可不可以不重视没有被纳入考核的工作，或者应付未被纳入考核的工作？不能。

乡镇对待综合考核之外的工作态度仍“未敢马虎”，原因如下：

一是只要一项工作被纳入考核，就有指挥棒在手。只要有一项工作被纳入了综合考核范畴，部门就有了考核乡镇的权力，就能指挥乡镇干活。它不仅要求乡镇干好被纳入考核的这一项工作，还附带要求乡镇干好部门其他的工作，否则它就会找个理由，给被纳入考核的工作项打低分，使乡镇总分受影响。乡镇为了给部门留下好印象，让它们在考核分数上给高分、不扣分甚至加分，就必须将部门的其他工作也一并干好。

二是只要进入考核组，就有宝剑握在手。有些部门没有一项工作被纳入综合考核，但是部门业务与其他部门被纳入综合考核的工作相近，该部门也一并进入相关工作考核小组，成为考核小组成员。比如，工会的工作没有被纳入综合考核，但是工会有困难农民工帮扶工作，因此也被纳入了由民政部门牵头的帮扶考核小组；又如，农业农村局的某项工作新进了综合考核，在下文前该项工作曾征求过县妇联的意见，后来妇联也被纳入该工作考核小组，妇联主席喜上眉梢，对农业农村局局长非常感激。对于工会或妇联来说，虽然被考核的不是本部门的工作，但是它们作为考核组成员拥有对乡镇的考核权力，可以影响乡镇在被考核工作项上的分值，于是就可以给乡镇提要求，“希望”乡镇重视自己的工作。乡镇也就不敢像以前那样怠慢，对没有被纳入综合考核的部门的工作也重视起来。

三是常委部门的工作不能掉以轻心。常委部门的工作也不一定被纳入综合考核，如统战、武装等部门的工作，但是，常委们对乡镇的评价权比较大；在分管副职、乡镇主要领导的升迁中，常委们也说得上话。所以，乡镇不得不重视常委部门的工作。常委部门自己举行的年终业务总结表彰大会，不仅分管领导要参加，乡镇党委书记也会参加。名次排前面、获奖的乡镇，党委书记上台做经验交流；排名靠后、点名批评的乡镇，党委书记上台做表态发言。党委书记做表态发言，不仅令党委书记在常委心中的印象不好，而且使其在同僚面前丢脸，遭到戏谑。

四是只要分管工作排名倒数几次，书记就不提名推荐分管该工作的领导。部门的工作都由乡镇副职分管，副职工作是否得力，会影响分管工作好坏。副职分管的工作虽然没有被纳入综合考核，但他也不能让自己的工作多次排名倒数。否则，不仅每次都要上台做表态发言，而且乡镇党委书记在提拔重用干部时也不会提名推荐他。分管副职要想获得提拔重用，就得做好分管的工作。

在 2011 年的时候，乡镇确实可以对未被纳入综合考核的工作给予常规化治理，乃至应付某些工作。一方面是因为被纳入综合考核的工作较少，真正重要的工作才被纳入综合考核并占据较重分值，这就使得有“指挥棒”的部门较少。另一方面，因为综合考核项较少，凸显了其重要性，全县领导干部就都有认知。除这些工作之外，其他工作都“不重要”，进入考核小组的单位也只会考核相关工作，不会以此为“要挟”，要求乡镇重视其他工作。乡镇副职的主要工作不是分管工作，而是乡镇中心工作。

通报排名：技术施压

“通报排名”是推动工作的利器。部门的某项工作推动，如市里妇联的某个 App，要求村里的妇女都下载，这项工作到乡镇由乡镇妇联主任负责。该项工作没有被纳入县里对乡镇的综合考核范畴。县级妇联为了推动该项工作，每个星期在微信工作群里公布全县乡镇下载排名。该微信群里不仅有各乡镇妇联主任、分管妇联的副书记、县妇联主要领导和分管领导，还有县级分管（联系）领导、乡镇党委书记。微信工作群的在场性、互动性、及时性、多频率性，会给通报排名带来以下效应：

一是各乡镇妇联之间排名，激发横向竞争。各乡镇谁都不想工作落后，丢脸面。

二是乡镇党委书记在群里，排名靠后丢的是书记的脸，乡镇分管副职、妇联主任有压力，会加大工作推动力度。

三是县委分管领导在群里，排名靠后会令县级分管领导印象不好，乡镇党委书记压力大，便会给乡镇分管副职施压，要求将工作搞上去。

四是通报排名的频率越高，给乡镇的工作压力就越大。时间紧，短期内提升工作表现强度大；排名次数多，一次两次排名靠后还说得过去，多次排名靠后就成了态度问题。为了不使自己排名靠后，就得加大工作推动力度。

乡镇妇联主任感受到了压力，就会依葫芦画瓢给下面各村通报排名进度，给驻村干部、村负责人施压，驻村干部、村负责人就亲自到农民家里给妇女下载 App。

J 镇人大主席称，他分管了十几项工作，进了部门的数十个工作群，其中有上十个群乡镇党委书记在群里。只要是乡镇党委书记在工作群里的工作，党委书记就会敦促他重视。这样，他所分管的工作对于他来说就不再有主次轻重之分了，所有的工作都成了重要工作，他都要用十分的力气去应对。其他分管领导分管的工作也是如此。

乡镇中心工作、非中心工作的推动都广泛应用了微信工作群“通报排名”的模式，效率高、效果好。该工作模式给基层治理技术赋能，提高基层干部对工作的重视程度。

综上，乡镇各项工作都成为重要的工作，使得乡镇工作泛政治任务化，其基本逻辑如下：

首先，越来越多的工作被纳入综合考核，成为县级党委政府评价乡镇的指标，各项工作的分值差距较小，乡镇之间的竞争拉不开距离，使得每一分都变得很重要，乡镇要重视被纳入考核的每一项工作。

其次，考核项目的细化，一方面变相地增加了考核的工作，另一方面也使得乡镇不能总体性地解决问题，需要重视每项细化指标，对标完成。

再次，未被纳入综合考核的工作，与被纳入考核的工作都有“比邻关系”，要么是考核工作所在部门的工作，要么是考核小组成员所在部门的工作，这些部门都是乡镇得罪不起的主。

最后，各项工作通过现代技术频繁通报进度排名，给乡镇带来持续性的竞争、脸面问题、政治压力，乡镇岂敢不重视。

综合考核成为推动全面工作的政策工具，而难以彰显乡镇之间的差距，县委书记无法用考核结果来评判干部。如此，在业务考核、综合考核之外，又新添了单项考核，一县一年有四到八项单项考核。单项考核是综合考核的一部分，单独拿出来考核是因为它极其重要，其结果可用于评判干部。单项考核分值高，一般来说综合考核分值也高。

2021 年 7 月 2—3 日

政治任务与过程管理

政治任务变成了日常性工作，这对乡镇及其领导干部提出了更高的要求。乡镇是政治任务的承接者，它在与上级党委政府、部门的关系中没有主动性和话语权。上级对乡镇的激励向负向激励转变，乡镇工作的积极性、主动性较弱，消极被动应付抬头。过去为了获得正向激励的创造性工作，转变为不受处分、不问责的形式主义应对。这必然会给基层治理带来巨大的影响。

理解县域治理中的形式主义

调查发现，乡镇是基层形式主义的重灾区。形式主义的一个重要表现是填表格、做材料，应付上面检查。中部省份某乡镇一年用于打印复印、做宣传资料的费用就高达一两百万元，养活了周边数个打印店。干部避责也是形式主义的重要表现。主责干部为了不被问责或出事脱责，不是实质性地将工作做好，而是步步留痕、事事有迹，将工作程序都做得滴水不漏，待到倒查责任时以程序合理合法脱责。形式主义还表现为什么事都请示汇报，等待上面的指示，唯上思想严重，缺乏责任担当，上面没说的不做，有明确指示的才做，亦步亦趋，自身的主动性、灵活性没有发挥，治理活力和内生动力严重不足。

这些表明，乡镇形式主义主要产生在完成上级交办的任务的过程中，而不是产生在处理其内部事务时。比如，乡镇综治办调解上级移交的纠纷案件，就必须按照规定的程序、步骤和规范制定相应的文字档案。一个一天可以调解好的案件，做档案可能需要花费数倍的时间。而乡镇自己接收的普通纠纷案件，乡镇干部为了避免制作烦琐的文字图片材料，在调解好之后一般都不记录在档案之中。完成上级交办的事务搞形式主义，处理自己的内部事务不搞形式主义，说明形式主义涉及的是上下层级关系问题，包括中央与地方、基层与上级的关系问题。

基层形式主义在过去也存在，但这几年尤为凸显，甚至引起了国家高层的高度重视，说明上下层级关系在这几年发生了很大的变化。在县域内，则是乡镇与县委县政府及其部门的关系发生了变化。上下层级的关系主要是权威与忠诚、命令与服从的关系问题。上级是否有权威，它的命令是否得到下级服从，是上下层级关系的核心。在实践中，上下层级关系则是上级给下级交办什么样的任务、怎么交办任务、下级怎么对待任务的问题。从调查来看，县域治理实践中上下层级关系的变化，主要体现在两个方面：一个是上级交办的任务的性质发生了变化，从之前以行政业务、少量政治任务为主，到政治任务越来越多、越来越重。另一个是上级监管下级完成任务的方式发生了变化，主要是从"结果"管理向"过程"监控的转变。这两个方面的变化都会影响下级完成任务的状况。

从治理角度讲，上下层级关系的本质是治理结构问题，也就是治理事务在一种什么样的上下层级结构中推动运行，并最终被完成的过程。县域治理中事务性质和监控方式的变化，反映的是县域治理结构的变化。

治理事务：从政治任务少到政治任务多

治理事务有性质和数量两类属性。在性质上，县域治理事务可以分为行政业务和政治任务两大类。在数量上，则有多和少之分。

行政业务与政治任务：内涵与比较

行政业务是县级党政部门的日常工作和各项服务，又称"业务工作"。行政业务具有部门性、法定性、专业性等特点，完成行政业务需要配备专业人员、专业设备、专业资质、法定权限、预算经费等资源，资源的配备与事务数量成正比，其内含“事责权利”相匹配原则。

行政业务的治理主体包括县级委办局和乡镇对口站办所。一部分行政业务，比如涉及专业执法业务，由委办局直接完成的多，大部分业务需要下达给对口站办所来完成。委办局与对口站办所的关系，除了少数派出机构，多半是业务指导关系，不是上下级关系。虽然委办局代表的是县级党委政府，但是它们在级别上与乡镇平级，也没有强制命令的权威。因此，若行政业务布置给站办所，站办所会“尽量”完成任务，但不会倾尽所能，在保时保质保量上会打折扣，做到“差不多就行”。委办局为了更好地在乡镇推动工作，会通过私人关系或县级分管领导协调乡镇党委政府，以使乡镇调动更多资源投在自己的业务工作上。有的委办局为了调动乡镇的积极性，会通过项目发包、工作经费支持等方式给予乡镇激励。比如增减挂钩中，乡镇每减少一亩农村建设用地，县自然资源局就会给予乡镇多少万元的补贴。这一块工作做得越好，给乡镇增加的可支配收入就越多，乡镇自然有积极性去做。然而，乡镇党委政府依然不会将主要的资源和注意力放在部门的行政业务上。

在乡镇没有按要求完成部门的业务工作时，上级部门在对乡镇的专项业务考核上会给予行政压力。考核不合格或落后，既会影响专项考核在全县的排名，也会影响乡镇的综合分值和县级领导对乡镇的印象。但是，业务考核是软性考核，有弹性空间，委办局与乡镇会有沟通和默契，乡镇不会故意得罪委办局把工作做得太差，委办局为了获得乡镇对工作的支持，也不会把给乡镇的分值压得太低，都会把握分寸，控制在双方认可的范围内。因此，专项考核对乡镇有一定的约束力，但对乡镇的绩效压力不大。

由于业务工作是法定工作，有工作经费支持，做多少事给多少资源，加上乡镇与委办局在业务工作上有谈判余地，委办局布置下来的业务工作不仅没有给乡镇增加工作和绩效压力，反而在某些业务工作上会给予乡镇激励。因此，乡镇会力所能及地去完成业务工作，而不需要通过形式主义去应付业务工作。也就是说，纯粹的业务工作，即便增加了数量，同时也会增加配套资源，因而不会带来形式主义的增加。

政治任务是党委政府推动落实的治理事务，它是从一般的治理事务中遴选出来的重要治理事务，具有较强的政治性、综合性、权威性等特点。在县域内，政治任务习惯被称为“中心工作”，其设置主体是县级党委政府，更直接来说是县级党委和县委书记，及能够代表他们的权威机构，而实施和落实主体是县级党政部门、乡镇党委政府及党员干部。政治任务中的上下层级关系是不对等的，上级党委政府拥有绝对的权力和权威，下级单位则有绝对服从的义务。政治任务是上级给下级布置的硬性任务，要按最高标准、最严要求来对待，刚性十足，没有讨价还价的空间，下级必须无条件接受和顶格对标完成。下级在收到任务后，其主要领导会将自己的时间、精力和注意力集中在该任务上，并组织动员单位的人力、物力、财力等资源集中攻关。

与行政业务有相应配套不同，党委政府给下级的政治任务是“干”任务，完成任务所需的资源需要下级自行筹措。但是，政治任务蕴含政治激励，包括单项表彰、评先评优、荣誉称号、领导认可、提拔重用等，这些都会给予下级单位主要领导较强的激励。还有些政治任务完成之后，上级党委政府会给予下级党委政府经济激励，包括财政分成、税收返还、单项奖励等。所以，政治任务在完成过程中“事责权利”不匹配，但最终结果是匹配的。

当然，如果下级单位没有按时保质保量地完成政治任务，或对政治任务表现出不上心，上级党委政府就会对下级单位及其主要领导给予政治问责。对政治任务完成情况的考核是硬考核，并作为上级党委政府评价下级单位及其主要领导工作情况的最主要指标。政治问责是上级党委政府实现政策目标的主要约束机制，会给下级单位主要领导带来较大的政治风险。在实践中，即便没有被问责，但只要下级领导给上级党委政府主要领导留下不好的印象，也会给自己带来较大的政治影响。

因此，下级主要领导为了向上级党委政府表明政治态度，或发送政绩信号，会在政治任务上“层层加码”和自我加码，在政治任务的数量、标准和时限上提高要求。政治任务有中央省市层级政治任务和本辖区层级政治任务之分。辖区层级政治任务是辖区内主要领导认为重要并自主设置的政治任务。体制运行的逻辑是，越是顶头上级党委政府（县委书记）重视的事情，就越涉及下级主要领导（乡镇党委书记）的官帽子，后者也就越会当作“重中之重”来办。比如，县委书记把创市卫、省卫、国卫作为自己任期内的亮点工作来推动，下面的乡镇党委书记就必须把“创卫”当作头等大事来抓。

行政业务与政治任务在事务性质、权威类型、激励方式、约束机制等方面有较大区别（见表 2-1），但也有较密切的联系。政治任务是涉及多部门、带有综合性，并被党委政府遴选出来的重要的行政业务。政治任务需要调动各单位的资源予以完成。有些政治任务是阶段性的，在进行集中攻关、运动式治理之后，党委政府会把任务分解给相关部门，转化为这些部门的行政业务，由它们进行专业化、常规性治理。

表 2-1　行政业务与政治任务的比较

	事务性质	事责权利关系	上下级关系	权威类型	激励方式	约束机制	工作要求
行政业务	部门性、法定性、专业性	过程匹配、结果匹配	相对平等，有协商空间	专业权威	项目发包、工作经费	绩效压力	差不多就行
政治任务	政治性、综合性、权威性	过程不匹配，结果匹配	上级绝对权威，无协商空间	政治权威	政治激励、经济激励	政治问责、领导印象	最高标准，顶格完成，自我加码

政治任务变化：由少向多转变

在县域治理中，治理事务的变化呈现行政业务向政治任务转化、政治任务的数量由少向多转化的趋势。当治理事务主要是行政业务、政治任务数量少时，乡镇站办所工作人员可以按部就班地完成本部门的行政业务，乡镇主要领导则将主要的时间、精力、注意力放在完成政治任务上。完成政治任务，除了要调动乡镇最优质的物力、财力等资源外，还要调动站办所的人力资源。乡镇主要的政治任务包括长期存在的农业税费征收、计划生育、招商引资、信访维稳等，也有阶段性的各种整治任务，即运动式治理。总体来说，政治任务数量较少，而且完成政治任务也有时段性，不是一年到头都在应对政治任务。比如农业税费征收，一般春秋两次集中征缴；计划生育也是集中行动；阶段性整治工作则更是时段性的。所以，在一年里，乡镇工作人员有的时候忙得团团转，有的时候闲得无所事事。完成一个阶段的政治任务后，可以喘口气歇一段时间，再接着干另外一件。

此时的乡镇工作有轻重、缓急、主次、本末之分，乡镇主要的力量放在几件重要的事情上，其余力量则用于做业务工作。这样，无论是主要领导还是一般干部，都不会手忙脚乱、顾此失彼，所有工作都能够很好地应对过来，业务工作马马虎虎，政治任务争先创优，乐此不疲。乡镇主要领导有较充足的时间和精力思考辖区内的战略问题，可以把政治任务想透、钻精、做细。驻村干部有较多的时间跟群众打交道，做群众工作，解决群众问题。由于政治任务少，县乡推动政治任务落实的临时机构就少，领导负责临时机构的数量也少，于是有时间和精力推动工作。这样不需要纪委盯着干，县乡也能把活干好。也由于政治任务少，这些政治任务就是国家和县域内最重要的治理事务，这些事务能否处理好，就能真正体现主要领导的重视程度和工作能力，那么在激励上就主要以正面激励为主，政治问责为辅。乡镇在完成政治任务上较为主动积极，甚至会自我加码。

这几年县乡的政治任务有快速增多的趋势。一是因为中央省市层级的政治任务增多了。比如精准扶贫、基层党建、生态环保、安全生产、农村环卫、农村改厕、信访维稳等，这些工作最终都会成为县乡两级的政治任务。二是越来越多党政部门的业务工作也通过各种渠道转化为县级党委政府的工作。主要的转化渠道有吸引县级主要领导注意力、文件、游说分管副职等。三是县级主要领导为了能在晋升锦标赛中胜出，会在辖区内创设区别于上级政治任务和其他县市情况的治理事务，这些事务也要由党政部门和乡镇来落实。

乡镇的政治任务越来越多，也越来越显现出以下特点：

一是日常性越来越凸显。过去少量的政治任务具有时段性，可以通过集中攻关来完成，完成任务就结束了。现在越来越多的政治任务是由常规性的业务工作转变过来的，日常性的业务工作就变成了日常性的政治任务。

二是专业性越来越强。许多专业部门的业务工作转变为乡镇的政治任务，如环保、食药监、专项执法等，这使得乡镇的许多工作对专业的人员、技术、设备的需求越来越大。

三是“一票否决”项越来越多。政治任务考核中有两类项目：一类是加分项。也就是达到和超过上级要求时加分。另一类是扣分项。这类项目的结果难以量化，典型的如信访维稳，不出问题不加分、不扣分，出了问题则要“一票否决”。“一票否决”属于负向激励，这类项目越来越多，包括基层党建、安全生产、食品药品安全、森林防火、重大事故、秸秆禁烧等，说明上级对乡镇的激励中负向激励越来越多。

四是部门权威越来越大。部门的业务工作转变为乡镇的政治任务。相关部门成为临时机构的办公室驻地，被列为主责部门，如“大气办”设在生态环保局，“河长办”设在水务局，“治超办”设在交通局等，它们由政策的执行者变成了制定者、监督者，乡镇成了执行者。县级部门与乡镇的关系由之前相对的平等关系，转变为上下级不平等的关系，部门的权威性增强。

这样一来，乡镇工作就有以下四个变化：（1）工作量越来越大。部门的事情越来越多地下达到乡镇。由于变成了政治任务，乡镇还不能像过去对待部门业务那样，必须按最高标准、最严要求、顶格管理来完成。这使得乡镇的工作量倍增。（2）责任越来越大。过去责任在部门，转化为政治任务后，做事的责任都到乡镇来了。出了问题，部门以属地管理为由找乡镇背锅。（3）压力越来越大。乡镇主要领导对每个政治任务都要予以高度重视，都要按最高标准、调动最精锐的力量、打起一百分的精神去做。只要有一项工作没做好，就可能被“一票否决”。（4）“事责权利”越来越不匹配。事情由乡镇做，责任由乡镇承担，但是法定权力、专业资源等却掌握在部门手中，乡镇很难调动这些资源，出了问题还要被问责。

县域治理事务政治任务化的趋向，增强了相关工作的推动力度，防止工作执行变调走样，有利于工作的落实，但是也带来了诸多的问题，诸如：（1）乡镇工作没有主次之分、轻重之别，眉毛胡子一把抓，平均用力，抓不住主要矛盾，解决不了主要问题，许多工作难以做精做细。（2）乡镇主要的资源用在了完成政治任务上，自身的主体性越来越弱。主要领导分身乏术，没有时间和精力来思考辖区内的重要问题，普通干部则难以顾及群众细小琐碎的需求。（3）政治任务耗费了乡镇大量的人力、物力资源，但仍然捉襟见肘，顾此失彼，难以应付过来。那么，乡镇就可能以形式主义来应付政治任务，而不是扎实地落实好政治任务。（4）乡镇领导干部带着政治压力、负向情绪干工作，工作较为消极被动。工作可能向下级加码，但不会给自己加码。

从以上分析可知，在政治任务变多之后，乡镇工作出现了诸多转向（见表2－2）。政治任务变成了日常性工作，这对乡镇及其领导干部提出了更高的要求。乡镇是政治任务的承接者，它在与上级党委政府、部门的关系中没有主动性和话语权。上级对乡镇的激励向负向激励转变，乡镇工作的积极性、主动性较弱，消极被动应付抬头。过去为了获得正向激励的创造性工作，转变为不受处分、不被问责的形式主义工作。这必然会给基层治理带来巨大的影响。

表2－2　乡镇政治任务数量变化的比较

	基本特点	事责权利	上下级关系	权威类型	激励方式	约束机制	工作状态	落实情况
政治任务少	综合性、阶段性	相匹配	与党委政府不对等	政治权威	正向激励	领导印象	积极主动，有自主性	有主次之别、扎实落实
政治任务多	专业化、日常化	不匹配	与党委政府、部门不对等	部门“狐假虎威”	负向激励	政治问责、领导印象	消极被动，自主性缺乏	最高标准、形式主义

治理方式：从结果管理到过程管理

上级给下级布置工作任务之后，为了能够实现自己的工作目标，会对下级完成工作的情况进行监督、管理和控制。在县域治理中，上级对下级工作的监控有两种主要形式，分别是结果管理和过程管理。这也是县域治理方式的主要类型。从调查来看，县域治理方式正从以结果管理为主向以过程管理为主转变。

结果管理：特征、功能与问题

在县域治理中，结果管理又称“目标管理”，是指县级党委政府或部门设置、分解和布置目标任务给下级单位，再以对目标任务的实施及完成情况的检查、监督、奖惩为手段，通过下级单位自我管理、自行配置资源来实现县域治理目标的一种治理方式。具体来说，县级党委政府或部门在制定治理目标之后，根据下级单位工作性质对目标任务进行有效分解，以转变为下级各单位可操作性的分目标，并根据分目标的完成情况对这些单位进行考核、评价和奖惩。这些分目标方向一致，环环相扣，相互配合，形成协调统一的目标体系。每个分目标的完成，是完成整体目标的前提。

据调查，县域治理中的结果管理有以下特征：

一是向下分权。创制权掌握在上级手中。上级掌握了设置政策议题、分配目标任务、制定考核标准、评价政策结果等权力。下级在创制方面可以提供参考意见，甚至还可能被邀请参与创制过程，而一旦创制结束，下级就必须接受创制结果。政策目标分配下去之后，下级可以向上级反馈实际情况，申请对政策目标进行微调，但是无法否定政策目标。政策目标的解释、调整权掌控在上级手中。比如，经济发展目标制定之后，某乡镇因年中遭受洪涝灾害，影响其工农业发展，于是就会向县委县政府提出调整年度目标的请求。在政策目标的创制上，业务工作方面上下级谈判空间相对较大，政治任务方面的谈判空间较小。

结果管理中，下级单位有较大自主权。上级的创制权主要体现在政策闭环的目标设置和结果评价两头，而对政策实施过程的控制权责则下放给下级单位，让下级进行自我管理、自我控制。因此，在怎样达成目标上，下级拥有较大的自主决定权，比如拥有剩余索取权，即对总收益减去合约目标所得的控制权，包括对剩余工作经费、税收留成、经济奖励的支配权；拥有决定政策实施的具体步骤、程序、方式、手段的权力；拥有调动和配置单位内部资源完成目标任务的权力。自主权使得下级能够结合单位实际完成上级规定的任务。

结果管理中，上下级层级关系兼具“郡县制”与“分封制”的特征。下级单位要接受来自上级党委政府或部门的强制性的目标任务，以及对自己工作的评价。在目标实施过程中，下级有较强的自主性，受上级的干预和约束较少。前者带有“郡县制”中上下层级关系的特征，后者带有“分封制”中上下层级关系的特征。县域治理中，上下层级关系兼具两种制度的优势与劣势。从优势来讲，“郡县制”的优势是上下政令统一，“分封制”的优势是激发下级自主性，从这个角度看，结果管理能够将县级统一的治理要求与下级各自的自主性结合起来。

上级将政策任务包干给下级单位，明确和匹配下级的责权利，下级有责任保证任务目标实现，对没有完成任务产生的后果负责。结果管理实质上是包干责任制。

二是政策目标可量化。结果管理中大部分目标是可量化的，即便有些总目标难以量化，其分目标也会尽量可量化。比如，县委县政府给某中等乡镇的年度招商任务是5 000万元，实际到账任务是3 000万元，完成了任务则奖励50万元。政策目标可量化便于下级对标完成任务，也便于上级制定考核指标体系，有利于管理的标准化、科学化和精准化。如上级对文化局下达的年度任务之一是建设100家乡村文化活动室。考核中实现了该目标可得20分，超额完成10%的加2分。

三是激励机制以正向激励为主，约束机制以监督后置为主。结果管理以目标为导向，以结果论英雄，通过比较实际、确定的结果来评定下级的绩效，下级也以此来评估自己的工作，实现上级评定与下级自我评定相结合。上级以结果评定的量化分值对下级进行排名，然后对完成任务、排名靠前的给予奖励，对排名靠后的给予谈话或扣钱，对未完成任务的给予惩戒。这是一种“争先恐后”的正向激励机制。在结果管理中，上级对下级的约束和监督主要在事后。在政策实施的过程中，上级一般采取不出事不管、不告状不管的态度，一般不对工作进行督促检查，而是放手让下级开展工作。在结果评定之后，上级主要对没有完成任务、工作态度不好，或出了问题的下级单位进行责任追查。

四是政策过程档案管理不重要。结果管理的另一层意思是结果监控。上级对下级的政策执行过程的监控意愿不强。政策执行过程要不要进行文档记录、怎么记录，皆由下级自行决定，上级不做强行规定。下级会对文档记录采取“工具理性”的原则，以有用、方便为要。

五是以人而非制度为中心。结果管理的核心思想是，在目标明确的条件下，人们能够对自己负责。因此，结果管理重视人的作用，注重发挥人的主观能动性。结果管理不以制度规范下级的政策执行过程，而是放权给下级，对下级给予充分信任，在目标框架下解放下级，而不是通过约束下级来调动下级的积极性。

在县域治理中，结果管理发挥了重要的作用，也出现了一些问题。

一是发挥上级和下级两个积极性。要发挥上级的积极性，上级就要拥有政治权威，能够确保政令畅通，保证下级有一盘棋思想，构建从上到下运行顺畅、充满活力、令行禁止的工作体系。下级积极性的发挥，则需要建立权界清晰、分工合理、权责一致机制，赋予下级相应的权力，让下级能够因地制宜、自主决策、主动作为。县域治理中结果管理的设置，正好能够发挥这两方面的功能。一方面，县级党委政府或部门有创制的职责和权力，可以站在全局角度做出顶层设计和制度安排，制定相关政策措施。另一方面，乡镇及相关部门拥有较大的自主权，在落实政策目标的过程中，可以结合自己的实际情况，通过治理机制、工作机制的创新，使上级政策资源更好地与本地实际需求相衔接，充分发挥主观能动性，设置自己的政策议题，创造性地落实政策和解决问题。

二是可以激发下级的责任感。结果管理在确立政策目标之后，将“怎么做”的权力交给下级单位，下级单位拥有充分自主权决定怎么完成政策目标，并获得相应的政治经济收益。一方面，自主权本身具有较大激励效果，自主权越多，对下级的激励作用就越大。另一方面，政策目标完成得越快、质量越高、消耗越少，下级单位获得的政治经济收益就越大。这样，就会激励下级单位把政策目标当作自己的分内事情来做，激发下级单位工作人员的责任意识和集体荣誉感。有责任感，就会在实现目标的过程中发挥积极性、主动性和创造性。有集体荣誉感，下级单位的工作人员就可以有机地组织起来，形成干事创业的团队意识，发挥集体分工协作的力量。

三是激发基层治理活力。上级没有规定怎么做，下级只有发挥主观能动性、创造性把事情办好，把结果呈现给上级，上级才会给予相应的评价和奖励。为了获得上级的奖励，下级就会充分开动脑筋，创造性地开展工作。这样，基层治理就会呈现较大的活力。比如，创造性的工作带来成就感，能够激发工作人员的内在动力，他们工作的积极性、能动性就更足。又如，乡镇有完成工作目标的积极性，就会充分调动体制内和体制外的资源更好地完成目标任务。再如，为了能够将体制内的人力、物力、财力、政策等资源更好地与治理问题、社会需求对接，基层会有较大的动力创新治理机制、工作机制。

四是工具理性发挥到极致。在县域治理实践中，结果管理有可能被简化为“只要结果，不问过程”。上级在给下级布置任务时，只提两个要求：一个是事情要办好，另一个是不要出问题。“想干事、会办事、干成事、不出事”，是上级领导对下级的要求。下级为了实现政策目标，在缺乏对政策过程的约束下，就可能“为达目的不择手段”。比如，在执行政策中采取特殊主义、策略主义，在信访维稳中不讲政治、不讲原则、不守底线。这些都会给基层治理带来混乱和后遗症。

五是没有目标的领域被忽视。政策目标的设立有较强的针对性和导向性。一个领域没有目标，该领域的工作就可能被忽视。比如基层群众的一些小问题、小需求，没有具体的政策目标，如果不予以解决，就可能影响基层党群干群关系，或者可能“长”成大问题。

过程管理：内涵、类型与特征

过程管理又称“政策执行监控”，是指有资质的部门及人员通过使用专业方法、技术、工具和标准，对政策执行过程进行监督和管理。其目的在于：一方面，规制权力行使，保证政策执行的合法性；另一方面，纠正执行偏差，确保政策结果的实效性。过程管理的预设是，在政策目标定了之后，通过对政策执行过程的监管，使政策实施中的主体、资源和要素能够有机搭配、相互作用，从而自然而然地输出所设定的结果。过程管理是对工业生产流程监管的借鉴，它期待政策结果可以像工业产品一样：当原料输入之后，严格控制了生产过程，输出的产品就可以达到科学设定的标准。过程控制了，结果就是确定的，过程管理通过对政策执行的控制来获得确定的政策结果。

过程管理实现的前提是，政策执行过程必须有可视化、可操作性的细则，包括阶段性目标、要求、时限、标准、程序等，这样才可以对标执行和对标监管。与结果管理一样，过程管理中的阶段性目标需要可量化，否则就无法进行科学监管。一些总目标不能量化的政策，就需要通过过程的量化管理来获得预期政策结果。对阶段性目标的考核结果是总目标考核的最重要指标，过程管理要通过阶段性目标的考核来评价政策结果。因此，政策制定者不仅要制定政策目标，还要制定执行政策的详细的规章制度。在结果管理中，政策执行过程是“黑箱”。而在过程管理中，通过对过程的监管使执行过程曝光在阳光下。

这几年县域治理有一个从结果管理向过程监控转变的大趋势，主要有两个方面的原因：一是中央强调狠抓政策落实，各层级加强了检查督导，对过程的监控势必强化。比如精准扶贫，五级书记亲自抓，那么各级党委政府都会加强对扶贫过程的监督管理，以获得中央要求的脱贫结果。二是许多政治任务无法量化，必须通过监控过程加强落实，以达到预期结果。典型的如基层党建，它的确非常重要，但是党建的结果难以量化，因此难以通过结果管理来评价各级党组织所做的工作。如果对党建过程的工作时间、工作方式、工作内容、文字档案等给予明确规定，并予以数量化，据此监控基层党建过程，那么，只要基层党组织按照这些规定做了工作，就可预期能够提高基层党组织的能力和水平。安全生产也是如此，只要例行了检查排查工作，下了整改通知单，并督促整改，那么就可以大致确保安全生产的结果。

县域治理中的过程管理，主要可分为以下四种类型（对一项工作的过程管理会包含多种类型）：

一是进度管理。这是对政策、项目实施各阶段的进展程度和最终要完成的期限进行的管理。在规定的时间内，为政策或项目拟定合理且经济的进度计划。在执行计划的过程中，经常检查实际进度是否按照计划要求进行，若出现偏差，便要求找出原因，采取必要的补救措施或调整、修改原计划，直至政策或项目完成。进度管理的目的是保证政策、项目能在满足其时间约束条件下实现其总体目标。

二是程序管理。权力按程序运行、会议按流程召开、工作按步骤操作、经费按要求使用、技术按标准投入等，是确保政策实施过程标准化、规范化、合理化、合法化的必要措施。对程序的管理就要进行定期或不定期的监督检查，看这些方面是否合乎规定，有差池则要及时予以纠正整改。

三是指标管理。这是对阶段性工作所做的要求，包括对要求做多少工作、完成什么进度、达到何种标准等给出具体的指标数据。比如，扶贫专项经费在某个时间点所使用的比例、使用的方式、使用在哪些方面，都有明确规定。到点检查时，将工作完成情况与指标进行对照，工作完成到何种程度一目了然。

四是痕迹管理。有许多工作没有明确的效果，只能通过工作记录、文字档案来看工作“做没做”“做了多少”。“做事留痕”既可以证明做了工作，也便于监控执行。一般来说，上级会对工作材料的数量有规定，使“痕迹”可量化。许多材料还要附着相关人员的签字、现场照片等，使“痕迹”可证明。比如，基层党建中，一个星期开了多少次会议，每次会议会前有计划，会中有参会人员签字、会议照片，会后有总结。

从结果管理向过程监控转变，县域治理出现了以下四个方面的主要变化：

一是权力向上集中。在结果管理中，上级对下级的任务执行过程充分授权，执行中下级的自主权较大。但在过程管理中，上级不仅拥有制定政策目标、评价执行结果的权力，还为政策执行制定了详细的细则，并对下级是否按细则执行政策进行监控、纠偏和惩处。也就是，上级不仅决定下级做什么，还规定下级怎么做和评定做得怎么样。下级执行中的决定权、自由裁量空间受到限制，不仅不能调整政策目标，还不能偏离执行轨迹。上级集中了大部分权力，上级的各项决定一竿子插到底。下级是按部就班、不偏不倚、没有自主思考的执行者。在结果管理中，下级兼具上级代理人和地方当家人的角色。在过程管理中，下级成了纯粹的上级代理人。

二是监督嵌入与负向激励。要加强过程监控，监督检查就必然紧随整个执行过程，它是过程监控的主要方式。没有监督检查，就不存在过程监控。如果说在结果管理中，监督是在结果评价之后，那么在过程管理中，监督则是嵌入过程之中。上级在布置任务的同时，就布置了监督议程。有时候，督导组比政策文件还早到达乡镇。在县域治理中，对过程的监督，既有定期督查和随机抽查之别，也有业务督查和纪委督察之别，还有部门督导和党委政府督查之别。监督检查的目的是通过惩戒督促工作，以儆效尤，激励方式以负向激励为主。因此，监督检查必然要发现问题，或大或小，一旦发现问题，就要依问题的严重程度给予惩戒督促，比如对轻微问题指出来，要求改进；对末位排名给予点名批评；对落实工作不力或有违规情节的，给予党纪或行政处分；违法的，则移交司法机关处理。

三是以制度而非人为中心。过程管理要求执行政策有规可依、监督执行有章可循。那么，对于上级来说，制度建设就是它的工作重点。在结果管理中，“人”是工作的中心，通过发挥人的主体性来达成政策目标。上级对下级是充分信任的。过程管理中有一个隐含预设是：上级不信任下级，通过规章制度约束和规范下级行为，下级在政策执行中处于“被人盯着”的状态；而不是充分放活下级的主体性，调动他们的积极性和创造性。在结果管理中，上下级是在政策目标上“层层加码”。在过程管理中，上下级除了目标上层层加码外，还在规章制度上“层层加码”。每一级都生怕下级给自己捅娄子，为了保护自己，就得给下级加更多的“枷锁”，越是级别低，枷锁就越多。典型的就是财务制度上的层层加码。

四是文字证明材料变得重要。过程管理中，无论是进度管理、程序管理，还是指标管理、痕迹管理，都需要查看相应的文字材料。下级为了应对上面的监督检查，就要做好相关的文字记录和档案留存。许多工作没有材料支撑，就没法证明做了工作。上级为了规范下级的工作，也为了便于自己监督检查，会对下级的档案材料给予规范。比如，党建中开会材料整理，上级会给下级党组织清晰的“材料目录”，要求对照目录整理。如发展党员要求备齐以下材料：入党申请书、思想汇报、团组织推优表、入党积极分子考察表、重点发展对象推荐材料、入党积极分子学习培训体会、政审材料、积极分子采集表等。

过程管理有利于规范下级行为、严肃执行纪律、加大政策落实力度。但同时也带来了一些问题，比如：监督检查泛滥，干扰下级工作；上级不信任下级，下级被监控干活，积极性不高、负面情绪大；问责频繁，下级带着压力、背着处分干活；负向激励、问责太盛，做了再多也看不到成绩；下级没有自主空间，上下级没有谈判空间；下级被动执行上级政策，亦步亦趋，一切听从上面指示命令，没有主动性、创造性；下级执行政策依葫芦画瓢，按图索骥，工作过程没有自我的创造性，无法激发其内在动力；下级单位实际情况无法反馈上去；各级走好必要的程序而不是实质性地做好工作，形式主义、自我保护、避责等行为盛行；为了保护自己，上面说了的才做，不说的不做；各单位为了表示做了工作，不断向乡村两级派单填表；下级存在严重的给别人打工的心态和应付心理，做事没有责任心；下级做事按部就班，干部之间在工作中没有肝胆相照的情感体验。

结果管理与过程管理各方面的比较如表 2-3 所示：

表 2-3　结果管理与过程管理的比较

	权力关系	目标性质	激励类型	监督机制	文字档案	主要问题
结果管理	向下分权，兼具“郡县制”“分封制”特点	总目标可量化	正向激励	监督后置	不重视	工具主义，忽视某些问题
过程管理	向上集权，“郡县制”特点较多	阶段目标可量化	负向激励，责任倒查	监督嵌入	重视	形式主义，避责

县域治理结构变革：政治任务与过程管理的分析框架

在县域治理事务中，行政业务内含“事责权利”相匹配原则，各部门、各岗位人员各司其职、各尽其责，可以按部就班地做好常规性工作，实现县域社会大部分领域的有效治理。因而，行政业务数量、治理方式的变化对县乡权力关系的影响不大。相反，政治任务数量由少向多、治理方式由结果管理向过程管理的转变，透视着县乡权力关系、县域治理结构的根本性变革。

如表 2－4 所示，政治任务的多少与治理方式的差异有四种不同的搭配情况，形成四种不同的治理模式。其中，Ⅰ模式：“结果管理—政治任务少”，通过结果管理的方式来督促完成数量较少的政治任务；Ⅳ模式：“过程管理—政治任务多”，通过过程监控的方式来督促完成数量较多的政治任务。从Ⅰ模式向Ⅳ模式转变是近几年县域治理变化的重要方面。

表 2－4　县域治理事务与治理方式搭配情况

		治理事务	
		政治任务少	政治任务多
治理方式	结果管理	Ⅰ模式：通过结果管理的方式来督促完成少量政治任务	Ⅱ模式
	过程管理	Ⅲ模式	Ⅳ模式：通过过程管理的方式来督促完成大量政治任务

Ⅰ模式："结果管理—政治任务少"

在Ⅰ模式下，县域治理特点结合了政治任务少和结果管理的特点。县域治理的大部分事务都是部门的业务工作，县级党委政府的政治任务相对较少。政治任务具有较强的政治性，乡镇跟县级党委政府的谈判空间较小，乡镇需要调动本单位最优质的资源给予完成。但是，一方面，由于政治任务相对较少，而且多是阶段性的，乡镇领导的时间、精力和注意力能够兼顾过来，乡镇的资源也能够应付过去；另一方面，结果管理将执行的权力下放给乡镇，使乡镇有较大的自主决定权，为了完成政治任务，乡镇就会自主创新创造治理机制和工作机制，激活和调动各类治理资源，实现人与人、人与事、资源与事之间的最佳搭配。在激励方面，政治任务是强激励，结果管理也以正向激励为主，乡镇有较大的动力发挥自己的积极性、主动性，创造性地完成政治任务，甚至在政治任务上层层加码和自我加码。

Ⅰ模式通过结果管理的方式推动少许政治任务落地，使乡镇既能够完成任务，又不负荷太重，还能激活乡镇治理活力，激发乡镇工作人员的主体性和创造性，让一些工作人员在完成政治任务的过程中脱颖而出，不失为一种较好的治理模式。

但是，也应该看到Ⅰ模式存在的问题。比如，乡镇对于政治任务会进行大投入、强治理；对于非政治任务的治理事务，乡镇领导较少关注，投入的资源也较少。结果管理将资源投向治理目标，而忽视没有确定目标的领域。因此，该治理模式能够在工作中抓住主要矛盾，分清轻重缓急，有所为，有所不为，但也可能对某些治理事务或治理领域视而不见。

政治任务是辖区内最重要的治理事务，其他事务要为其让路。结果管理又更关注结果，疏于对工作过程的监管。那么，为了完成政治任务，县乡就可能做出违反原则和法律程序的行为。典型的如“先上车后补票”，例如，党委政府先征用土地让重点企业落地，国土、规划等部门再补齐相关手续。

Ⅳ模式：“过程管理—政治任务多”

Ⅳ模式结合的是政治任务多和过程管理的特点。首先，该模式使乡镇工作人员面临超负荷运转局面。一方面是政治任务增多，从阶段性工作变成日常性工作，且每一件都不能怠慢，都要顶格处理，这无疑成倍地增加了工作量。另一方面，对政治任务实施过程管理，乡镇就要按章办事，就要走更多的程序、整理更多的材料、迎接更多的监督检查、做更多的整改，这也极大地加重了乡镇的工作任务。

其次，在Ⅳ模式下，乡镇工作人员工作中的精神压力剧增。由部门业务工作新转化过来的政治任务都带有“一票否决”性质，如安全、环保、党建、扶贫等，使这些工作不能出任何岔子，这给乡镇主要领导及分管领导带来巨大的精神压力。“一票否决”项少的时候，还可以通过投入资源来加强管理，以防止出事，或是因为出事概率低而“赌一把”，适当应付了事。但是，一旦项目多了，出事的概率就变高，这个没出事，那个却可能出事，简直“防不胜防”。过程管理加强了对政治任务执行情况的监控，使执行中的问题容易上升到政治高度，从而增加了乡镇被政治问责的概率。因为工作精神压力大，乡镇在完成任务中滋生自我保护意识，处处谨小慎微，迈不开步子，不敢有闯劲。

再次，在Ⅳ模式下，县乡“事责权利”不匹配现象严重。县级部门通过不同方式将业务工作转化为政治任务，部门作为推动“政治任务”的部门就拥有了党委政府赋予的政治权威，可以“狐假虎威”地向乡镇发号施令。过程管理则将乡镇执行政策过程的决定权、自由裁量权、剩余索取权上收。在Ⅳ模式下，政治任务从设定到执行、评价的权力，实质上是掌握在业务部门手中。这些部门就可以将权力、利益、资源等留在自己手上，而将事情、责任等下放给乡镇，然后通过督导检查等督促乡镇完成任务；没有完成任务，或出了问题，就让乡镇背锅。乡镇在整个过程中没有话语权，只能“硬着头皮”完成任务。“事责权利”不匹配的一个重要后果是，基层避责的现象越来越严重。

又次，在Ⅳ模式下，乡镇自主性不足。一方面，越来越多的部门政策以政治任务的形式下达到乡镇，乡镇必须以最高的要求、最多的投入来完成政治任务，使得乡镇越来越没有按照自身实际情况来调整政策的空间。另一方面，过程管理又使得部门上收了政策执行中的许多权力，乡镇只能循规蹈矩地执行政策，而没有因时因地制宜的自主决定权。由于自主性不足，容易阻滞乡镇的政策创新和治理机制、工作机制创新。

最后，在Ⅳ模式下，乡镇形式主义丛生。调查的一个基本判断是，乡镇形式主义主要存在于落实政治任务的过程中，它是较多政治任务与过程管理结合的产物。一方面，政治任务的性质决定了乡镇必须顶格、对标完成，但是由于政治任务的数量较多，乡镇根本没有能力平均用力，领导的注意力也顾及不过来，难以给予所有政治任务实质性落地支持。

另一方面，过程管理又注重执行程序和政策制度的运行，通过过程考核来评价政策结果。这样一来，乡镇就会对政治任务进行分类管理，对于能够通过搞好过程形式就能完成或能避责的政治任务，则通过搞好形式完成，而非实质性完成。如党建，让专人按规定准备好文字材料，而不是真正地把党组织建设好；如安全生产，具体负责的人只要走好监督检查的程序，做好相关记录，发送整改通知，届时出了问题也查不到自己身上。对于政治经济利益较大的政治任务，则投入较多的资源，实质性地完成任务。如县委书记倡导的“创卫”工作，乡镇党委书记要亲自抓，除了文字、宣传材料要备齐外，各项工作还得实质性地做到位，乡镇党委书记要经常到村社区检查督导。

总之，在Ⅳ模式下，乡镇满负荷运转，只要能够通过形式来应付上面检查、规避自身责任，乡镇就会把形式搞到极致，形式主义泛滥就不可避免。

分散式治理结构与集中式治理结构

从以上分析可知，在县域治理中有两种不同的治理结构：一种是分散式治理结构，一种是集中式治理结构。

分散式治理结构是集中与分权相统一的治理结构，它将制定、调整和评价政策目标的权力集中于县级党委政府，而将政策执行的决定权和剩余索取权留给乡镇。分散式治理结构对应的治理模式是Ⅰ模式。在这种体制下，县级权力不能直接渗入社会，而需要通过乡镇的转化，转化为乡镇的权力后，再由乡镇与乡村社会对接。这是一种间接治理结构。分散式治理结构在上下级关系上类似于“郡县＋分封”，上级拥有绝对权威，掌握着下级的任命权和财政支配权，下级必须无条件服从上级，但是下级在政策执行和辖区事务上有较大的自主权。上级的政策目标一般是原则性、模糊性较强的总体性目标，下级在坚持上级政策的目标前提下，可以根据地方实际进行政策创新，在政策执行上进行机制创新。

集中式治理结构是权力集中在上级、下级较少有自主权的治理体制。县级集中了制定、执行、评价、监督等权力。乡镇只有听从命令、调动资源执行政策的权力，自主设定政策、进行政策执行机制创新的空间较小。集中式治理结构对应的治理模式是Ⅳ模式。在这种模式下，县级权力一竿子插到底，实现与乡村社会的径直对接。乡镇起的作用不是对县级权力进行转换，而是扮演县级代理人的角色，帮助县级权力下乡。这是一种直接治理模式。集中式治理结构中的上下层级关系，类似于郡县之下的上下级关系，上级集权，上级拥有绝对权威，不仅掌握了政策制定、监督、评价的权力，还控制了下级执行政策的权力，对下没有授权。下级的自主权较小，是上级政策的机械执行者。上级制定了非常具体、刚性的政策目标，还对政策执行的程序、细则、阶段性目标等给予了规定，下级缺乏政策创新、机制创新的空间。

2020年4月15—19日

乡镇治理机制创新的约束

乡镇治理机制创新的基本逻辑是，在既有结构约束条件下，针对主要治理事务，对既有资源进行优化组合，形成适合本地的工作机制。

乡镇治理机制创新的地区差异

对于中国大部分乡镇来说，最重要的资源是工作人员。充分调动和合理配置其人力资源，是乡镇落实上级任务、进行辖区治理的关键。体制内人员一般在固定的岗位做固定的事情，但乡镇历来是“分工不分家”，针对具体的事务会调配不同的工作人员，形成不同的工作机制。乡镇在体制上是统一的、稳定的，但工作机制是具体的、灵活多变的，需要乡镇有机制创新的能力。

乡镇治理机制创新，既可能因事制宜，一事一议，事毕机制撤；也可能因地制宜，在一些地方形成相对稳定的工作推动机制，诸如湖南某县的“片线结合”制度、山东某县的“管区包干”制度、江西某县的“副职驻村”制度。这些机制制度化的程度较高，体制资源能够通过这些机制精准有效地对接当地主要的治理事务，降低治理成本，提高治理效率。

为什么不同地区会有不同的机制创新？这不仅源于治理事务的差异，还与一个地区的人事结构、激励结构、社会结构有关系。它本质上是一个用什么样的激励措施激励什么样的人、在什么样的社会环境下去做什么样的事情的问题。机制创新是人事结构、事务结构、激励结构、社会结构等综合作用的结果，这些因素不同，机制创新也不同。

乡镇机制创新的四大基础

人事结构是指乡镇有什么人的问题。一般乡镇的人事构成有这么四类：一是乡镇副职，即党委书记、乡镇长之外的其余7～9个班子成员，及少数非领导职务的科级干部。这部分人尤其是班子成员的政治责任意识、岗位工作意识较强，有的还有政治前途，在乡镇有权威、有地位、有工作经验。乡镇一般将他们调动和配置到一些重要的工作上，激励措施一般是政治激励，包括提拔重用、给予政治荣誉、给予政治待遇等。二是普通公务员，包括年轻公务员和中年公务员。年轻公务员有政治前途，干活有干劲，但存在稳定性不足的问题；中年公务员有工作经验，无工作干劲，难以被调动起来。三是事业编。事业编无政治前途，待遇上比公务员差，但是有工作经验，适合做群众工作。调动他们的积极性主要依靠经济激励和感情激励。四是临聘人员，相对较为稳定，主要从事的是站办所技术工作。

事务结构说的是一个乡镇主要的治理事务有哪些。普遍有这么三类事务：一是农村工作，包括农村群众工作和上级要在农村落实的任务。群众工作复杂，没有规律可循，对工作人员的经验、权威及熟悉程度要求较高。上级任务下乡越来越多，要求越来越高，需要高强度动员村组干部和农民群众。二是中心工作，这些工作包括一些攻坚克难的工作，如征地拆迁、信访维稳、移风易俗等，以及领导关注的小城镇建设、重点项目落地、扶贫攻坚等，需要调动基干力量给予完成。三是行政业务，即各条线部门、站办所的一般性工作，这些工作规律性、技术性、专业性较强，要求工作人员长期稳定。一般来说，乡镇领导重视的是农村工作和中心工作。在不同地区的乡镇，农村工作的差异性不大，而中心工作有较大差异。

激励结构指的是乡镇的激励措施及其主次关系。乡镇普遍的激励措施：一是政治激励，如提拔重用、职级晋升、政治地位提高、领导认可等。这些对班子副职和年轻公务员有激励效应，因为乡镇政治资源稀缺，政治激励的面较窄。二是经济激励，指增加福利待遇。这对所有人都有激励效果，对事业编、临聘人员的激励效果更明显。三是自主性激励，即给予工作人员较强的做事的自主性，保障其剩余索取权。在不同地区，乡镇的激励结构差异较大，其源于经济激励上的差异。有的地区有较大的经济激励空间，有的地区这种空间则较小。自主性激励一定程度上与经济激励空间有关系。

社会结构是指乡镇工作所嵌入的社会结构的性质。无论是农村工作，还是中心工作，很大程度上是组织动员干部群众和做群众工作的问题，动员村组干部是问题的关键。对村组干部动员的难易程度，与社会结构有关系，也就是与村庄干部和农民的关联程度有关。在北方小亲族社会，村庄社会是分裂的，通过选举上台的村干部对乡镇的认同度和依赖程度较高，乡镇较为容易动员他们。在南方宗族社会，村庄是团结的，村组干部更在意在宗族的利益，而与乡镇的关系不紧密，乡镇对他们的动员难度较大。西南农村内部支持网络强大，村组干部的地方性色彩浓，而国家性弱，动员起来的难度更大。因此，要将村组干部动员起来，在北方地区，代表乡镇党委书记的普通干部便可将村组干部动员起来，而在南方尤其是西南地区，则可能需要更高权威的副职才能真正将村组干部动员起来。动员难度越大，动员主体的层次就越高。

几个地区的案例

案例1：江西YX的副职驻村

从人事结构来看，B镇有班子副职11人。老公务员7人，其中有两三个是从副职退下来的主任科员。年轻公务员4人。事业编工作人员有二十几个。事业编与公务员人数差不多。临聘人员5人。由于年轻公务员较少，符合提拔年龄条件的少，所以他们在换届的时候基本上是“躺着晋升”，因此政治激励对他们作用不明显。临聘人员主要是从计生办转过来的，干的是技术性的活。那么，在该乡镇，需要激励的是班子副职和事业编。

从事务结构来看，B镇的主要事务有两项：一是农村工作。诸如人居环境整治、秸秆禁烧、推广早稻种植、园区招工等工作，量多、强度大，需要动员干部群众。二是征地拆迁。县工业园区主要在B镇境内，县城新城区也正向B镇境内扩张，因此征拆任务重。这两项工作都需要有经验、有权威的工作人员负责，包括事业编、副职。事业编有经验，副职既有权威也有经验。

从激励结构来看，政治激励对副职有效，提拔重用对年轻副职很重要。副职可以通过政治激励调动起来。B镇是郊区镇，征地拆迁量大，乡镇土地财政留下了1 000多万元的自主支配收入。但是，B镇不能用这个钱给干部发钱。跟其他乡镇一样，只有上面规定可以发的钱才能发。包括1.5万元左右的年终绩效；获得单项奖的，一项可以多发一个月的工资。前者最高与最低的差距不大，也就两三千元的差距；后者是普惠性的，每个工作人员都有，起不到激励效果。乡镇党委书记说，现在给职工发的钱比“八项规定”出台之前还多，但是过去乡镇可以自主发钱，能起到激励效果，现在钱发多了，反而起不到激励效果。就打卡考勤而言，该乡镇一位最不积极的工作人员，因住在镇街上打卡勤，每次考勤都超过打卡次数，因此获得的绩效奖高。经济激励空间小，就难以激发事业编的工作热情。

从社会结构来说，YX县当地是宗族社会结构，村干部的当家人角色强而代理人角色弱，对他们的动员难度较大。动员主体要么层次较高，要么有权威、与村干部有较深关系，多是副职或者事业编“老乡镇”。

综合起来，从人事结构、事务结构、社会结构看，需要动员的是事业编和副职；而从激励结构来看，经济激励缺乏动员不了事业编，只能动员副职。创新的是副职驻村或副职领衔的机制。副职带领事业编、年轻公务员、临聘人员驻村，或者奋战在征拆一线。

案例2：湖南XS县的片线结合

在人事结构上，XS县N镇拥有公务员43名，事业编干部 97 人，无临聘人员。公务员和事业编都较多，基本上是 30 岁以上的“老乡镇”。事业编工作经验丰富。公务员一半是年轻公务员，一半是未升上去的中年公务员。那么，从人事结构看，事业编是主力，应主要激励事业编，同时带动和培养年轻公务员。

在事务结构上，N 镇有两块工作：一块是“片”上的工作，就是将驻村工作分为四大片区，每个片区由四五个干部负责，其中包括片长、副片长各一人。片长、副片长需要有经验的副职、事业编“老乡镇”充任。另一块是重要的条线工作，主要包括信访维稳线和重点工程线。N 镇是城关镇，县级大部分重点工程、项目、企业落地在该镇，该镇由重点工程线负责这些落地的群众工作。因为重点工程线的工作涉及巨大的利益，工作量大、工作难度大，需要调动有经验、有权威的工作人员参与，副职和“老乡镇”可担当。

在激励结构上，N 镇除了因为是城关镇，公务员有较其他乡镇更大的被提拔重用的空间外，经济上也有较大的激励空间，主要是财政上能够给予片线工作经费。工作经费是包干的，由片线自主支配，少不补，多不退，多余经费由成员分配。这在一定程度上可以激发事业编的工作热情。

在社会结构上，N 镇也属于宗族社会结构，要调动村组干部的力量需要层级比较高的副职或者跟村组干部较为熟悉的“老乡镇”。

归结起来，在 XS 县 N 镇，无论是驻村工作，还是重点线的工作，都需要调动有丰富经验的事业编“老乡镇”。而该乡镇在人事结构上，“老乡镇”众多，是主要力量；该乡镇又有较大的经济激励空间。因此，该乡镇就形成了主要调动事业编“老乡镇”积极性的“片线结合”制度。具体操作是，由乡镇确定片线领导人选，进行片线工作成员的双向选择——片线领导选成员和成员选片线领导。片线领导除重点线是由“老乡镇”人大主席充任外，其余都由事业编“老乡镇”充任。片线的主要成员也主要是事业编“老乡镇”。该机制实现了人与人、人与事的有机结合。

案例 3：山东 YT 的管区包干

在人事结构上，山东 YT 的 J 镇年轻公务员和“老乡镇”是两支重要的力量，年轻公务员占 1/3，事业编和中年公务员构成的“老乡镇”占 2/3，“老乡镇”中又以事业编为主。

在事务结构上，主要是驻村工作。J 镇将全镇 60 个行政村（规模较小）划分成 4 个片区（或管区），每个管区由 5 个左右的工作人员管理，管区设书记、区长各 1 名，成员 1～3 名。

在激励结构上，J 镇重视年轻公务员的培养和历练，主要给予他们政治激励。同时，该镇还在经济上有较大的激励空间，主要也是对片区管理给予财政包干和自主支配的权力。

在社会结构上，山东 YT 农村属于小亲族社会，村组干部的国家观念强，较为容易动员。除非较大、较重要的行政村所在管区会配备副职担任片区领导外，其他片区一般干部也能担任片区领导。

基于此，在 YT 农村，就形成了管区包干的机制，管区主要领导由有政治前途的年轻公务员担任，如管区书记、区长等，并规定年轻公务员要晋升副职，必须有担任管区主要领导职务三年的经历，其他成员则由“老乡镇”充任。管区包干所管辖的村级事务，其具有较强的自主决策的权力，有经济剩余索取空间，管区书记可以用经济措施和自主空间来激励“老乡镇”。

案例 4：北京 S 区的增设机构

在人事结构上，S 区 XJ 镇共有公务员 39 人，事业编 23 人，劳务派遣的编外用工 307 人。其中，班子成员 15 人，其余 24 名公务员多为中年未晋升的老公务员，除担任中层职务者外，主要集中在党建办等轻松单位，难以调动。事业编担任一些中层职务。主要的工作人员是编外用工，这部分人工作积极性较高。

在事务结构上，主要是完成市区下达的工作任务，如污染防治、人居环境整治、厕所革命、燃气革命等，以及驻村工作。

在激励结构上，在人员聘用的编制、支出上较为宽松。

在社会结构上，该地区属于华北平原小亲族结构。

另外，在条块关系上，该镇条块关系分明，条条部门尽量不求块块部门帮忙，块块部门也尽量不打搅条条部门，各行其是。

因此，该镇主要调动的是编外用工。条块各部门要做什么事情，首先想到的是招更多的编外用工。条条部门如司法所，想在村一级招聘司法员，将腿伸到村一级，有什么工作不需要求村里办，自己的人好使，工作扎实。其他部门都持这样的想法。块块部门办事，也不是从其他站办所抽调人员，而是直接增设机构。如上级要搞大气治理，增设“大气办”；要搞燃气治理，增设“燃气办”；要搞农村大棚整治，增设“农办”；要加强土地管理，设“土地科”。这些新增机构一般由一名事业编做负责人，成员主要是3～5名编外用工，有些科室负责人还是编外用工。

乡镇治理机制创新的逻辑

YX县的副职驻村激励和调动的是副职领导干部，使得乡镇推动工作的力度加大，工作落实不打折扣。为此，在县一级对副职要给予一定的政治激励空间：每个乡镇都有1～2个副科提正科名额，以及乡镇党委书记要重视副科级干部隐性台阶的晋升。问题则是，乡镇其他人员如一般公务员、事业编没有被充分调动起来，乡镇副职和正职忙得一塌糊涂。

XS县的片线结合主要激励和调动的是事业编“老乡镇”，主要激励措施是经济、自主性和情感激励。由于事业编人数众多，激励较好，他们都把工作做好了，乡镇党委书记就可以抽身出来关注县委书记重视的事情。

YT 的管区包干激励和调动的主要是年轻公务员及“老乡镇”，使年轻公务员的干劲和“老乡镇”的经验结合起来，将问题解决在村组一线，解放了乡镇主要领导。

乡镇机制创新的基本逻辑是，在既有结构约束条件下，针对主要治理事务，对既有资源进行优化组合，形成适合本地的工作机制。

2021 年 5 月 23 日

注意力内卷：
基层“创新”泛滥的逻辑

在领导注意力分配弱确定的时候，各项工作都可能通过竞争成为领导关注和重视的事情，这使得基层各单位、各岗位的竞争性加强，一定程度上激活了体制，从而可能使各领域的工作都得到落实。但是同时，各个领域都动起来了，使得乡村两级工作量剧增，工作人员超负荷运转，许多事情无法做实，只能应付，造成形式主义泛滥。“创新”也变成为了创新而创新，成了基层最大的形式主义。

为什么都在工作创新

在县乡调研，承担工作的人都讨厌上级要求工作创新，包括工作内容创新、工作形式创新，以及包装、书写材料上的创新。一到向上写汇报材料时，他们就犯愁，要绞尽脑汁地想到底有哪些与过去不一样的东西。工作中没有创新，只能通过“写”报告来体现创新，这是最头痛的事。受访者称，基本工作已经够多了，哪有时间、精力来创新。但是，他们往下布置工作的时候，也要求工作有创新，他们给原则、方法，底下去执行、落实。底下工作有创新，他们的报告就有内容可写。

以县组织部为例。县级组织部的组织科给乡镇组织部门下达的任务分两部分：一部分是基础工作，包括规定要开展的工作，如某县组织部搞的“六比六看，结对竞赛”活动、党员发展工作、提高村党员年轻人比例、组织建设、“三会一课”等。另一部分是创新工作，县组织部列出十大重点、难点工作，各乡镇根据实际情况选择两项左右来完成。县级组织部门要求的创新工作，到下面就成了规定动作、基础工作，乡镇还得有自己的创新。其实，无论是基础工作，还是创新工作，县域内乡镇之间，乡镇内各村之间，都差不多，只是有不同的提炼而已，下功夫的、提炼到位的，就是创新。

工作创新对于领导来说是“亮点”，领导抓的就是亮点。领导需要创新，一个重要原因是领导要述职。年度述职是对一年工作的总结，是向领导展示自己的机会，因此不能泛泛而谈，需要有重点、有亮点。党委书记的述职主要包括党建、廉政、意识形态工作等。在某县，乡镇党委书记述职采取的是现场观摩述职，由县主要领导分片区，带领片区内党委书记到各乡镇现场观摩，主要看镇村党建与中心工作结合的情况，党委书记现场述职。无论是观摩还是述职，党委书记都要拿得出亮点来，否则难以给县领导和其他党委书记留下深刻印象。

县委书记也要向市委述职。述职对象一般分两种情况：一种是向市委述职，一种是向市委考核组述职。前一种情况可能还有更高层级组织部门的领导参与观摩。县委书记的述职有严格的时间要求，十分钟的话，现场汇报稿不超过 2 000 字，上交的汇报材料限定在 3 000 字以内。2 000 字汇报稿中，讲成绩的不超过 1 000 字，工作中存在的问题、下一步怎么做要具体化。过去，县委书记的述职内容主要是组织、党建工作，现在增加了廉政、纪检、意识形态等工作，长的报告可以到 5 000 字。但对于组织、党建工作来说，留给自己的空间仍然有限，因此内容要有实质性，形式要高度凝练。这部分的报告需要组织部门来填充和审核。县组织部自然要将其当成头等大事来做，这是它们向县委书记表功的机会。

也就是说，光组织口：乡镇党委书记需要创新，以向县委展示工作；县组织部需要创新，以能够完成县委书记的任务；县委书记需要创新，向市委汇报时才能有出彩的地方。那么，乡镇就会要求各个村在组织、党建工作上进行创新。组织部有许多科室，仅组织科就分三个科室，分管基层组织党建、新经济组织党建、机关事业单位组织党建。每个领域都可能创造新的经验，这些科室就会竞相创新以获得组织部部长的认可，它们都会向乡镇提出自己领域内的创新工作要求。下面科室有创新、乡镇有创新，组织部部长才有内容向县委书记汇报，进而县委书记在组织、党建工作上才有汇报的内容。组织口有创新、有出彩，纪检口、意识形态口也不能落后，也要在县委书记述职材料中有出彩的地方，那么它们也需要下面有创新。

于是乎，县委书记希望党口各单位创新，各单位则希望内部科室、乡镇创新，乡镇则希望村一级创新。反过来，从下往上都希望获得上级领导的肯定和关注，都想方设法制造亮点。

县一级不仅有党口，其他各口如政府口、人大口、政协口、两院口等，各口工作创造出来的亮点，都可以成为县委书记、县长向上汇报出彩的地方。尤其是，各口的亮点工作都可以靠上党的领导、中心工作等。那么，各口一旦有亮点工程，就容易俘获县委书记及县长的注意力，它们也就会去制造工作亮点。

比如，某县人大将人大工作与脱贫攻坚结合起来，在脱贫攻坚上创造了新的形式，成为县委书记汇报脱贫攻坚工作的亮点。

又如，某县文明办在农村社会开展“功德教育”取得了较好的效果，引起了县委书记的注意，成为全县铺开的重点工作。

再如，某县某镇司法所成立“说事评理中心”，整合乡镇资源解决农民纠纷，县司法局当作创新经验向上汇报，县政法委书记、副书记和县长先后到该镇调研，后根据领导综合意见更名为“说事评理议事普法中心”。

以上叙述了两个方面的内容：一是各级主要领导需要“亮点”，二是下级各单位、各岗位在制造“亮点”。前者是关键。问题是，为什么现在各级主要领导都需要“亮点”，而过去不需要？

综合考核中的加分项与扣分项

在过去，县级主要领导关注并推动做的是所谓的“重点工作”或“中心工作”，这些工作会体现在年终的综合考核中，对乡镇和县直部门的考核有差异。综合考核中的项目有几个大的类别，每个类别下有小的分项目，每个分项目都列有分值。从项目性质来看，可以将其大致分为两大类：一类是加分项，一类是扣分项。

加分项是指在固定的分值下，对标得分，达到了某一类标准就得某一档的分值。若超过标准，则有一定范围的浮动加分。比如说招商引资，某乡镇达到了县里给定的最低数额，就得分，如果超过某个范围，则加分。加分项主要包括业务工作、党建工作、GDP 增量、财税收入、招商引资、小城镇建设、农田水利、土地开发整理等，其中业务工作依据上级对口部门考核结果评分，一般都可以得满分；党建工作由组织、宣传、统战等部门考核，工作较虚，单位没有出现处分党员干部等问题，也可以得基本分，若出现问题则扣分。

扣分项主要有社会管理综合治理、信访工作、计生工作、安全生产。这几项工作有固定的分值，一般占总分值的15%左右。如总分是300分的话，一般设定是综治15分、信访12分、计生10分、安全生产8分。扣分项不是达标项，评分以有没有出问题为准。如果在这些领域都没有出问题，或没有被上级检查出问题，如没有出现进京上访现象，没有出现群体性事件，没有出现重大安全生产事故，没有被检查出超生问题等，那么这几项都得基本分。但是，如果某项出了问题，如出现多次赴省城信访，则该项不得分；如果有多次赴京信访，则该项不仅不得分，还可能被“一票否决”。上述四类工作，都是一票否决工作，一项出了问题，整个单位的工作白干。

无论是加分项还是扣分项，都是县级重点、中心工作，县里很重视，乡镇也重视。但是，扣分项占比较小，做多做少表现出来都是“不出事”，体现不出工作能力，而且扣分项难以控制——某个突发事件就可能导致满盘皆输、前功尽弃。加分项则一旦取得成绩就可以凸显出来。所以，乡镇会将主要的资源放在加分项上，而对扣分项和其他工作的投入较少。所以，乡镇之间在保持扣分项“不出事”的前提下，竞争的是加分项。县委书记考察的也是这个。

在这种既定结构下，县委书记会重点推动加分项的工作，与这些工作相关的部门就成为县委书记关注较多的单位，甚至县委书记会“盯着”这些部门的工作。如这些部门的工作有月度专报，领导会经常到这些部门调研视察，围绕相关工作建立联席会议制度，编制和经费向相关工作部门倾斜，等等。

而对与加分项无关的工作及其部门，县级领导则关注较少。它们是县级部门中的边缘部门，县级领导对它们的期待较低，只要完成本职工作、不出事、不影响县级发展大局即可，它们做的工作再好、再突出也入不了主要领导的“法眼”。如此，边缘部门也就不会有干出“惊天动地”的业绩的冲动。

乡镇也是如此。乡镇党委书记只会去干县委书记重视的事情，而不会把资源（经费、人力、领导注意力等）投放到其他事情上。非重点工作部门（科室）做好本分是最好的做法。

但是，十八大以后，尤其是最近若干年，综合考核发生了重大变化，表现在以下几个方面：

一是许多之前边缘化的工作被纳入综合考核中，使得在“百分制”下小项目的分值变小，小到容易被忽略，遂普遍改成“千分制”。

二是新增加进来的小项目多数是扣分项、“一票否决”项，如党建、扶贫、纪检、环保、宗教、国土、河道治理、“三改一拆”、“五水共治”等，一项工作没做好就会影响全局工作。

三是阶段性的检查考核次数增加，且占的分值越来越大。过去一般只有两次检查考核：半年考核与年终考核。半年考核主要是为督促工作，考核结果分值占比较少。现在工作的过程监督检查增多，乡镇问责压力加大，对综合考核的影响也增大。

上述变化带来了一些新的政治社会影响：

一是扣分项与加分项比重相当，甚至在一些地方扣分项超过加分项，稀释了加分项的重要性，加再多分也凸显不了工作业绩。

二是过程管理取代结果管理，县乡都越来越重视过程监控，以使各项工作有序展开，尤其是要保证“一票否决”项不出问题。

三是加分项成了各单位的基本项，各单位都把资源投放在扣分项上，以使过程不被“政治问责”、结果不被“一票否决”。

四是如果各单位都做好了加分项和扣分项，即加分项达标、扣分项没出问题，各单位所得分值的区分度就不大，综合考核的结果就达不到评价工作的目的。

五是对于乡镇来说，综合考核无法凸显自己与其他乡镇的差异；对于县委书记来说，他既无法通过综合考核来判断下面的乡镇党委书记工作的优劣，也无法通过这些工作向市委（甚至是省委）书记发送政绩信号。

六是县乡主要领导都得寻找其他的方式来引起上级领导注意，“亮点”成了他们的主要指望。过去要造“亮点”，但那是加分项之外的“锦上添花”。现在的“亮点”则是加分项、扣分项都无效之后的“雪中送炭”。

七是竞争上级领导的注意力（包括印象）依靠工作“亮点”，不再是过去加分项上的“亮点”，那么“亮点”及其工作都不确定，各部门、各岗位的工作都可以造“亮点”，进而竞争所需要的“亮点”不是一两个，而是越多越好，恨不得所有工作都有“亮点”呈现。

八是各部门、各岗位要有“亮点”，工作就得创新。工作要创新，就得不断地布置创新的任务，下面的工作量就越来越大。

领导注意力的分配与竞争

领导需要“亮点”。下级制造“创新”，牵扯到的是领导注意力的分配与竞争。领导的注意力是稀缺资源，不会均衡分配，其分配具有倾向性和导向性。领导注意力分配到哪些工作（领域或部门）上，这些工作就是重点工作、中心工作。领导注意力的分配方向决定了辖区或单位资源的流动方向。

这样一来，下级要想工作得到领导的支持和认可，进而获得更多的政治、经济资源，就得竞争领导的注意力。竞争的方式和策略很多，包括向领导游说、阐明工作重要性，以及将工作做好、做出亮点。一旦成功吸引了领导的注意力，该工作就会成为领导重视的工作，乃至领导亲自推动的工作，这对于工作本身的推动，以及获取其他资源，都是重要的政治优势。

从上面对加分项与扣分项的叙述中可知，领导注意力的分配有一个从强确定性向弱确定性的转变。

加分项主导综合考核时，领导注意力主要集中在加分项上。他们要获得加分项的业绩，向上级领导发送政绩信号，就得紧紧盯着加分项的工作及其部门，推动主要资源向这些工作和部门流动。而对于这些工作所属的部门来说，它们就不需要刻意去竞争领导的注意力资源，只需要将资源调动、整合，完成领导关注的工作就行。

而对于负责领导没有关注的工作的部门，它们知道自己无论怎么做都无法吸引领导的关注和重视，也就不会去竞争领导的注意力，即自甘边缘化。

对于乡镇党委书记来说，县委书记关注什么工作，他们就将注意力分配到这些工作上，通过将工作干好获得领导的关注。乡镇的科室与部门的工作逻辑如出一辙，不需要竞争领导的注意力。

这就是说，当领导注意力分配是强确定性时，下级部门、乡镇、科室对领导注意力资源的竞争就较弱。

随着最近若干年加分项、扣分项都变成了基本工作，或者说是同样重要的工作，领导的注意力出现平均分配的趋势，然而，这对于他来说存在着矛盾，即尽管可以将所有工作都做得达标，但无法凸显政绩。这样就需要领导有所侧重。那么侧重哪些工作呢？这表明，领导注意力分配在这个时候是不确定的。

既然领导注意力往哪些工作、哪些部门分配不确定，就意味着几乎所有的工作及部门都有竞争的机会和可能性。于是，以前的重要部门、边缘部门都参与了对领导注意力的竞争，都希望通过创造工作“亮点”吸引领导关注和重视。

对于领导来说，各领域工作的亮点越多，他就越能吸引上面领导的注意力。因此，他反过来会推动各领域全面参与领导注意力竞争。

也就是说，领导注意力分配是弱确定性时，下级对领导注意力的竞争就较强。

那么，根据领导注意力分配的确定性程度和下级对注意力竞争性强弱的排列，可以将领导注意力的分配与竞争分为两种基本情况（见表2－5）：

Ⅰ：强确定性—弱竞争性。

Ⅱ：弱确定性—强竞争性。

表2－5　领导的注意力分配与竞争

		注意力竞争	
		强竞争性	弱竞争性
注意力分配	强确定性	—	Ⅰ：强确定性—弱竞争性
	弱确定性	Ⅱ：弱确定性—强竞争性	—

在Ⅰ中，只做中心工作就行，不需要额外再创造、打造亮点以吸引领导。许多与中心工作无关的部门是没有存在感的，它们做的工作吸引不了领导的注意力。如果县委书记只在乎中心工作是否完成，而不在乎其他的工作，那么其他部门、工作就被边缘化。其他部门也没法向乡镇下达任务，因为没有由头，乡镇也不会理会它们，乡镇只认真做县委书记关心的事情就行。

在Ⅱ中，下级都打造各自的亮点，以吸引领导注意力。领导的注意力分配不再那么确定时，领导需要找亮点，需要找重点，那么，下面的委办局和乡镇就会为了竞争领导的注意力而各自加大马力造亮点。委办局就会不断地将造亮点的工作往下布置，委办局里面的科室也会为了竞争领导的注意力而向下布置任务。这样，每个单位的工作都很重要，每个单位的科室的工作都很重要，乡镇都不敢怠慢，要给予应对。实在应对不了的，就应付，应付就成了形式主义。当然，乡镇也希望获得委办局的资源，共同来打造亮点。

领导注意力内卷

在领导注意力分配强确定的时候，各项工作有轻重、缓急、本末、主次，可以通过抓住重点（牛鼻子）来带动全局工作。基层通过集中主要的资源解决急难险重的问题，推动经济社会跨越式发展和超常规治理。但同时也会带来一些问题，如领导未关注的事情，未确定为中心工作、重点工作的事务，就可能得不到很好的处理。

在领导注意力分配弱确定的时候，各项工作都可能通过竞争成为领导关注和重视的事情，这使得基层各单位、各岗位的竞争性加强，一定程度上激活了体制，使各部门、科室、岗位都动起来，在做好基本工作的同时，还创造工作、创新工作，从而可能使各领域的工作都得到落实。

但是同时，各个领域都动起来了，创造的工作、要制造的“亮点”，最终都要到乡村两级来落实，这使得乡村两级工作量剧增，工作人员超负荷运转，许多事情无法做实，只能应付，造成形式主义泛滥。“创新”也变成为了创新而创新，成了基层最大的形式主义。

结果是，领导看似什么都关注了、什么都重视了，但因为基层现有的人力、物力、财力等难以支撑所有的事情平均用力，导致关注越多，效果越不好，领导的注意力出现内卷。

2020 年 12 月 8 日

基层党建如何避免形式主义*

党委政府口径下的党建属于大口径党建工作。在该口径下加强党建，其实就是要加大基层党组织以多种形式参与党委政府中心工作的力度，即在中心工作中锻造党组织和党员，充分动员党组织和党员的资源用于完成中心工作。

基层党建形式主义的表现

党建工作关键在基层。当前，基层党建领域是形式主义的重灾区，主要表现如下：

一是内容单一化。党建工作与党务工作界限不清，操作模

* 本文的调查和写作由笔者与梁焯共同完成。

糊。党务工作被当作党建工作来抓，抓党务工作替代抓党建工作，使大量的人力、财力、物力消耗在烦琐的党务事务中，党务工作掉入“材料陷阱”（王春云语）。某乡镇粗略统计 2018 年党建工作报表，总共上交 356 张；另一乡镇党委党建工作报告前后共修改 21 遍。有的基层党组织不在党建工作实效上做文章，而把主要精力放在规范痕迹资料、会议记录上，结果使党建工作变成了赛记录、比资料、做台账。

二是载体复杂化。首先是名目多。经常推出新的党建载体活动，有的活动目的是一样的，只是提法不一样。为了应付，都在文件、资料和宣传上做文章，每项活动先做个方案、发个通知，然后组织部分党员参加活动，做好记录、写些体会，再编造不同名称的几份痕迹资料分别存档。其次是花样多。经常“推陈出新”，不断发明新名词、新概念。最后是任务重。有的 App、网络平台的使用运行也被纳入工作检查、考核内容，要求同样制作党建网络痕迹资料，并和纸质台账具有同等效力、同等对待，从而极大地加重了党务干部的工作负担。

三是工作形式花样化。首先是重表象。党建工作要抓成效、创新，一些党组织不是在研究新情况、总结新经验、创新工作方法上下功夫，而是热衷于装修党员活动室、党建展示室，追求室内装修好、墙上贴饰新、室内摆放新、氛围展示新。其次是轻实效。有些党建平台建起来后便被闲置，没有实现为党员和群众服务、把党员和群众凝聚起来、为中心工作和大局服务的目标。再次是造浪费。今天你搞个 App，明天他搞个网络平台，不停“研发”，层层推广，耗费了大量资源。最后是促增量。表现为党建工作文件、任务逐年增多，层层加码。

四是痕迹过度化。党务工作陷入“文牍主义”，党建过程就是不断撰写汇报材料、典型材料、情况材料、活动材料和统计报表的过程。这就容易造成这样的误区：做和不做、实干和不实干不重要。只要有印证资料，党建工作就算做好了；只要在台账上做文章，党建工作就不会丢分。有的乡镇在检查考核党建工作时，要求提供相关的会议记录、部署文件、过程资料、督查资料、成效资料、台账资料、人员签到册，甚至包括图片资料、视频资料等，一应俱全。上级督导考核也主要是看材料全不全，材料装订规不规范，有没有会议记录，有没有留存影像资料。有时，年底才出台标准，要求把全年材料分类装订成册，规范装盒报送。这就造成了在具体工作中，比的不是各部门党建工作实效，而是党务人员补资料、造台账的能力，导致了党建向党务失衡的状况，党建核心内容“边缘化”。

基层党委政府的大口径党建工作

基层党建陷入形式主义泥淖，有多方面的原因，其中一个与党建的主体有关系。调查发现，如果党建主体是基层党委政府，比如乡镇党委政府，党建的形式主义会相对较轻；党建主体是基层组织部门，如乡镇组织办或“党建办”，则会出现较多的形式主义。基层党建的主体决定了党建的内容与形式。

如果基层党建的主体是党委政府，那么基层党建的内容一般都会与党委政府的中心工作结合起来，将党建嵌入中心工作，通过中心工作带动和推动党建工作。比如，“创卫”是一个时期县委县政府的中心工作，乡镇党委政府在落实该项工作的时候，就会调动乡镇的一切力量参与到该活动中来。重要的措施是将党员组织和动员起来，通过各单位的党组织将党员动员起来，发挥党组织和党员的带头作用。比如，搞好党员自己门前三包活动，以及组织党员参加党组织的志愿活动。又如，村社区、小区的党员被组织起来搞卫生、监督卫生工作。这是较为短期的“中心工作＋党建”活动。还有长期的，如安全生产，将相关单位的党组织和党员调动起来，将安全工作做到日常工作当中去。党员挂牌上岗，作为安全工作的监督员、检查员和岗位责任人，在日常工作中承担安全工作的任务和责任。再如在基层信访维稳和矛盾调处中，党员都有参与做工作、调动资源的义务。

党建嵌入中心工作的好处：一是中心工作政治性很强，基层党组织和党员都有无条件服从上级组织安排的义务。二是中心工作是问题导向的，基层党组织和党员有没有被动员起来参与相关工作、工作业绩如何，上级党组织和领导相对容易辨识。比如防汛抗旱时，单位党员被抽调到站点守护，这是实打实的工作。三是在干实事中，党员的主体性被发挥出来了，很容易在其中获得成就感，更容易形成党组织的凝聚力。四是党员参与党委政府的中心工作，是一种地位的象征，能够凸显党员身份的独特性，唤醒普通党员的身份意识、组织意识。

党委政府作为党建主体的党建工作有以下特征：

第一，在解决具体问题中开展党建工作。不是为了应付上级的检查，而是为了把实际工作搞好、解决实际问题。务实是党委政府党建的基本特点。基层党委政府既要完成上面交代的任务，又要回应基层群众的需求，但是它所掌握的资源有限。因此，它要调动一切可以调动的力量参与到中心工作中来，而党组织、党员是最重要的力量。基层党委政府会秉持“党建就是生产力”的思想，将党建做实、做强和做细。

第二，激活基层党组织体系是党建的目标。党委书记考虑的问题不是党员个人的管理问题，而是如何激活整个基层党组织及其队伍的问题。激活党组织需要全体党员对党组织有认同感和向心力。党委书记要将组织调动起来，要激活整个基层党组织体系，首先得将普通党员的身份意识、组织意识唤起，让他们感觉到自己是党员、是有组织的人，从而有作为党员的责任意识。那么，党建就不能是个别的关心、慰问或让党员开会过组织生活、敦促按时交党费那么简单，而是要让党员参与到党委政府的工作中来，成为完成党组织交代任务的一部分，在尽义务的过程中塑造党员身份意识和责任意识。

第三，中心工作是党建的主要形式和载体。党委政府有较强的调动能力，可以将基层党组织、党员调动到中心工作中来，将党建与中心工作有效结合起来。中心工作成为基层党建的载体。基层的中心工作很多，而且每年都可能不一样，那么党建就可以常态化。这样，基层党建就不需要额外创造新的形式和载体，也不需要额外增加党建的成本。当前基层党建形式主义的一个表现是：党建形式繁多、花里胡哨，很难常态化、长久化。原因就在于它是通过形式来开展党建，而不是在具体事务中开展党建。

第四，基层党组织、党员参与治理的效果和程度是党建考核的主要指标。首先是基层党委政府的中心工作完成得如何。这是判断基层党建工作好坏的主要标准。其次是在参与中心工作的过程中，基层党委政府通过哪些形式将基层党组织和党员调动起来。不同的工作可能有不同的形式，不要求形式上的统一。最后是在工作中，基层党组织和党员投入了多少的工作量，每个党员都参加了哪些活动，党员在其中的感受如何，党员对党组织和党委政府的评价和态度如何，等等，都可以用定性的方式考核出来。所以，党委政府作为主体的党建工作的考核是定性的考核，主要考核的是中心工作做得如何、基层党组织和党员在其中怎样发挥了作用和发挥了怎样的作用、获得了怎样的建设效果。

党委政府口径下的党建属于大口径党建工作。在该口径下加强党建，其实就是要加强基层党组织以多种形式参与党委政府中心工作的力度，即在中心工作中锻造党组织和党员，充分动员党组织和党员的资源用于完成中心工作。

组织部门的小口径党建工作

组织部门作为党务部门，只是党的一个工作部门，较之于党委政府，它的权威性和资源调动能力没有那么强，无法将党建活动嵌入党委政府的中心工作中。在乡镇尤其如此。组织部门的党建工作就是党务工作，纯粹事务性质，与基层治理的关系不那么密切。组织部门的站位不高，它只是从业务部门的角度而不是从党委政府的高度来思考党建工作，因此它的行为逻辑是事务主义逻辑，而党委政府的行为逻辑是问题导向的逻辑。事务主义讲究的是将上级政府布置的任务完成，在考核中获得上级部门的奖励或者是不被问责。问题导向则是从现实问题出发，为解决问题而主动寻求方法和资源。部门的事务具有较强的专业性质，面比较窄，与其他事务关系不大，考虑问题只从本部门利益、专业和应付上级角度出发，对全局性的事务无法企及，没有全局性视野。

组织部门的党务工作包括基层党组织建设、党员管理、指导各单位进行台账制度建设、检查各单位组织生活情况、指导基层支部党员发展工作、接受党员的来信来访、完成上级党委交办的任务等。这些都属于党的业务工作，是党的建设的一小部分工作，而非党的建设的全部工作。如果让组织部门来负责党建工作，它只能是小口径地从自己的业务出发来开展工作，也以其业务的眼光或思维来看待党建工作，那么所谓的“加强党建工作”，就是加强其部门内部的业务工作，必然导致以下问题：

一是加强组织管理的制度建设，而制度建设主要落实在档案资料上，资料成为党建的主要内容。那么，上级一方面要求下级组织上交各种资料和报表；另一方面下达各种制度规章，如工作台账制度，让下级顶格完成；再一方面加强对下级党建活动的督导检查，主要是看台账记录。结果是，既使得组织管理工作更加规范、更加严谨，组织活动正常化、制度化，也使许多工作越做越虚、形式化。在督导考核加强之后，下级会层层加码以应付上级考核。比如，上级要求十项材料，下级就会加码要求它的下级二十项材料，这既是为了应对检查——多总比少好——也是为了显示对工作的重视。到乡村两级，就有一大堆的材料要准备。

二是加强党建活动的创新建设，活动创新成为党建的主要形式。组织部门本身没有党建活动的载体，那么就得创造载体。于是，组织部门就要求下级组织采取各种形式搞党建，党建活动成了创建活动。各基层组织为了应付上级组织对党建创新的考核，就创造了各种党建的活动形式。党建最主要的形式就变成了组织党员搞活动。上级组织部门不仅要求下级组织搞活动，还要求下级组织在活动上进行比较和竞争，看谁最具创新性。党建活动脱离基层治理，成了为“娱乐”而活动；而活动形式又容易被模仿，也容易被厌倦，于是就要求不断地创新。

三是加强党员个体的素质建设，发展党员变成追求文化素质。从组织系统的角度来看，党员的素质往往等同于党员个体具有的素质，再者是有的党员思想觉悟低，因而需要加强教育。比如，党员不支持基层工作，甚至当钉子户，是因为有的党员知识、文化、道德、文明、思想等素质不高，要通过加强教育管理来解决，或者是严把党员入口关，将素质高的人培养成党员。而从党委政府解决具体问题的角度来看，所谓“党员的素质”不是个体的素质，而是党组织的战斗力问题，也就是党组织是否能够把党员组织起来的问题。只有组织动员起来的党员才有战斗力，个体党员在组织中才会有真正的思想觉悟。

如果党建是组织部门的小口径党建，那么加强党建其实就是加强业务部门的业务工作，也就是制度建设和日常管理工作。对这项工作的重视，就是要强化党组织和党员管理的制度建设和日常管理工作。而组织的业务工作又主要是与材料、活动相关，那么，在该口径下搞党建，最终也就落实到加强资料建设和党员活动建设上。

党建政治任务化＋小口径党建＝党建形式主义

据调查，过去也主要是在组织部门的小口径下搞党建，与党委政府的中心工作相比，确实务虚的较多，但并没有导致像这几年这样的形式主义泛滥的局面。究其原因在于，过去的党建工作虽然很重要，但在党委政府的综合考核中占比并不大，检查考核工作不严格，只要单位没有出现大的组织和腐败问题，一般都能够得满分。所以，所谓“务虚”其实就是什么都没“务”，基本的形式都不搞：党费不收、组织活动不搞、党员不管、台账不做等。这些事情是要搞的，否则基本的组织管理都不存在，会导致基层组织涣散，党员混同于一般群众。

现在，党建变成了党委政府的“政治任务”，属于党委政府的中心工作。在该问题上做不好，会被“一票否决”。那么，在考核上就不再是业务部门的行政考核，而是党委政府的政治考核，属于硬考核。各级党委政府都重视了起来。

问题就在于，党建是党委政府的政治任务，但是搞党建的却依然是组织部门，依然是小口径党建，考核也是按照组织部门的小口径党建进行考核，也就是考核准备材料和搞活动。这样，组织部门务虚的党建就变成了政治任务，各级党组织就需要通过大量的务虚工作（如准备大量的材料、搞大量的活动），来显示对政治任务的重视。对准备资料、搞活动（还是准备资料）的考核也成了硬考核，形式主义就来了。

既然党建是党委政府的政治任务，那就应该由党委政府的大口径来承担，也就是跟中心工作结合在一起。考核也应该是大口径的硬考核，看各级党组织完成了多少中心工作、质量如何。

2019 年 6 月 27 日

加强党的领导 遏制村级贿选

富人贿选虽然没有给基层干部带来工作上的麻烦，却有悖于党执政为民的理念，也给农村带来了负面政治社会影响，在一定程度上削弱了基层政府及其官员的合法性。2014 年后的选举，沿海某省通过加强党的领导，及时遏制了贿选势头，扭转了村级选举的政治方向，给村级选举和村庄政治带来了一股清风。

党管选举是遏制村级贿选的关键

村级贿选现象主要发生在村庄有内生资源的地方，如预期要征地拆迁的城郊村、“三资”（资源、资产、资金）丰富的村。2013 年，笔者在沿海某省 D 镇调研发现，由于当地阶层分化严重，先富起来的农民为了争夺村庄政治权力、资源再分配权力而在村庄中形成不同的派系，派系之间为了当选村干部而贿选。

笔者在调研中深切地感受到贿选现象之严重，而基层政府却毫无意愿去规范它。多数被调查的基层官员表示，贿选是顽疾，无法控制，更不可能禁绝。但是，2014 年 1 月的选举中，该省省委高层推动一系列原则、规范落地，贿选竟然被控制住了。

在后来的调查中，基层官员谈及此事时说，做什么事就怕认真。在村级选举工作中，所谓“认真”，就是加强党对村级选举工作的领导，用党的政治原则和政治态度去领导选举工作。而之前之所以会贿选泛滥，根本原因就在于弱化了党的领导，放任了官僚体系用官僚的逻辑来应对村级选举工作。

只抓选举程序的官僚主义

在选举工作中，官僚主义逻辑体现得十分明显，贿选现象长期存在与官僚主义逻辑有极大的关系。首先是技术工作取代政治原则。选举中不能出现问题，尤其不能出现闹事、互掐、上访等现象，所以，一开始就要在程序上做细、做到位。这样，即便出现问题，也不会因为程序上的问题而留给有心人找政府茬的由头。程序问题主要包括选举办法、投票办法、候选人提名办法、村民代表推选办法等，这些必须经过村民代表会议讨论通过，并要走公示等程序。选民登记也是重头戏，最容易出问题，投票代写和委托票是产生争议的重要细节，常常被有心人抓住把柄。这些方面的工作都要做到前头，以不出半点纰漏。

做程序工作、细节工作是科层体制的强项，当然也是必须做的。但是，科层体制中的官员在一些碰钉子的问题上不敢坚持原则，不敢硬碰硬，而是采取和稀泥的态度。比如，在候选人的资格上面，一些基层官员不敢坚持原则，对那些有案底，选民反映有宴请、贿选行为的候选人不能果断拿下，以至于在候选人的审查上流于形式。之所以如此，就在于一些基层官员生怕对候选人进行严格审查会使一些候选人不能参选，进而可能导致有心人鼓动下的集体上访。结果是，村级选举的候选人良莠不齐，什么人都有，这极大地降低了村民对村干部合法性的认同。

基层官僚主义是如何放任村级贿选的

查贿选可能拖延、耽搁选举工作。基层官员放任村级贿选，一个原因是贿选的取证很难、查实更难。向政府报告贿选都是有心人的行为，拿了贿选款的村民是不会举报的。有心人举报一般又没有确凿的证据，主要是口头举报，不是纸质举报。贿选一般不会发生在选举的时候，而是在选举之前已经完成，而且不会明着说是给钱买选票，而是以其他的形式，如人情礼金、看病人、祝贺喜事、外出旅游、朋友请客等方式将贿选金发放到选民手中。即便找到选民核实贿选情况，选民也不会说有贿选事情。所以，贿选案缺乏人证、物证，难以查实。而有心人举报本身也只是给对方制造一些麻烦，他们的预期不是将对方告倒，所以最终的结果都是“查无实据”而不了了之。

另外，选举法对贿选的定义较为模糊和宽泛，也使得基层政府难以处置一些贿选事件。比如，请客吃饭、给包烟、请党员外出旅游、去参加选民的人情往来等算不算贿选？在春节期间的选举，各种人情往来非常频繁，哪些是贿选，哪些是正常人情，很难辨识。

还有就是，即便基层政府下决心查处贿选案，但是调查贿选要花费大量的时间和精力，以及大量的人力、物力。而乡镇人力、物力本来就有限，对贿选的监控等更是无从谈起；更重要的是会拖延选举的时间，或者迫使选举重来。这些都会被视为选举工作不顺利的表现，也意味着乡镇或相关部门官员对选举把控能力有问题，会导致相关人员受到上级的处罚。

贿选双方都有贿选举报，双方都有猫腻，举报人即便是向政府反映，一般也只是反映到县乡两级，多数是在乡镇一级，不越级到更高层政府上访。同时，在上访上告的时间上，也只限于选举期间，一旦选举完成，“愿赌服输”，失败者一般也不会状告对方贿选。即便选举后有上访，也是找对方其他的问题，而不是贿选。

为了使选举在选举日内顺利完成，基层官僚也不会将重点放在贿选上。相反，如果乡镇政府想在贿选上动真格的，抓几个典型，那么就很可能得罪派系里的那些能量巨大的富人，他们会把选举搞翻，闹得不可开交甚至上访到高层，或者是请律师打官司，会把乡镇搞得焦头烂额。所以，对于贿选来说，只要基层干部不动真格的，就会出现“你好，我好，大家都好”的局面。

鉴于这些原因，只要贿选行为不引发较大的矛盾和群体性事件，基层干部干脆就对贿选现象不闻不问。对于派系竞争较为激烈的选举，基层政府不是去控制贿选，而是派出特警控制选举现场不出问题。

谁选上都得听乡镇的

对于乡镇来说，只要选举顺利完成，其阶段性重要工作就完成了，至于谁当选对它来说都是一样的。无论是李姓富人当选，还是赵姓富人当选，最终都要听从基层政府的。这源于当地富人对政府都有所求。简单理解如下：

一是这些富人之所以要竞选村干部，一个重要的原因就是为了结交县乡干部，从而抬高他们在当地富人中的政治地位，延伸他们的关系网络，提高关系网络的质量。没有与基层干部搭上线，他们不过是普通的富人而已。

二是当前国家资源下乡力度很大，各种项目如雨后春笋一般进入农村，富人担任村干部更能够通过与政府的关系获得这些项目的建设资格，从而获取相应的利润。这几年，沿海某省规定村干部不准承包本村的工程项目，但可以承包镇域范围内其他的工程。担任村干部本来工资就不高，纯属奉献，乡镇为了调动村干部的积极性，也乐意将镇域范围的工程项目发包给村干部。

三是这些富人都有自己的企业，在税收、安全、消防等方面都不规范，他们与政府有关系就可以在这些方面有所便利。

四是村里“三资”等公共利益，主要包括山地、土地和建设用地等，在管理不规范的情况下，担任村干部可以通过各种手段将之纳入囊中。

基层政府早拿捏住了富人候选人的软肋，了解他们想得到什么，也清楚自己可以给予他们什么。那么，当他们当选之后，他们就会对基层政府俯首帖耳，听任使唤。富人们在项目落地、治理钉子户、打击上访户、实现村治秩序等方面，往往有奇招，给基层政府节省了大量的时间和精力。那么，基层干部自然乐见他们当选。无论哪个富人当选都如此，基层政府不需要刻意去挑选富人，就会放任他们贿选。

加强党对选举工作的领导

富人贿选虽然没有给基层干部带来工作上的麻烦，却有悖于党执政为民的理念，也给农村带来了负面政治社会影响，在一定程度上削弱了基层政府及其官员的合法性。2014 年后的选举，沿海某省通过加强党的领导，及时遏制了贿选势头，扭转了村级选举的政治方向，给村级选举和村庄政治带来了一股清风。之所以能够做到这一点，与其加强党对选举工作的领导有关系：

一是坚持党的原则、体现党的意图，党委政府在选举中扮演重要角色。

二是制定了一系列严格的规定，规定了候选人的门槛和对候选人的政治审查。

三是不怕出事，见苗头就打。

四是形成了高压态势，起到了震慑作用，使候选人不敢贿选。

五是高位推动选举工作，选举中的问题由省委来承担责任，下级党委政府就敢遏制贿选。

六是规范村级公共资源的利用，使别有目的的人不想参加选举，而想参加选举的都是有群众基础、想为群众办事和实现自我价值的人。

2018 年 2 月 5 日

基层安全生产治理：
管理比执法更重要

基层安全生产管理中，管理比执法更重要。在这个意义上，加强安全生产的属地管理有合理性。虽然基层一再宣称自己在安全生产上有责无权，管理无手段，责任难落实，但是通过人力资源的大量投入，在管理中逐步改变安全生产环境，提高安全生产意识，降低安全生产事故风险，能够使安全生产从量变向质变转变。管理是中间环节。

安全生产在管理不在执法

在 HS 镇调查时，镇村的生产管理人员称，他们管理安全生产就像带小孩一样，这说那说，跟和尚念经一样，天天念个不停，虽然很累，但是应该。说多了，念多了，生产者总会听进去一些，也就会加以改正和提高安全生产意识。基层安全生产管理，既要执法，也要管理。

执法有计划、有次数，通过下整改通知书、移交、处罚等，震慑生产者，促进安全生产制度健全完善。管理者则苦口婆心，做思想工作，隔三岔五到车间转悠，发现问题就提醒整改，不间断地宣传、教育、提醒、警示等，提高生产者的安全意识和落实安全生产责任。

基层安全生产管理中，管理比执法更重要。在这个意义上，加强安全生产的属地管理有合理性。虽然基层一再宣称自己在安全生产上有责无权，管理无手段，责任难落实，但是通过人力资源的大量投入，在管理中逐步改变安全生产环境，提高安全生产意识，降低安全生产事故风险，能够使安全生产从量变向质变转变。管理是中间环节。

安全生产管理的基层情境

管理在安全生产中之所以很重要，与一线生产的六个情境有关。

一是小微生产者情境。HS 镇钢贸市场是中南地区最大的钢贸市场之一，三四千家企业都属于小微企业，工作人员普遍只有十几到二十几个人，产值不高，利润低，在安全生产管理方面难以标准化。小微企业资金、人员有限，没有专门的安全生产管理人员；难以抽出时间、经费用于培训，管理就不到位，应急处置更不到位——按要求所有工作人员都要具备应急处置能力。工厂也不可能让所有特殊岗位的人员持证上岗，因为考证需要花钱、花时间，工人自己不会出钱，需要工厂出，但工厂不愿出，就满足不了持证上岗要求。只有老板能够持证上岗，包括持有安全员证。更何况，工人有证之后成为技工，就要加工资，加不了就跳槽，老板就更不愿送工人去培训。请个高工，工厂每年要支付几十万元。如果一下子完全按照安全生产的要求做到位，这些小微企业就只能关闭。而基层通过管理，既可以像牛虻一样盯着它们，让它们“一点一点地做，一点一点地改善”，又不会让它们关门谢客。

二是发展过程情境。小微企业都是从作坊起步的，没有足够的资金扩大生产，只能是一点一点地逐步扩大经营。某钢贸企业有 19 个人的规模，旁边 50 米远的地方就是村子，原来有几十亩的场地，刚刚又扩大了十几亩。扩大的过程中，生产场地不可能规整，就达不到安全生产的要求；许多设施按照安全生产要求配备齐全，但很快因为扩张而被废弃，造成浪费，索性就等待扩张完毕再完善，但扩张又没完没了，安全生产要求就被搁置。扩张中流动资金是稀缺的，老板会将有限的资金用于扩张场地、购买新设备，而不舍得用于安全生产投入。

三是人员素质低情境。小微企业的工人大多是中年农民，文化素质相对较低，对安全生产重视不够，对安全生产的知识了解不多。许多工人不习惯戴安全帽进工地；戴了安全帽也懒得系扣带，头一低帽子就掉下来了。工人们在农村大大咧咧生活习惯了，对工地的安全生产细节不注意，生产用具与生活用具混用，宿舍乱搭电线、乱设插座。要改变他们的生产、生活习惯，非一朝一夕之功。加上工厂没有专门的安全员，只有老板能够提醒他们，但老板有老板的事忙，提醒不过来。基层安全管理人员有权威，出现次数频繁，经常到工厂检查、督导、提醒，对工人的安全生产意识提高有较大助益。

四是基层熟人社会情境。乡镇安全管理人员有执法证，可授权执法。但是，他们并不轻易执法。要执法，也是有计划、有告知。他们的工作主要是巡察。虽然街道范围内有三四千家企业，但是打交道多了，也就相熟了。各企业老板多是当地人，与社区、乡镇及区级都有关系。熟人熟事，大家相互理解对方的难处。通过管理，基层可以将安全管理的责任输入给企业，企业也予以积极配合。执法则比较刚性，对象只能是屡教不改者。

五是安全生产动态情境。安全生产不是静止的，不是达到了安全生产的要求就可以一劳永逸。安全生产的动态性决定了安全生产要重管理，要经常性地检查、自查，发现新的问题、不足，再整改。执法则是静止的，或阶段性的，只对某阶段的安全生产状态做出判断和裁决，而难以动态跟踪。比如，这一阶段安全生产达到了要求，过段时间安全生产工作一松懈，许多地方不达标，或者生产设备老化，这些动态问题就需要通过不间断的管理来解决。

六是地方经济发展情境。安全生产管理完全依靠执法，就会让多数企业关门，地方经济发展就受影响，农民工就业无着落，还会影响社会稳定。

安全生产管理的辩证法

基层安全生产管理就要讲究辩证法，既要管，又不能管死。措施如下：

一是执法处罚不能太严。罚得太多，要么企业要关闭，要么企业主会疏通区市关系说情，也会带来麻烦。因为每个能开厂、开厂较长时间的人，至少在区直机关都有人脉、资源。罚款罚在适中的程度，既能罚痛他，又不至于他跳墙到处找人，还能震慑其他企业主。

二是以督促企业自查为主。无论是执法还是巡查，到企业检查出问题来，下整改通知书，一定期限后再回头看，看企业是否整改完成。没有整改、仍有问题的，要移交相关部门、要处罚。一个单位这样一往一返，要来三四次。检查的内容越多、要求整改的问题越多，管理人员的责任就越大，他们在一个企业耗费的时间和精力就越多。一个乡镇三千多家企业，如果都尽量详尽地做工作，镇村两级力量进去也应付不过来。所以，在短时期内，只能检查大的方面，出大问题整改通知书，以减少检查的内容。这样，大量的内容、问题就让企业自查自纠。HS 镇的安监办主任说：“我天天跑（企业），提高他们的（安全生产）意识，跟他们说‘不要搞得要罚你的款’。”

三是人防、物防、技防结合起来。辖区内每个企业都安装了摄像头，搭建云监管平台，通过摄像头可以发现较大的安全隐患。云监管平台有发布告警消息、实时截图、轮巡信息和日志上报等功能。人防则主要是加大巡查、宣教力度。

四是加大巡查力度。安全生产，主体责任在企业，街村两级负监管责任（只要它们履职到位了，就可以“尽职免责”）。巡查有台账、有记录，既可以作为自证证明，也起到督查宣教的作用。社区有安全专干，每年上面会培训一次，五年考一次。专干带网格员巡查辖区内的企业。巡查内容主要是看制度是否执行、自查是否整改、有没有月检台账等，以及一些基本、表面的生产问题（如不戴头盔、电线乱搭裸露）。另一项重要内容是宣教。除了上述基本事项外，镇街的工作人员的宣教内容，主要是较大的安全生产问题。

五是创新管理机制。比如 CS 市着力推动的“班前会”，班组长每天早上上班前半个小时召开班组会议，每天 3～5 分钟，主要查看员工的精神面貌，看员工是否饮酒、是否迷糊等。班前会要有台账、照片和问题记录。又如 HS 镇在每个工业园区设立安全生产站，由企业出人出资来监管园区内的安全生产，既加强了企业自身的管理责任，又节省了管理成本。

六是加强对企业负责人的责任落实。企业负责人既是安全生产的主体责任人，又是企业负责人，在安全生产上有办法。企业无法为每个员工进行培训、配证，但至少企业负责人要有相应的证件：既要有安全员证，还要有各类生产上岗证。

安全生产管理要害在细节

就基层安全生产管理而言，只要出了问题，就不是无缘无故的，一定有苗头。出了问题，表明工作没有做到位。而且安全生产的问题往往出在细节处。

笔者跟着 HS 镇安监办主任走访了一家企业，随便一走就发现不少细节问题：液化气混用，开关没盖，电线接线混乱，电线与氧气瓶太近，职工宿舍电线外露、接了外插座，没有防风装置，安全帽没戴，安全帽没系扣，叉车驾驶员没持证上岗，气罐防倾倒装置没有，电箱破损，电箱没上锁，无警示标识，等等。

乡镇管理人员说，这些细节老板都知道，就是不整改。细节的管理需要工人注意、老板重视，要加强相关意识培养、管理和投入。而这些问题，又要经常有人在一旁提醒、宣教，基层安全管理扮演的就是这个角色。基层安全管理面临特殊的情境，使得管理变得特别重要。安全管理，除了安全知识、技术外，重要的是多往生产地跑，多磨企业主的耳朵。

这就是为什么安全隐患多的地方，安全管理常规化，安全事故往往少，而安全隐患少的地方，安全管理偶然化，反而容易出安全事故。

2021 年 7 月 3 日

基层治理中的防“二次事件”

防“二次事件”的心理及其机制，很大程度上解释了每次重大事故发生之后各地大张旗鼓大排查的现象，以及最近若干年基层安全管理成功的奥妙所在。

案例

2021 年 6 月 13 日，湖北省十堰市发生“6·13”重大燃气爆炸事故，造成 26 人死亡、138 人受伤，影响恶劣。事后，全国各地对燃气、建筑施工、危化、金属冶炼、消防、矿山等重点行业领域的安全生产问题进行了集中排查。这期间，笔者正在 M 县 HS 镇的街道做调查，该街道是中南地区钢铁贸易的最大市场，街道安监办在事故发生后主动调动人员排查安全隐患。

7月中旬，在M县HS镇调查后期，镇社会事务办忙得一塌糊涂——正在组织对全镇养老保险账户进行核查，工作量很大。之所以要开展此项工作，是因为湖南省衡南县被查处有人多年来共套取社保资金一千多万元，该案件被中纪委督办。中纪委督办的案子，后续相关单位还会到湖南省各地抽查，为此湖南省推动了全省农村社保账户核查工作。C市组成了由常务副市长担任组长的督导组到各县督促指导工作。M县也组织了包括人社、公安、财政、民政、法院、审计等工作人员在内的督导组到各乡镇督导。HS镇的具体工作则由社会事务办、村社保专干、“三长”（村民组组长、妇女组组长、党小组组长）、村资料员在做。调查期间，县督导组在HS镇待了一天，走了三个村，对相关工作进行了具体指导。

这两则案例中各地政府的行为都有点“一人得病，全家吃药”的意味。似乎没必要为了防止像“6·13”这样的小概率事件，而投入大量人力物力，还搞得人心惶惶。但是，在诸如“6·13”这样的事故发生后，各地并不是在中央或省市的要求下进行大排查，而往往是县乡主动为之。HS镇在进行社保核查时，也主动要求县督导组多在本镇停留，多到先期排查中有疑问的村组去指导，希望把工作按要求做扎实。此外，发生“甘肃白银越野马拉松赛事故”后，全国各地立马开展了体育赛事安全隐患排查；某地爆出幼儿园安全事故后，全国各地都会对幼儿园进行安全大排查，加强幼儿园安全防控措施。

调查发现，基层之所以会在他地发生影响较大的事故后，积极主动就相关领域进行排查和整改，不是出于上级的压力，而是要在短期内避免本辖区出现类似事故，也就是防止“二次事件”出现。

差异

所谓“二次事件”，就是在一地发生具有社会影响的事故后，在其影响期内于另一地发生的类似性质的事故。无论影响多大的事故，都有一定的影响期，一般在一个月至两个月的时间，影响会逐渐弱化，或被其他不同性质的事故所取代，或被其他新闻事件所淹没。比如，甘肃白银越野马拉松事故发酵20天后，就出现了十堰燃气爆炸事故，二者性质不同，后者不属于“二次事件”，但对前者的社会影响有减弱效应。只有在一次事故影响期内发生的性质相似、程度相同的事故，才是“二次事件”。过了影响期发生的类似事故还是一次事故，如果产生影响，会引发其他地方防“二次事件”行为。

“二次事件”与一次事故比较，二者有以下差异：

一是性质不同。各领域、各层级、各岗位都重视安全责任落实。虽然安全事故各有原因，但一次事故一般属于小概率事件，被定性为业务工作中出现的技术问题和管理问题。“二次事件”则是在一次事故发生以后，紧接着发生的事故，会被定性为政治事件。一般的逻辑是：其他地方已经发生了一次事故，造成了不良影响，中央或省市都高度重视该事故，而“二次事件”发生地却没有引起应有重视，罔顾一次事故的影响，这就不再只是技术或管理问题，而是态度问题、政治问题。一次事故尚可视为偶然事件，防不胜防；“二次事件”则是不上心、不重视带来的直接后果，属人为酿成。

二是影响不同。一次事故的主要影响是社会影响，视事故严重程度差异有不同的社会影响。有较大影响的一次事故会产生一定的政治影响，给辖区党委政府带来一定的冲击，但社会影响大于政治影响。“二次事件”因为与一次事故性质相同，社会关注度减弱，但对辖区党委政府有较大的政治影响，包括两个方面：一个是社会对辖区党委政府的负面评价，另一个是上级对辖区党委政府的负面印象。所以，“二次事件”的影响主要是政治影响。

三是处理不同。为了消除社会影响及政治影响，对一次事故的处理，如果事故较大，则首先要有人来承担政治责任，普遍做法是对分管领域的县乡副职给予停职处分（重大事故则可能直接给予政府或党委正职停职处分），以消除社会情绪引发的政治影响。十堰燃气爆炸事故影响较大，湖北省对相关责任人的追责问责也就较重，包括11名省管干部在内的34名公职人员受到撤职、免职等处理。其次是妥善做好善后工作，安抚受害人家属和社会情绪。最后是着手展开事故调查，逐一厘清事故的技术责任和管理责任，然后给予问责，这需要较长时间。

对“二次事件”的处理则主要体现在消除政治影响上，如直接对政府或党委的主要领导予以免职，由其承担态度不端正、不重视的政治责任。对“二次事件”的问责，会从重从快处理，问责的层级更高，问责力度更大，影响更深远。

功用

正是由于“二次事件”与一次事故有较大差异，所以在一次事故发生后，各地县乡领导秉持较强的政治敏锐力，会立马制定相关文件，启动大排查工作。这样做有以下功用：

一是表明态度。安全大于天，本来就应该重视，其他地方出了一次事故，对该领域的安全问题就更应该重视。工作做得怎么样先不说，至少态度是端正的，有大局意识、看齐意识。这样，即便出了“二次事件”，领导的政治责任也会较轻。这就是为什么每次重大事故发生后总会“仪式性”地出现大排查的原因。

二是尽职免责。对于分管具体工作的人员来说，他们进行了排查，程序做到位了，他们就可以“尽职免责”。

三是分忧解难。一次事故发生后，各地领导的压力都很大，生怕自己辖区内也出现类似事件。县乡主动作为，既是确保本辖区内不发生类似事件，也是为省市领导分忧解难，所谓“急领导所急、想领导所想”。辖区内各县乡的工作都做好了，省市的工作才做好了。县乡越早做，越能出经验，也就越能发送政绩信号。比如 HS 镇，在“6・13”事故发生后，就主动进行安全生产大检查，相关工作通过简报或微信工作群汇报为上级所了解。

四是防“二次事件”。这是最主要的，以免被政治问责。一般来说，防“二次事件”力度最大的，是一次事故发生的毗邻地区。如十堰燃气爆炸后，毗邻十堰的其他县市安全生产的压力最大，检查的力度也最大。若这些县市中出现“二次事件”，就等于十堰和湖北省出现了“二次事件”，那么，中央对湖北省的印象就不好，甚至可能处分湖北省相关领导，湖北省则必然加重处罚十堰市领导，而十堰市的领导必定对发生“二次事件”的县市领导从重从快处理。为了避免事态至此，十堰市下面的县市就会主动加大力度排查、整改和管理，投入更多的资源做此项工作。

同样，在衡南县套取社保资金案件中，若此后中纪委回头看的过程中查到了湖南省某些县市仍有类似问题，通报下来，湖南省必然会加重对这些县市的处罚。一方面，“二次事件”出现表明这些县市对一次事故置若罔闻，没有引以为戒。另一方面，“二次事件”明显是给省里添堵，一次事故已够给省里丢脸了，上面给了整改时间还出现问题，意味着省里的工作没做到位，省里自然要向上表明态度、向下杀鸡儆猴，那么对相关县市做出从重从快处理就在所难免。为了防止出现“二次事件”，全省上下就要加强对社保领域的排查，县市督导组亲自下到一线督促指导工作。

逻辑

在基层，一次事故是偶然事件，属于工作“失误”造成，虽然引发了社会舆论，上面会启动调查和严肃追责，但辖区领导所承担的政治责任较小。当类似事故接连密集发生多起之后，社会关注度减弱，也表明该类事件具有普遍性，不再是一地一时的问题，政治影响也就变小。也就是说，板子打得最重的是一次事故后的第二、三起事故。

那么，关键问题就在于，在一次事故影响期内，哪里发生第二、三起类似事故？哪里发生了，哪里就要承担其所不能承担的“二次事件”的政治责任之重。谁都不想“二次事件”落到自己头上，那么谁都会竭尽全力地主动做工作预防事故发生，于是乎，许多事故隐患还真被排除了，许多安全事故还真给避免了。既然许多地方都防止住了“二次事件”，事故本身就不会普遍性地发生，也就真成了“小概率”事件。

防“二次事件”的心理及其机制，很大程度上解释了每次重大事故发生之后各地大张旗鼓大排查的现象，以及最近若干年基层安全管理成功的奥妙所在。但是，在一些乡镇，一年要进行十几次大排查，每发生一次大事故就要排查一次。事故发生频率越高，大排查越发仪式化。因此，防“二次事件”也付出了很大成本，还可能内卷。

2021 年 8 月 7 日

县级执法权怎么下沉

创新机制是在既有体制资源约束条件下，通过县级党政权威，改变体制资源流动、运作方式，达成体制资源与治理事务之间的有效对接。该方式需要领导有创新创造精神，需要对体制运行和治理事务有深刻研究；不增加编制、人员，需要充分调动和合理配置既有工作人员；因为“一块钱掰成两半用”，使资源得到合理、充分利用。

解决责权利不匹配问题

在B镇调查到这么一个案例。某厂大型生产设备被上级卫星遥感监测到，属于污染源需要拆除。县生态环境局要求乡镇限期拆除。但是，乡镇没有执法权，只能做工作。而工厂投入几百万元的设备，不可能说拆就拆。于是，乡镇做一点工作，工厂就象征性地拆一点。但是，只要一天不拆，卫星就能监测到，上级就会经常向县里下发整改通知，并可能进行问责。分管领导和县生态环境局压力很大。县委书记注意到了这件事，三次下来督促检查。最后，工作落实到了驻村工作队身上，直接负责人则是驻村副职和村小组组长。

此事如果是放在过去，引起县委书记重视后，最普遍的做法是县里由分管领导牵头，成立包括生态环境局、自然资源局、工商局、公安局等在内的联合执法小组，到属地联合执法，乡镇、行政村给予配合。但基于属地管理原则，从县委书记、分管领导到生态环境局局长都认为此事是乡镇的责任，施压让乡镇自行解决。乡镇没有执法权，不敢轻易动——一动就是违法。所以，乡镇党委书记对“属地管理”做法很恼火，认为“属地管理”就是上级部门、领导脱卸责任。

对于生态环境局来说，它也有它的苦衷：

一是生态环境局自己的事情也很多。包括：每年年初上级布置给它的“规定动作”，被称作“十大任务”；它自己每年还要依据本县环保实际定下所谓“八项行动”之类的工作计划，这是“自选动作”；还有上级、县里交办下来的临时性任务。局里的人力、物力主要用于完成这些任务，已经是捉襟见肘了。对于上级反馈、社会反映的乡村两级的环保问题，生态环境局认为是多出来的烫手山芋，自然不愿意接这个茬，以属地管理原则让乡村两级自己解决是最省事的方式。

二是如果生态环境局要下去执法，需要其他执法单位配合，县一级领导协调才成，这也是个麻烦的事情，否则它单一部门执法较困难。即便能执法，涉及如此重大的利益关系，出了事情如群体性事件、人命案、上访上告等怎么办，生态环境局负不了这个责。所以，生态环境局也愿意执法权下沉，让乡镇解决属地的事情，它关注自己的几个“动作”就行。

在新一轮的机构改革中，县级执法权下沉成为趋势，各地乡镇开始建综合执法机构（大队、中心、局）。从理论上讲，执法权下沉给乡镇赋权，有利于解决乡镇“事责权利”不匹配问题，对乡镇工作有利。即使执法权不下沉，属地管理原则下这些事情也得乡镇来做，乡镇有执法权的话就更好做。

执法权下沉乡镇要解决的问题

执法权能不能下沉，首先要解决以下五个问题：

一是配套性权力是否下沉问题。也就是与处罚权配套的审批权的问题。执法单位处罚权下沉了，但是审批权没有下沉，上面审批时就不会考虑执法情境问题。这样很容易出现上面为了工作政绩将审批放宽的情况，无形中增加了乡镇执法任务和困难。还有这样的情况：一个部门的权限下沉，需要其他部门权限下沉配合，才能落地。比如婚姻登记，省市为提高服务群众质量，将该权限下放到乡镇，但是与之配套的公安系统的信息查询权限并未下放到乡镇，乡镇民政机构就无法行使婚姻登记权。

二是任务下沉、资源不下沉问题。伴随着执法权下沉，许多职能部门也将本来是自己分内的事情一并下沉到乡镇，自己只负责监督、检查、考核乡镇的工作，使得乡镇平添很多工作。但是同时，职能部门相应的执法配套资源却没有下沉，包括执法人员、执法设备、执法经费、执法技术、执法资质等。执法是抬轿子生意，必须两个人协同。执法资源不下沉，执法主体都没有，乡镇自然“接不住”下沉的执法权。另外，上级下沉的主要是些消耗乡镇资源的执法事项权项，而有罚没收益的事项权项则没有下沉。因而乡镇执法的积极性并不高。

三是乡镇兼运动员、裁判员角色问题。乡镇政府是与基层社会接触最密切、最频繁的一级政府，乡镇干部与基层群众在利益关系、社会关系上相互交织深嵌，乡镇要扮演基层利益“当家人”的角色。这意味着执法者与执法对象联系紧密，难以摆脱执法者既是裁判员又是运动员的嫌疑。而部门执法是代表国家行使国家权力，维护国家利益。执法权下沉到乡镇，乡镇就要代表国家执法，而执法对象又都是“自己人”，乡镇哪里下得了手？据调查，市场监管所划转乡镇管理后，监管所查办各类案件的数量直线下滑，大部分监管所全年案件办理量为零。

四是乡镇执法权滥用监管问题。在 20 世纪 90 年代末曾出现一波执法权向县级上收的趋势，原因是乡镇执法权监管难，容易带来执法权滥用问题。典型的是公安执法权，派出所隶属乡镇，乡镇滥用警力暴力执法、违法创收等，在基层造成恶劣影响。为防止执法权滥用，国家才上收执法权。新一轮执法权下沉的执法环境大为改观，主要是基层法治社会、法治政府建设成效显著，县乡监督问责体系完备、政府运行规范化程度提高。这样可避免一些执法权的滥用。但“山高皇帝远”，乡镇仍不免会有执法权滥用问题。

五是下沉后有没有事可做的问题。在东部地区，由于市场经济发达、外来人口大量流入、农村宅基地稀缺、城乡一体化程度高，乡村执法的密度高，执法权下沉有需求。执法权下沉要处理的不是偶然性的、个别性的案件，而是成规模，有规律性、日常性的案件。否则，执法权下沉的成本高、效率低，不划算。

但是，在中西部农业型乡镇，大量农村人口进城务工，集镇工商业不发达、人口密度不高，需要执法的事项很少。目前，中西部乡镇执法压力集中在农村违规建房，但即便是这个事情，通过乡镇驻村工作队也可以将大部分违规建房问题消灭在萌芽状态。其他需要执法的案件多是偶发性的。通过做工作、劝说，或者职能部门下乡执法，较大的执法案件通过联合执法就可以解决。从调查来看，有些乡镇已成立了综合执法机构，但人员多数时候闲置，往往被乡镇抽调干执法之外的事情，如驻村、征地拆迁、重点项目落地等。

变体制还是创机制?

扩权强镇、执法权下沉是东部沿海的经验。中西部农村的执法案件确实也在增多，但并没有多到需要乡镇增设综合执法机构的地步。

许多中西部乡镇没有行政执法案件，特别是综合行政执法案件，属于正常现象。一些综合执法案件是因为小问题不断发展成大问题、普遍性问题之后，才引起县乡主要领导重视，从而启动综合行政执法，通过运动式执法的方式解决问题。而大部分微小的执法案件面不广、影响小，要么被掩盖、忽视，要么通过乡镇的管理工作、思想工作得到解决。

随着社会的发展，国家对环保、国土、安全、依法行政等方面的要求提高，中西部乡村的执法案件也在不断增多，乡镇面临的任务数量、执法难度、问责压力增加，过去粗放的管理方式、工作方式已经不适应新的执法要求，因而对执法权的诉求越来越大。在东部地区，许多乡镇的人口规模、资源体量、行政执法案件数量比得上（甚至超过）中西部的县市，因而对执法权下沉的需求很大，地方政府首创扩权强镇、下沉执法权，并成为全国经验。国家希望在中西部地区也推广东部地区的经验，解决中西部地区乡镇对执法权的诉求。

然而，扩权强镇是一个体系，可以解决执法权下沉带来的配套权力、执法资源、执法监管、案件规模等系统问题。而单纯的执法权下沉无法解决系统问题，进而可能达不到制度设计的原初效果，还可能带来新的问题。从调查来看，目前主要问题包括乡镇任务量剧增、部门主责变监管、执法资源闲置、成本收益不成比例等。

那么，怎么解决中西部乡镇行政执法案件增多，但又没有增多到需要增设综合执法机构程度的问题？北京平谷区首创的“街乡吹哨，部门报到”机制值得借鉴。

平谷区各乡镇综合行政执法需求在增多。综合行政执法需要县级领导出面协调相关部门，制定行动方案，在特定时间内进行联合执法。在案件只有个别的时候，这种方式成本低、有效率。但是，如果每个乡镇每年都有多起甚至上十起需要联合执法的案件，在一个县规模就较大，再由领导协调、组建临时联合执法队下乡执法，则成本很高，效率也低，难以满足乡镇的执法需求，也会耗损领导的注意力资源。

为此，平谷区就创造了“街乡吹哨，部门报到”的机制给予应对，即街道、乡镇只要有综合执法需求，就可以通过县级平台向相关部门发出请求，相关部门再根据乡镇的要求派执法人员在特定时间、地点报到执法，否则就会遭受县级处罚。“街乡吹哨，部门报到”的好处有：

一是乡镇只要有执法需求，就可以向部门“吹哨”，部门就会下乡联合执法。

二是将县级主要领导协调的权威制度化为“平台”，只要乡镇发出请求，就代表县级主要领导出面，各部门不能怠慢。

三是不额外增设机构、编制、人员、设备、预算等，没有增加县乡治理成本，却能够整合相关部门资源下乡执法，还节省了运动式治理中领导协调的成本，解放了领导，达到了事半功倍的治理效果。

四是该机制的制度化程度较高，但没有变革县乡执法体制，即乡镇不需要常设综合执法机构。其运转是“一事一议”式的，当乡镇没有执法需求时，该机制就不运转。

五是该机制将属事与属地真正有机结合起来，令部门与乡镇共同承担执法、治理的责任，真正做到了条块结合、事责权利统一。

扩权强镇式的执法权下沉是通过变革执法体制，在乡镇设置综合执法机构的方式，达到执法权下沉的目的。“街乡吹哨，部门报到”式执法权下沉则是通过创新体制的运行机制达到执法权下沉的目的。前者变革体制，是科层体制的惯行做法，一有事就向上面要编制、要人、要钱，增加机构、岗位、编制、人员、预算、品级等，通过增设机构、人员的方式来对接相应的治理事务。对于领导来说，增设机构、人员，自己可调动的力量增加，自主权提高，不需要耗费精力想其他办法来解决问题。对于工作人员来说，增加了帮手、资源，自己得到多了、付出少了。但问题是，这会导致科层体制扩张，带来机构膨胀、抬高治理成本。

创新机制是在既有体制资源约束条件下，通过县级党政权威，改变体制资源流动、运作方式，达成体制资源与治理事务之间的有效对接。该方式需要领导有创新创造精神，需要对体制运行和治理事务有深刻研究；不增加编制、人员，需要充分调动和合理配置既有工作人员；因为“一块钱掰成两半用”，使资源得到合理、充分利用。从科层体制特性来说，领导不愿意费脑子，工作人员也不想多干活，因此不到万不得已不会创新机制。但创新机制的好处是，不增加体制负担，不造成体制空转，用较少的资源做较多的事情。

2021年6月11日

如何做好非中心工作：
以项目为抓手

重要政策推动靠的是党委政府的权威。一般政策推动则主要是靠项目激励，包括项目下拨、专项激励、政策优惠等。推动政策执行的上级部门要给下级部门实际的好处，下级部门才有推动政策落地落实的积极性。当然，政策推动还有个动力是督导检查和考核评比，但是部门对一般政策的督导检查和考核评比对下面的推动力度不大。

公共政策分类

根据不同的标准，可以对公共政策给予不同的分类。从政策涉及的领域、部门角度，可以将之划分为综合性政策和专门性政策。综合性政策涉及多个领域或部门，会对不同领域或部门的群体造成影响，政策推动或执行需要多部门配合和协作。如社会信用体系建设，涉及财政、金融、交通、航空、教育、税收、通信等多个领域或部门，是一项综合性工程，需要对应综合性政策。专门性政策则是由部门制定的只涉及该部门专业事务的政策，具有单一性、专门性和专业性的特点，政策推动或执行一般不需要动员其他部门。如基础教育减负政策是教育部门制定的只在政府内部运行的一项专门政策。

从政策的重要程度来看，可以将政策分为重要政策与一般政策。重要与一般之分，区别在于政策是由部门推动落地落实，还是由党委政府推动落地落实。一般来说，政策都是由部门制定和推动落地落实的，但是一些重要的政策会转化为党委政府的政策，由党委政府来推动落地落实，以增加推动落地落实的力度。党委政府主要领导的注意力是有限的，只有真正重要的政策才会引起他们重视，才会转化为党委政府的政策。可以说，重要政策的推动主体是党委政府，一般政策的推动者是部门。

综合性政策和专门性政策都有重要与一般之分。两种分类方式结合起来，就可以将政策划分为四种类型，分别是重要综合性政策、重要专门性政策和一般综合性政策、一般专门性政策（见表2-6）。

表 2-6 综合性政策与专门性政策之划分

	综合	专门
重要	重要综合性政策	重要专门性政策
一般	一般综合性政策	一般专门性政策

重要政策

重要综合性政策，如扶贫、环保等，涉及多个部门，由党委政府推动落地落实，主责部门（扶贫办、环保局）负责政策制定、协调和评价工作。本级党委政府将该类政策作为重要政策予以推动，相关部门和下级党委政府就会将该政策作为中心工作来对待。下级党委政府和相关部门在落实该类政策时，是向党委政府负责，而不是在给主责部门做事，因此它们会调动资源落实好该政策。为了推动重要综合性政策落地落实，党委政府一般会成立相关临时机构，由党委政府主要领导担任负责人，并在主责部门设立办公室，主责部门主要领导任办公室主任，负责召集、协调、落实等工作。

重要专门性政策，如计划生育，政策的制定和执行主要与计生委（办）有关，但因为该政策从中央开始就是“国策”，下面各级党委政府都将其作为中心工作来推动，因此它不仅是计生部门的事情，而且是党委政府的重要事务。上级党委政府在考核下级党委政府时，计生工作不但占据较大分值，而且是

"一票否决"工作，因此各级党委政府都很重视该项工作，在政策推动落地落实过程中会层层加码。到乡镇一级，计生工作就成为党委政府最重要的少数几项工作之一，乡镇会调动最主要的资源和最精干的力量去完成该工作。

承担重要政策制定、执行和评价功能的部门，会成为党政各部门中的重要部门，其主要领导在同僚中的政治地位会比较高。例如，江西省某省委书记在任期间，主要做的事情是推动全省植树造林；省林业厅作为主要的政策制定者和评价者，从一个边缘部门一举成为最耀眼的部门，林业厅厅长一度成为全省炙手可热的政治人物。精准扶贫政策实施以来，各地尤其是深度贫困县都围绕脱贫攻坚来开展各项工作，精准扶贫政策成了各县市工作的总抓手，原本没什么存在感的扶贫办成为全县资源的总调度单位，掌握着全县各单位、机构扶贫好坏的评价权力，其他部门、单位都得罪不起。江西某县县委书记想在生态建设上出政绩，绕开生态环境局（垂管单位，难以调动）成立"生态文明建设办公室"，统筹全县的生态建设工作，该机构也一跃成为全县权势最大的部门。

一般政策

一般综合性政策，其落地落实还没有上升到党委政府的重要工作，但又是不得不做的事情，于是得有政府部门去推动。

因为涉及多个部门、领域，由谁来牵头做是需要解决的首要问题。谁都不想多干活，所以，牵头者要干更多的活，而且牵头者还要有权威。一般来说，设定牵头者有以下三个原则：

一是主责原则。该政策涉及的工作主要是哪个部门的，就由哪个部门来牵头。例如产教融合政策，主要涉及职业教育问题，决策者首先想到的是由教育部门牵头。

二是权威原则。该政策所涉及的工作在各部门分布相对均衡，就选择其中相对有权威的部门牵头。比如，涉农资金整合涉及农委、财政等部门，牵头部门要么是农委，要么是财政局，或者直接设定二者为“双牵头”单位，因为农委接近主要领导、财政局掌握财政大权，都有整合其他部门资源的权威。

三是兜底原则。当某项政策没有哪个单位愿意接，或其他单位推动落地落实较为困难，而该政策又没有重要到需要成立临时机构来推动落地落实时，党委政府就会将该政策交给作为综合协调部门的发改委来推动落地落实。发改委在中央省市层级作为“小政府”，能够制定相关政策，手里掌握项目资源，可以影响其他部门的利益，同时又是综合部门，许多政策由它来兜底推动既合适又得力。所以，推动一般综合性政策很容易成为发改委的事情。

一般专门性政策，是部门内部的专门性工作，由部门制定并推动执行。

重要政策推动靠的是党委政府的权威。一般政策推动则主要是靠项目激励，也就是推动政策执行的上级部门要给下级部门实际的好处，下级部门才有积极性推动政策落地落实。项目激励包括项目下拨、专项激励、政策优惠等。当然，政策推动还有个动力是督导检查和考核评比，但是部门对一般政策的督导检查和考核评比对下面的推动力度不大。

一般综合性政策的推动

某省推动信用体系建设工作的牵头单位最开始是中国人民银行省分行，但推了很久都不见起色，原因有三：一是分行没有权威，不掌握其他部门的饭碗和官帽子，调不动其他部门；二是它给不了其他部门好处，不像发改委、财政等部门，要么有钱、要么有政策；三是分行属于央行的下属单位，不是省直单位，没有动力去做出力不讨好的事情，所以它接到省政府的活后也不推脱，就干它分内的银行系统的征信体系建设工作。省政府一看不行，只好把工作交给省发改委来做，省发改委则把活派给了财政金融处，财政金融处则派一名主任科员负责。

产教融合政策开始是教育部在推动，教育部的职业教育与成人教育司在负责。职业教育与成人教育司之前就一直在推动“校企合作”，对于它来讲，产教融合就是校企合作，它认为不过是换了名头而已，因此还是按原来的方式来做产教融合。加上产教融合还涉及财政、工信、人社、国资、税务、工商等部门，教育部门没有权威协调调动它们，因此由教育部门来推动产教融合的效果不好，后来才改为由发改委来推动。

像信用体系建设、产教融合等综合性政策，都是国家层面为营造良好的经济社会环境、推动经济社会发展而推出的增量政策，需要相关部门合力从零做到一。对于这些部门来说，这些事都是额外的事情，还要占用既定的资源，因此都不想搞。对于发改委来说，它既是协调部门，又能够牵头出意见、出政策，同时只要出人、出力就行，而不用占用既定资源。体制内流传着“发改委踩油门，财政部（厅）踩刹车”的俗语，意思是发改委出台政策推动社会发展，财政部门勒紧钱袋子，凡是要钱的政策，要么否定，要么砍掉一半。

产教融合政策意义重大，但是对于省一级来说，因为省领导、发改委领导，包括发改委内部牵头处室领导都还没有重视起来，国家层面只是让各地试点开展，因此该政策是项“小政策”。某省是由一个四级调研员负责的，该调研员倒是对产教融合有很深的理解，个人有情怀，想将该政策做好，于是下了不少功夫。

该省在推动产教融合上，主要有以下措施：

一是响应国家政策，积极组织申报试点城市、试点企业。试点城市会有经费下拨，试点企业则有税收优惠。

二是组织队伍在省内外考察。考察的外省有山西、山东、广东等，了解其在产教融合上的具体做法和经验。省内走了四五个地级市，了解省内一些地级市的产教融合的经验及困难。

三是协调动员相关部门。去函其他部门，主要有教育厅、人社厅、工信厅、工商局等，让它们派人参加调研活动。参加调研的还有发改委价格处的一个副处长。该副处长是调研员邀请的最重要的官员，因为他掌控全省的价格政策，而产教融合涉及的一个根本问题是对职校学生的收费问题。因此，无论是在省外调查，还是在省内调查，调研员都"捆绑"着副处长。调研的目的是让涉及的相关部门制定政策的"现管"者了解情况，感受到这个事情的重要性、必要性和紧迫性，即改变他们的思想，后面制定的政策就容易得到他们的支持。但是，无论是去外省调研，还是在省内调研，其他部门基本上没参加。在省内调研时，人社厅的一个科长参加了少数几次行程。

四是组织省内试点，包括试点城市、试点企业、试点学校等。组织各单位到省内地市调研，也是政策宣传和组织动员的过程。其中很重要的一点是，宣传积极参与试点会得到项目、经费等好处。产教融合项目在地市或职校的座谈，发改委调研员每次在听取汇报后的发言都会或明或暗地表示积极参与产教融合项目者会得到省发改委和国家政策的支持。

五是外包课题。让高校教授参与对产教融合的调研和相关政策、规划的撰写。对于政策具体的推动和制定者来说，他们要的不是从课题报告中获得对产教融合的理解和对实际情况的掌握。如果说有这方面的考虑，也是很小的一部分。他们已经通过其他渠道了解到了足够支撑起政策出台的情况。高校教师的报告作为第三方的“权威”论证，是用来作为佐证的。对上，用报告向上级领导游说，论证政策出台的重要性，以获得领导的支持；对己，则通过报告向社会、向其他部门论证出台政策的合理性，给政策及出台行为以合法性，使自己有底气；对下，则下发报告，在政策没有出台、情况还不明朗之前，让下面效仿报告里的成功经验。下发报告，既向下表明了发改委的态度，在正式政策出台之前下发了政策实施意见，又因为不是正式发文，从而可以规避责任。

六是整合现有资源。省发改委调研员的想法是，在不增加各部门资源，也就是不触动各部门现有利益的基础上，整合各部门在产教方面现有的资源，变分散在各点的资源为聚拢成块的资源，促成资源合力、政策合力，化零为整，最终形成整体大于部分的效力。整合资源的好处是可以减轻业务部门的阻力，业务部门既有的利益没有动，不增加它们的负担，同时也少增加财政厅的负担。

一般综合性政策推动的逻辑

省发改委推动产教融合，到地市也是由地市发改委牵头落实相关政策、制定本地政策。地市发改委牵头的是社会事务处，该科室在发改委内设机构里是重要但不关键的科室。如果地市发改委主任或分管副主任重视产教融合，想争取上面的政策支持，那么地市发改委就会力推产教融合，将其当作一项重要工作来抓，甚至地市发改委主要领导会亲自出马接待省发改委社会事务处调研团队，或者亲自带队跑省发改委。由地市发改委主要领导来推动工作，地市其他相关部门的配合度就会较高。

现在的情况是：省发改委社会事务处负责产教融合项目的调研员很重视；处长虽然也重视，但是对产教融合不太了解。调研员现在要做的是要将自己的很多想法变成处长的想法，让处长觉得产教融合很重要、某些做法很重要，然后由处长去游说分管副主任，使产教融合成为分管副主任重视且要赶紧推动的事情，进而才能上升为发改委主任要做的事情。发改委是政府最重要的决策部门，能成为委里的重要事情，就意味着成了政府的重要事情，至少会进入分管副省长的视野，进而成为政府办公会讨论的重要事务。省发改委调研员的想法是，下一步要成立厅际联席会，由省领导来协调相关厅局，对政策的推动力度就会更大。

一项政策要推动落实，实现政策制定者的意图，关键是看谁来推动，与推动的机构和人有关。一般综合性政策，一般由发改委的具体科室、具体个人来推动。发改委的科室多，政策多，而领导的注意力有限，不可能对所有政策平均使力。那么，推动政策的科室和具体承担人就需要竞争领导的注意力，让领导重视自己推动的政策。政策推动者就需要做一些基础性的工作，包括协调部门内外相关力量、组织调研了解情况、发包课题撰写专家报告、开展试点提炼经验等。只有做了事情，才会引起领导关注。领导关注了，基础工作已经做了，再通过领导“出面”推动，政策的推动力度就会大增。

一般综合性政策之所以要借力打力，与需要协调各部门资源有关系。一般专门性政策执行起来则要容易得多，最多是协调部门内部科室，有许多还不需要协调，只要政策法规处、领导办公会通过了，就可以下发到对口单位执行；如需纳入考核范围，则需要与办公室沟通。

2020 年 12 月 3 日

第三篇

县域治理的自主空间

基层治理要有自主空间*

乡镇在不突破体制规范、不打破体制格局的情况下，还要充分利用体制资源完成治理任务，就要进行治理机制、工作机制的创新。所谓“治理（工作）机制创新”，就是针对具体治理事务，通过制定相关制度和规范对体制资源进行优化组合，一定程度上改变体制资源具体流动的轨迹、程序和方向，以使体制资源更好地对接具体事务，实现体制资源的集约与优化利用，达到事半功倍的治理效果。治理（工作）机制是体制与社会对接的具体形式，是体制在基层的运行状态。

基层治理面对的情境

基层治理是国家治理的基石。基层治理与国家治理、地方

* 本文曾作为吕德文《基层中国：国家治理的基石》的序言发表。

治理构成国家治理体系。国家治理即治国理政，地方治理是省市层级治理，基层治理包括县、乡、村三级治理。基层治理作为国家治理体系的重要组成部分，要落实国家治理、地方治理的任务，同时又是具有独立意义和合理性的治理形态。

中国基层治理面对这样的情境：

一是县域的共同体性质。县域社会是扩大了的熟人社会，人们在思维习惯、行为逻辑、人际交往、文化传统上拥有较高的一致性。县域内城镇化基本上没有生活、社交和心理转化成本。这种共同体性质一定程度上决定了县一级制定本地政策的自洽性和适应性。

二是体制的责权利不匹配。虽然除外交、国防等功能不具备外，县级政权是一级完整政权，组织调动和整合资源的能力较强，但中国体制的特点是权力向上集中、任务向下分配，越往上权力越大、资源越多，越往下权力越小、任务越重。

三是治理的复杂多样化。从横向来看，全国不同县域的人文地理、社会结构、市场发展、财政能力、资源禀赋、文化水平、治理技术等不同，面临的治理形势与目标、治理问题与挑战、治理经验与方式也必然存在差异。从纵向来看，县域内部也是分化的，县、乡、村有不同的功能、目标和问题。县一级主要是制定一线政策，实现中央（省市）政策与基层实际的衔接；乡镇一级承担一线治理功能，实现体制资源与治理问题的结合；村（社区）一级则是回应一线需求，实现自治制度与村

（居）民需求的对接。

在国家治理体系中，国家治理、地方治理有它们的目标和要求，基层治理也有自己需要面对的特殊情境。那么，推进国家治理体系和治理能力现代化，最需要解决的问题是：国家（省市）大一统的政策、体制、制度如何与复杂多样的基层治理生态实现有效对接，发挥中央（省市）与地方（基层）两个积极性。发挥中央（省市）积极性，就是要使中央（省市）政策能够在基层得到不折不扣的执行；基层要有积极性，就是要在落实政策过程中能够激发基层治理的活力，实现基层的有效治理。

没有中央（省市）的积极性，基层治理可能盲目而丧失方向；没有基层的积极性，国家治理、地方治理则难以落地。吕德文《基层中国》中透视的当前基层治理中"打乱战""折腾式治理""痕迹主义""以会议落实会议""形式主义"等盛行，就与基层治理活力不足，基层用形式主义应对国家治理、地方治理任务有关。要使基层治理有活力，关键要给予基层治理自主空间。县、乡、村有各自的定位和目标，需要不同性质的自主空间。

县一级的政策转化空间

县（区）一级要有政策转化空间。中央（省市）政策、任务要落地，需要经过县一级的转化，将统一的政策、任务与本地实际结合起来，变成可以具体操作的政策、任务。中央（省市）的政策具有方向性、原则性和底线式的特点，要达到的是普遍、一般、共性的目标，而基层社会又具有多样性、特殊性、个性化，将普遍与特殊、一般与特别、共性与个性结合起来，需要县一级有将中央（省市）政策转化为本地政策的空间。同时，县域社会也会产生一些辖区普遍的治理问题和社会需求，需要县一级设置相关政策议题予以解决和回应。这就要求县一级有将辖区治理事务转化为本地政策的空间。

因此，县一级的政策转化包括对中央（省市）政策、任务的转化和对辖区治理问题、需求的转化。所谓“政策转化空间”，包括三个方面：一是政策弹性空间。要求中央（省市）政策有一定的弹性，以便在操作过程中能够跟地方实际相结合。二是领导注意力空间。主要领导要有一定的时间、精力关注中央（省市）政策或辖区内治理事务，对辖区内治理事务的注意力分配尤为重要。三是资源配套空间。政策转化与落实都需要配套资源。配套资源不足，政策转化就会受限。政策配套空间要求政策有主次之别，主要资源配套给主要的政策。这样才能有效配置政策资源。

有政策转化空间，才可能充分发挥中央（省市）与基层两个积极性，实现国家治理、地方治理与基层治理的统一。政策转化空间不足，要么“政令不出中南海”，基层罔顾中央（省市）意志，国家治理和地方治理的目标难以达到；要么中央（省市）政策一竿子插到底，基层治理缺乏活力。

当前，县一级政策转化空间被压缩，主要与中央（省市）政策太刚性有关，表现在三个方面：一是政策属性上的政治任务化。中央（省市）部委办（厅局）的政策越来越多地戴着“政治任务”的帽子下到基层，变成基层的中心工作，使基层工作件件都变得重要，工作中缺乏轻重缓急、主次分明的“节奏感”。二是目标要求上的顶格管理。中央（省市）对基层政策执行的要求按照上限进行管理，表现为“最全事项、最高标准、最严要求、最快速度”。三是监管方式上的过程监控。中央（省市）政策的目标越来越细化，政策执行程序也要求越来越严，并通过完善督查体系对政策进行进度管理、程序管理、指标管理和痕迹管理，推动基层治理由结果管理向过程管理转变。

中央（省市）政策的刚性化，压缩了基层政策转化空间，有利于规范基层行为、严肃执行纪律、增加政策落实力度，实现国家治理、地方治理的目标。但同时也带来一些问题，比如，政策执行缺乏灵活性，降低了政策的适应性；抬高了政策执行成本，过多地消耗基层治理资源和主要领导的注意力资源，弱化了基层设置本土政策议程的能力；监督检查过频过泛，干扰基层工作；基层在做不到的情况下硬着头皮做，容易以形式主义应付。

乡镇一级的机制创新空间

乡镇（街道）一级要有机制创新空间。乡镇不是一级完整政权，部门设置不齐全，特别是没有独立财政，难以像县级政府那样设置自己的政策议程。乡镇作为上级政策和任务的执行者，是国家体制与基层社会交互作用的真正“接点”，体制资源与治理问题在这里对接。

治理需要包括人员、经费、物质、权力、岗位、职务、荣誉等资源，这些资源都来源于体制的配置。体制包括党政体制、条块体制，也包括具体的乡镇“六办三中心一大队”之类的机构设置。乡镇缺乏一级财政，对附着在编制和岗位上的资源依赖性强。

在乡镇，体制资源在与基层对接的过程中，往往会出现以下张力：

一是体制的统一性与治理事务的个性化问题。从党政体制来说，乡镇体制设置具有全国大一统性。在乡镇机构设置上，一省之内是统一的；而具体到财政拨付、岗位、编制数量上，则一县之内是统一的。但不同乡镇面临的具体问题是有差异的，以统一的体制和资源来处理不同的问题，会导致体制资源与治理问题的不匹配。

二是体制的稳定性与治理事务的变化性问题。国家统一的体制具有稳定性特点。机构改革后，乡镇机构设置、编制和岗位在一个较长的时间内是固定的。但是，乡镇的治理事务是随着社会发展、变迁而不断变化的，会有新的治理问题、群众需求不断涌现。这就会造成根据某个时期治理事务属性确定下来的体制及其资源，无法适应新的治理需求的情况。

三是体制的分割性与治理事务的综合性问题。体制资源配置在不同的部门、科室、编制、岗位，具有分割性、专门性和专业性特点。然而，乡镇有许多治理事务是综合性的，难以进行专业性分割，分配不到具体的部门、科室或岗位，这些事务就没有体制资源来治理。

四是体制资源的稀缺性与治理事务的艰巨性问题。体制资源是既定的，也是稀缺的。越到基层，体制资源就越稀缺。乡镇较县一级部门在经费、职权、编制等方面更为稀缺，但是乡镇承担的治理事务却在不断增多，治理任务愈发艰巨，从而带来严重的治理资源与治理事务不对称问题。

五是体制运转的程序性与一线治理的应变性问题。体制的规范化运行要求基层治理讲程序、能追溯，减少自由裁量。但是，乡镇直接面对群众，处理问题讲究人情面子乃至随机应变，许多事情无法完全按章办事，或者严格按程序来办还可能把事情搞复杂。这样，就可能造成许多问题解决不了，或解决起来成本太高。

鉴于上述张力，乡镇在不突破体制规范、不打破体制格局的情况下，还要充分利用体制资源完成治理任务，就要进行治理机制、工作机制的创新。所谓“治理（工作）机制创新”，就是针对具体治理事务，通过制定相关制度和规范对体制资源进行优化组合，一定程度上改变体制资源具体流动的轨迹、程序和方向，以使体制资源更好地对接具体事务，实现体制资源的集约与优化利用，达到事半功倍的治理效果。治理（工作）机制是体制与社会对接的具体形式，是体制在基层的运行状态。

乡镇的机制创新主要有三种方式：一是混编混岗，二是增设机构（层级），三是整合资源。乡镇最重要的资源是工作人员，如何把工作人员用好是机制创新的核心。混编混岗就是将工作人员从具体岗位、编制所在科室中解放出来，通过创制将不同个性、禀赋、能力、经验、身份的人配置到不同的岗位、事务、团队中。增设机构（层级）就是在正式机构（层级）之外，针对某些重要的治理事务专门设置相应的机构，调配相应的力量予以处理。该创制的好处是针对性强，还能增加中层岗位激励干部。整合资源是指通过某种形式将相关的分散的人力、专业技术或职权等资源调动起来，相互协调、配合处理某些事情。不同的乡镇根据自身情况创新治理（工作）机制，形式多样，但目的都是使人与财、人与事、人与人相匹配，使机构与事务、人员配置与干部激励有机结合起来，以达到人适其事、事得其人、人尽其才、事尽其功。这样，通过机制创新可以激活体制的优势。

当前的问题是，乡镇机制创新的自主空间在缩小。一方面是中央（省市）政策刚性化，带来乡镇相关科室资源的固化而难以调动和整合；另一方面是机构编制管理规范化，乡镇机制创新受到约束，比如，编办原则上不允许乡镇增设机构（层级），组织部不承认增设的中层干部，纪委对乡镇相关创制进行监督等。这些都会导致乡镇体制的僵化，从而难以灵活地应对复杂多变的基层社会。乡镇许多事情本来可以通过机制创新予以解决，但是因为创新空间缩小，还有风险，乡镇就不去创新，这些事情就会被搁置，或者被推给村一级。

村一级的村民自治空间

村（社区）一级要有村（居）民自治空间。在村（社区）内部，有许多事情、问题、需求既不能上升到县一级政策层面，也难以通过乡镇体制来解决，或者解决起来不经济。那么，这些治理事务就得交给村（居）民自治来解决。通过民主选举、民主决策、民主管理、民主监督、民主协商等制度安排，将农（居）民组织动员起来，低成本、高效率地解决自己的问题。

村级治理事务和农民需求有两个基本特性：一是在数量上规模不大，分布较为零星、分散，具有偶发性、个别性、细小琐碎的特点，规律性不强，很难进行分类治理；二是在性质上嵌入村庄熟人社会，主要涉及农民与农民、农民与村集体之间的关系，具有复杂性、多样性、政治性的特点。这两个特性决定了村级治理：在人员队伍上，人数无须过多，但要具备综合处理复杂事务的能力；在工作时间上，可以灵活机动，而无须坐班或专职化；在手段和工具上，群众工作、群众路线依然是处理问题的关键，专业化、技术化、规范化路径还难以普遍推行；在资源调配上，通过民主制度安排和外界少量资源输入，激发农民参与治理的主体性、主动性和积极性，形成村级治理的内生资源。因此，村级治理应该继续给予村民自治以空间，采取简约的、民主化的治理模式。

当前村民自治空间有萎缩的趋向，主要有以下三个原因：一是村级组织行政化过度，上级下达给村级组织的任务太多，为了调动村干部，基层有意强化村级组织行政化，包括提高村干部工资、实行坐班制、加强监督与考核等，使村干部忙于"政务"而非"村务"；二是相关制度规定"太死"，包括财务制度、土地制度、程序规范等过于硬性，阻碍村级民主化治理的展开；三是村级集体经济薄弱，缺乏能够自主支配、用以撬动村级民主的"活钱"。结果是，许多治理问题得不到解决，一些村民需求被忽略。

基层自主空间的辩证法

基层治理的自主空间是一个相对问题，实践中需要把握一个度，但不可能做到最适度，有时可能过宽，有时可能过窄。那么，过宽的时候需要收窄，过窄的时候需要放宽。这要求主政者具有高超的政治技巧。这表明基层中国的复杂性，也要求我们在理解基层治理时，既要将基层视为一个整体，又要对其进行解析，将县、乡、村贯通起来思考。

2020 年 11 月 22 日

自主性激励：让基层干部把工作当事业*

> 对于非基层政府，科层化可能有助于其行为的规范化。但是到基层，如果科层化过度，基层干部就缺乏自主性，也就缺乏积极性，在无激励机制的情况下，就会给基层治理带来问题。但是，如果完全将工作包干不管，基层干部又可能乱搞，也会带来问题。因此，基层应该是在包干制基础上，适度嵌入科层规范。

不再变通：只管落实，不管效果

在基层落实工作中，现在普遍存在“不变通”的现象。

---

* 本文曾作为贺雪峰《监督下乡》的序言发表。

许多本来应该“变通”的工作也“不变通”了。比如环保工作，有的地方不让养鸡、鸭、猪、牛、羊了，有的地方还“人性化”一点，让养鸡，但是要圈养，鸡圈有统一的标准。基层干部发现统一的鸡圈标准并不适合本地，但是基层干部并没有因此向上级提意见，而是仍然按照上级的标准建造鸡圈，然后通过验收交差。政府钱花了，鸡圈建起来了，基层干部工作落实了，但是农民根本不会将鸡圈养在鸡圈里。

调查时，基层干部说，要是放在过去，上面的政策不符合基层实际，他们就会向上面沟通反映，然后共同研究制定符合本地实际的政策落实方案和措施；标准化的鸡圈不符合当地实际，他们就会根据实际反映情况、做出改变。现如今，基层干部不仅“不变通”，甚至不再反映情况；上面怎么说，下面就怎么做，根本不管工作做了之后的效果如何。他们只对落实了上级工作感兴趣，不再关注工作效果。

在过去，基层干部常被诟病的一点是“变通”，再硬、再难的政策、任务和工作，到基层都能够通过“变通”来应对，一“变通”就落实了。“变通”既能根据实际情况完成任务，也能使政策被歪曲、被选择性执行，所以被批评比较多。另外，受访的基层干部称，过去基层工作讲结果，因为一项工作结果好不好会影响后续的工作，许多工作按上面要求做效果不好，他们就会想方设法进行“变通”。

问题是，即便政策明显不符合实际，为什么基层干部不再变通，甚至不再反映情况了？

自主性激励：基层干部之所求

“变通”与否，与两个方面有关系：一是基层干部有没有变通的能力，二是基层干部有没有变通的意愿。前一个方面是指上级有没有留给基层干部变通的空间，基层干部变通之后，上级持什么样的态度。如果上级允许或默认乃至鼓励，那么基层干部变通的空间较大，变通的能力就较强。后一个方面是指基层干部主观上想不想做出变通。如果做出变通对他们有利，他们就会变通，他们会把某项工作当作自己的事情来看待；做出变通后会做得更好，他们也会力求变通。如果做出变通，他们利益受损，或者工作结果对于他们而言无所谓，他们就不会变通。这两方面涉及的是基层干部的自主性问题。

所谓“基层干部的自主性”，就是基层干部按照自己的意愿、认知、偏好、判断等做出行为的动机、能力和特性。基层干部的自主性较强，意味着他们在工作上有一定的自我决定空间，他们就可能将工作当作自己的事情对待，从而促使他们竭尽全力、尽心尽力地干好工作。“变通”是基层干部自主性强的一个表现。自主性不强，则意味着基层干部只能按照上面的规定办事，自我操作、自我发挥的空间较小，他们的主体性表达被抑制。

调查发现，部委或厅局单位的普通干部，在北京、省会城市工作，单位有地位、有声望，自己走出去有面子，但是如果单位没有福利房分配，工资又不高，经济压力就较大；而他们的工作主要是制定政策，政治性较强，工作约束较大，他们自主发挥的空间较小。因此，他们在有较虚的“面子”的基础上，主要诉求不是追求自主性，而是期待更高的工资、更好的待遇。到基层，基层干部除了对提高工资待遇有诉求之外，最重要的就是希望获得自主性。

对于基层干部来说，自主性是最大的激励。基层经济、政治资源都较少，干部激励主要是政治激励，但是基层岗位、职务、级别、荣誉都有限，无法给予基层干部充分的政治激励。自主性激励则是给予基层干部工作上的自主权和自主空间，激发他们工作上的热情和责任感，使工作落实得更好。在体制内工作，干部都有晋升的念头。但是，每个人占据一个岗位，首要的还是工作，升官了也还是要干工作。那么，基层干部怎么对待工作、怎么干工作就非常重要。

是把工作当作自己的事情、自己的事业，还是当作上级的事情、当作负担累赘？对工作的认识不一样，工作的状态就不一样。把工作当作自己的事情，就会生发对工作的责任感，就会认真地将工作干好；把工作当作上级的事情，就会应付工作，无论工作做得好不好，能够交差就好，而不会对工作有责任感。在干工作的方式上，是工作中有自己的方式、思路、手段、安排等，还是完全按照规章细则亦步亦趋地干工作，干工作的状态也不同，前者积极主动，后者消极被动。

如何让基层干部对自己的工作有责任心，并积极主动地干工作？主要是要让他们有自主性。有自主性，基层干部就会把工作当作自己的事情来干，工作就会入心、入脑，在干活时就会用心、用力；有自主性，基层干部就能够充分发挥主体性、主动性，在工作中就会有创造性、创新性，干完了工作就会有获得感、成就感。愉快地干工作，干了工作还有收获，这对于“工作反正要干”的人来说莫过于最大的激励。

对于基层治理来说，基层干部的自主性之所以很重要，与基层的工作性质有关。基层一线工作细小琐碎、变动隐秘、没有规律，很难监督考核，或者真正监督起来成本太高、效果不好，因而事情做没做、做得好不好，更多依赖于一线工作人员的自觉性、主动性。典型的如征地拆迁做群众思想工作，基层干部到农户家转一圈，然后向领导汇报说做不通，但是，他是否用力、用心做了，领导心知肚明，只是没有证据予以奖惩。那么，要想基层干部真正地用心、用力做工作，就得调动他们的积极性、自觉性、自律性，给予他们自主性达成目标。

再加上基层工作主要是跟群众打交道、做群众工作，但是做群众工作没有定法，没有规律、旧例可循，更不可能按图索骥，而要依托于基层干部的主观能动性和经验，创造性地开展工作。要想工作人员能够创造性地开展工作，就得给予基层干部激励，自主性激励是重要的方式。对于没有政治前途但有丰富经验的事业编基层干部而言，自主性激励至关重要。

自主性弱化：案例与原因

2020 年 5 月，笔者到 EZ 下面的乡镇调查，乡镇党委书记跟笔者说："省建设厅印发的美丽乡村建设指导标准规定太细、太刚性，全省一个样，都要求有亭台楼阁、廊桥水榭，人家没有河流的乡镇怎么办？"因为全省一个标准，到哪儿去参观学习，看到的场景都如出一辙，仿佛一张图纸、一个公司设计出来的，根本没有将本地特色、地方优势体现进去。党委书记说："这样的政策让乡镇很为难，照着做吧，就是依葫芦画瓢，与本乡镇没关系，只是完成任务；改动方案做吧，验收时一项一项对标，项目就通不过，领导要负责。"

2019 年 7 月，在山东 ZY 所辖乡镇调研，负责纠纷综治信访的副镇长向笔者说，过去乡镇调解的农村纠纷案例，不一定需要卷宗，大一点的纠纷只要做好相关记录就行，说一两句就解决了的纠纷根本就不做记录。现在，县综治办下文要求每一个案例都需要有详细的卷宗，卷宗除了要详细记录纠纷调解过程之外，每次调解都需要涉事双方、调解人、在场人等签字画押。副镇长说，如果完全按照卷宗指示的路径、程序进行调解，纠纷根本无法调解，因为农村纠纷调解有自己的路径和逻辑。那么，案卷就只能在纠纷调解之后再补充。但是一补充就会出现问题：一是一个纠纷调解只需半天，补充卷宗就要四五天时间，且完全是造假。二是补充卷宗时需要各方签字，就可能出现：本来已经平息的事情，工作人员找当事人签字时，当事人反悔，案件出现反复，折腾工作人员。工作人员为了不折腾，就按程序调解，就可能使得调解冗长而无效。

从上述案例及调查来看，基层干部自主性弱化，与以下方面有关：

一是基层治理的规范化。鉴于十八大之前很长一段时间，基层治理混乱、问题丛生的局面，以及越来越多资源下乡，国家在十八大之后加强了基层治理规范化的工作力度，包括加强党建、各项工作制度化建设、监督下乡、乡镇纪检委工作强化等。体现在具体实践中就是落实工作的程序化、流程化、文档化、留痕化，缩小了基层干部的自主操作空间。例如，在村级财务建设上，建立了村财乡（镇）管、银行转账等制度，促进了村级财务、项目资金的规范化管理，减少了农民身边的“微腐败”。

二是政策制定的刚性化。最近若干年，中央省市制定政策时，不仅政策目标由原来的原则性、模糊性向细化、明确化转变，还规定了政策执行时具体操作的流程、注意事项等，并按照细化目标和操作流程对标检查验收。政策刚性化还有个表现是时限紧，许多工作刚部署下去，就要经验材料、典型案例，根本不给基层留足抓工作落实的时间。政策的刚性化不考虑基层的实际情况、实际问题、实际需求，使得基层干部无法根据本地实际对政策进行转化，无法将本地的治理需求纳入政策目标之中。当前，农村改水改厕、环保、美丽乡村建设、脱贫攻坚等工作，有的地方在具体实施过程中存在政策刚性化问题。

三是政策执行的督查化。基层工作被置于监督体系的全方位、全过程监督之中，不仅纪委监委置入政策执行过程中，县督查室也紧盯着不放，县巡察组也可能跟进，还有各部门通过调研、考察、座谈等方式不定时地下乡督导检查。被无数双眼睛盯着干活，基层干部只能按照规定动作按部就班、亦步亦趋地操作，难有自主操作的空间。

四是工作考核的问责化。与监督体系相配套的是基层问责体系的建立和健全。只要在监督中查出问题，包括态度问题、法纪问题、操作问题、事故问题等，都可能被政治问责，一旦被问责，就会影响基层干部的政治前途。为了不被问责或降低责任等级，基层干部在工作中就要慎之又慎，既要按照规定流程走，还要每走一步都留痕以备倒查。偏离规定流程的做法，很可能被督查直接查出，也可能因为出了问题被倒查出而背责。此情此景下，“变通”就变得很稀缺，更不用说自选动作。

上述原因中，最根本的是政策制定的刚性化。它既是顶层设计下的产物，一改过去摸着石头过河，希望通过顶层设计规划基层社会变迁；也是对基层不信任的产物，通过细化规定窄化基层自主空间，通过过程监控推动政策达到预期目标。

自主性缺乏：后果与改进

基层干部缺乏自主性，基层治理缺少自主空间，会带来以下后果：

首先，基层干部干工作没有灵魂。由于没有自主空间，一切上面怎么说，下面就怎么操作，基层干部成了流水线上的螺丝钉，按规章、按流程办事，没有激情、没有热情、没有创造，机械地完成任务。

其次，基层干部不把工作当自己的事。因而不会生发对工作的责任心和责任感，没有内在的将工作干好的动力。这就造成基层干部不会过多考虑工作是否符合实际、是否需要反馈和改进。

最后，基层干部怯于创新和变通。一方面是因为事情只要能交差、做得好与坏与自己没关系，没有创新的动力和压力；另一方面是因为创新和变通很容易出问题，在监督问责严苛、纠错容错机制不健全的背景下，基层干部秉持“多做多错，不做不错”，“只要不错就阿弥陀佛”的理念，宁可不做，也不愿意“背锅”。

简言之，缺乏自主性，基层干部不会主动地发现问题、解决问题，也不会自觉地将工作干好，更不会创造性地开展工作。最终结果是基层治理没有活力，基层问题得不到实质性解决，形式主义横生。

要改变这种局面，就得赋予基层干部自主性，扩大基层治理自主空间。可以有针对性地做以下事情：

一是政策要留有余地。一县之内各乡镇的情况都有差异，更何况全省全国。因此，上级制定政策时不能太细、太具体，而要留有余地和回旋空间。特别是要将政策弹性空间和操作空间留给基层干部，让他们有权对政策进行操作化改造和解释，有权根据实际选择恰当的政策工具。

二是任务不要太细致。在基层单位内部，作为领导，布置任务时不能过于细致，只说大方向、原则要求；不能既有目标要求，还对怎么完成任务做具体规定，这样会束缚下级的手脚，使之畏首畏尾、裹足不前。领导对完成任务过程只做原则性把握，而将怎么做的权力留给基层干部。

三是允许反馈和修正。政策执行中，要允许基层干部有反馈，并在不改变政策大方向的基础上对政策目标给予修正。为此，上级的督导检查不能太硬太刚，要视情况给出处理意见。对于因实际情况而非态度问题、法纪问题没有达到预期政策目标的基层干部，要给予鼓励而非动辄问责，还要视实际情况修正政策目标。

四是减少政治任务化。上级部门的行政业务属于非硬性任务，基层干部在完成工作时可以与上级谈判，可以有实质性沟通，进而可以根据实际情况调整任务目标及完成的任务量。一般而言，上级部门定下百分之百的任务，下级只要完成百分之八十即可，剩下的百分之二十就是上下级的谈判空间。一旦部门业务工作转变为党委政府的政治任务，变成了硬任务，考核变成了硬考核，谈判空间就小了，政策调整和修正的空间也小了，与实际的距离就可能大了。

自主性差异：包干制与科层制

对于基层干部而言，包干制给予他们的自主性最大。无论是包干事务还是包干领域，抑或是包干区域，都可以说是基层干部的“一亩三分地”。上级领导要的是结果，基层干部在自己的“一亩三分地”内完全可以“我的地盘我做主”，自主性非常强，这对他们的激励特别大。他们会把“一亩三分地”内的事务当作自己的分内之事、“私事”，而有较强的责任感；“一亩三分地”搞得好不好，就是他们自己的事做得好不好。包干制下，越是能做主，自主性就越强，做事情的责任意识就越强。

在科层制下，干部是最不自主的，做事不仅有纵向上级的监管，还有规章制度约束，也有横向同事的牵绊，做任何事情都只是其中某个环节而已。科层制的激励不是增强自主性，而是科层岗位相关的待遇、技术、知识等的增加。

对于非基层政府，科层化可能有助于其行为的规范化。但是到基层，如果科层化过度，基层干部就缺乏自主性，也就缺乏积极性，在无激励机制的情况下，就会给基层治理带来问题。但是，如果完全将工作包干不管，基层干部又可能乱搞，也会带来问题。因此，基层应该是在包干制基础上，适度嵌入科层规范。

以上是阅读贺雪峰教授《监督下乡》后的一些想法。早在几年前，贺雪峰教授在调研中就敏锐地发现，国家希望通过监督下乡来达成基层治理现代化的目标，监督下乡成为基层治理最重要的变量和推动工作的最重要资源。贺雪峰教授在书中反思了当前乡村治理现代化的方向和路径，认为要审慎思考基层治理程序化、规范化、制度化的方向，强调乡村治理现代化要与乡村独特的社会性质、问题属性、工作任务相结合，因地制宜，保持简约、高效的乡村治理体系。

2021 年 6 月 27 日

政策沟通与政策谈判空间

上级通过政策沟通掌握、了解下级的情况非常重要，它是层级间存在政策谈判空间的基础条件。在频繁的政策沟通中，上级不仅可以了解下级执行某项政策的情况，还可以了解下级单位情况、科室情况、工作人员个人情况等。尤其是在县、乡两级，上级部门及科室对乡镇及站办的情况可谓了如指掌，那么在制定政策、推动执行和评价政策时，就会将它们所掌握的情况考虑进去。

层层加码

我国政府是一个分层级的权力体系，政令或规章在向下传递中，存在逐级增加新内容或提出新要求的现象，该现象被称为“层层加码”。对它的解释，最广为人知的是“政治锦标赛体制”，认为下级为了向上级发送政绩信号，在晋升锦标赛中能够超越横向竞争者，就会在分解上级指标时进行加码，使下级承担的任务要比上级下达的指标高。下级同样要加码往下布置任务，这样就使得每一层级所达成的目标都要较上级下达的指标高，这在有利于各级的锦标赛竞争和政绩呈送的同时，也加重了基层的负担。

在县乡调查发现，确实存在加码现象。上级的指标一般都可以量化，以便对下级进行考核排名。只要是涉及排名的，下级都不希望落后，为了不落后就要加码。除了加码竞赛之外，基层加码还有以下三个方面的考虑：

一是任务完成不均质。因为市级任务是既定的，县里要将任务分解给各乡镇，就要考虑到各乡镇在完成任务时是不均质、不平衡的，有的乡镇可以超额完成，有的乡镇可能完成不了任务。最后平均下来，要达到县里的目标，就得在目标值上加码。加码可以使条件好的、积极性高的乡镇完成更多任务，也可以使条件差或积极性不高的乡镇不拖太多的后腿。最后，各乡镇所完成的任务相加，会超出市里下达的目标任务。

二是挤压水分空间。上级预计下级在上报数据时会有水分，就要给自己留有挤压水分的空间。例如 GDP、税收等目标，假设市里给了县里的 GDP 增量是 10%，县里再向下布置任务时就成了 12%，乡镇给自己定的目标则是 15%，年底上报就可能高达18%。县级在挤掉一部分水分后上报15%，比市里给的指标高出5个百分点，这也是给市里留出了挤水分的空间。否则，县里若按12%上报，会让市里为难，使得市里挤水分的空间小，那么市里留给省里挤水分的空间也被压缩。而省里必然是要挤水分的，挤多了就完不成上面给它的任务指标，或者给上面留的挤水分的空间就小。为了给每个层级都留有一定的挤水分的空间，就必然层层加码。如此既能让下级加足马力干活，又能使上级在挤掉水分后仍能获得真实的目标值。

三是政策谈判空间。调查发现，在政府层级之间的制度运作上，留有下级与上级讨价还价的余地。上级制定的目标，下级可以通过砍价砍掉一部分，上级则默认下级有实际情况而容许其不完全达成政策目标。但上级的实际政策目标是不能打折扣的，为此，上级需要通过加码将下级砍掉的部分找补起来。这样，加码的增加部分正好与讨价减掉的部分对冲，还能够达到上级的政策目标。

政策沟通

谈判空间存在于上下级政府间，跨层级政府间则缺少这类空间，这与上下级政府间能够进行有效的政策沟通有关。

政策沟通是指政府及部门上下层级之间，就政策制定或工作任务的确定、推动、执行所进行的信息交流和交换。在政策制定过程中，上级政府（含部门，下同）深入下级（及一线）调研，召集下级开座谈会，了解政策实施环境和基础，征询下级意见，制定相对合理的政策。在政策推动中，上级通过动员会、调研、考察等方式让下级了解和理解相关政策，做通下级的思想政治工作，将他们的认识统一到政策执行上来，并掌握下级在执行中可能会存在的问题和困难，以便做好相应的政策配套。在政策执行过程中，下级向上级及时反映执行情况，反馈执行中的效果、经验及问题、困难，上级根据下级的反馈适时总结经验，调整和完善政策，并给予下级相应的指导和支持。

在县域，主要是执行上级的任务，自己制定政策的空间较小。因此，县级在制定政策上与乡镇的沟通较少，政策转换过程中也较少与下级沟通，只有在政策推动中才会主动与乡镇沟通。但是，随着上级政策的刚性化，推动工作中上级已较少与下级沟通，只布置任务、提要求。县域的政策沟通主要体现在政策执行过程中，乡镇反馈和上级下乡调研了解情况。

上下级政府间之所以能进行有效的政策沟通，与以下四个方面有关：

一是有积极的沟通意愿。一方面，上下级之间是政策共同体。在政策制定、推动和执行方面，上下级之间是闭环，上级的政策需要下级来执行，下级任务完成如何要看上级的态度

（包括支持和评判），上下级之间需要保持密切沟通。反观跨层级间，则没有相互之间的责任和义务，如省级不需要管县级的工作认识和态度，只要敦促市级就行，而县级也不对省级负责，因而省县之间不需要直接沟通。另一方面，上级需要制定相对合理的政策，推动政策时需要下级领会精神、提高认识、予以重视，这些都需要与下级保持密切沟通。下级在执行政策中则需要获得上级的具体指导、理解和支持。县里不会指望省里的直接支持，跨级要项目是偶然现象，不是对政策本身的支持；即便省里再理解县里的现实困难，做出结果评判的还是市里，省里插不上嘴，县里要争取的是市里的理解和支持。

总之，省里没有意愿直接跟县里沟通，县里也只有与市里积极沟通的意愿。在各层级中，最有沟通意愿的是乡镇和县级，二者都是执行层级，是政策责任的末端，政策执行得不好，都要被打板子。而省、市、县之间，作为政策传递层级，层级之间沟通需求相对县、乡之间要少。

二是有低廉的沟通成本。在物理空间上，无论是下级到上面去开会，还是上级到下面调研考察，都较为方便，交通成本、时间成本相对较低。在心理空间上，上下级单位之间、工作人员之间，由于工作直接对接，工作上相互依赖，人员上相互熟悉，甚至因长时间的工作对接来往而有较好的私人关系。那么，在工作沟通当中，就减少了许多刻板的公事公办，而增加了人情式的沟通协商，乃至支持、帮忙等，因而相互间的心理沟通成本较低。在业务情况上，上下级之间不仅熟悉双方工作业务的情况，而且工作人员之间彼此熟悉，包括对方的个性、脾气、工作习惯等，因此双方有许多共识、前提和潜隐知识，可以以双方都相对满意的方式进行沟通，节省了沟通成本。在县、乡层级，许多县级部门领导干部是从乡镇上去的，熟悉乡镇的工作性质、环境、情境与困难，一些乡镇领导也是从部门下去的，这种干部交流关系便于层级间沟通，也使沟通便于理解。

跨层级间则因为不熟悉而可能增加沟通障碍和成本。这也是为什么县级部门科室都希望乡镇主管相关业务的站办主任、工作人员保持稳定，这样才好对接。乡镇人员岗位换动频繁，部门就需要一段时间来熟悉，还要开展培训。层级之间对接人员相对稳定，有利于业务工作的开展，也有利于层级间的政策沟通。主管乡镇相关业务的人员越稳定，向县级部门要的项目、政策、支持就越多，检查考核时也便于居中沟通协调。

三是有便捷的沟通渠道。由于层级间工作人员相互熟悉，沟通渠道相对便捷、成型，非正式的沟通渠道包括私人电话（短信、微信）沟通、私人交往沟通等。县域社会是一个熟人社会，不仅副科级以上干部相互熟悉对方情况，许多人还会构成一个个紧密的私人朋友圈。相关业务工作人员也因为工作关系，在县域会建立自己的熟人圈子。现在乡镇站办所工作人员多在县城居住，与部门相关工作人员碰面、聚会机会多，有的还同居住在一个小区。通过工作关系构建私人关系，再通过私人关系沟通工作关系，不仅使工作关系更有人情味，还增添了工作沟通渠道。正式的沟通渠道包括办公电话沟通、打报告去函沟通、会议沟通、调研视察沟通等。

案例 M县政法委鉴于群众反映电动车偷盗情况严重，就出台文件在全县推广定位系统，在每辆电动车上安装“车卫士”，每安装一个需要车主出200元左右的费用。这个工作需要乡镇来推动。政法委负责该项工作的是刘主任，她有一次在私下场合碰到了H镇负责该项工作的站办主任，该站办主任跟她反映说H镇是偏远山区，不仅电动车少，而且农民都看不上电动车，电动车基本上没有被偷的，随便放都很安全。刘主任了解情况后，就对H镇及类似情况的乡镇做了政策调整，不再要求强制其安装“车卫士”，在考核上也做了改变。

四是有平等的沟通态度。首先，层级间都有沟通的意愿，都希望将政策落实好，双方也就能够心平气和地坐下来沟通、协商、讨论。都是作为执行端的县乡更是如此。其次，层级间掌握的信息相对一致，县乡之间干部交流频繁，信息一致性更强，一点就通，使得双方更能以平等的姿态进行沟通。最后，作为政策执行端的县乡，责任共担，县里更多地以平等的姿态而不是以上级的强制命令跟乡镇打交道。而一旦跨层级之后，上级主要是政策制定和推动端，掌握政策评价的权力，责任则在执行端县乡上，双方之间权力责任不对等，没有沟通协商的基础。比如省里下乡督查，不会给予乡镇解释的机会。

案例 在H镇，上级政府要求各乡镇便民服务中心统一安装像银行大厅一样的排队叫号系统，以更好地为民众服务。H镇分管副职认为，便民服务中心每天的服务对象就那么几个人，任何时候都可以做到即时服务，根本不需要叫号。分管副职认为不需要浪费两三万元购置叫号系统，于是她便向县级部门如实反映了该情况，并邀请相关领导到乡镇实地考察，随后上级同意了其不配置叫号系统的请求。

政府层级间常态化的政策沟通机制有着重要的功能。政策出台之后，是否符合实际情况，是否产生了负外部性，需要在哪些方面进行修正，都需要从执行端反馈上来。层级之间通过政策沟通机制，将政策执行中的情况反馈上去。沟通机制畅通、渠道多元，上级在沟通中越平等、越有意愿、越不抓下级的小辫子，政策反馈就越及时、真实、活跃。这样，上级也更容易获得政策执行的信息，以及下级情况的信息，从而对政策本身做出准确研判，以对政策进行修正及做配套补充。

谈判空间

上级通过政策沟通掌握、了解下级情况非常重要，它是层级间存在政策谈判空间的基础条件。在频繁的政策沟通中，上级不仅可以了解下级执行某项政策的情况，还可以了解下级单位情况、科室情况、工作人员个人情况等。尤其是在县、乡两级，上级部门及科室对乡镇及站办的情况可谓了如指掌，那么在制定政策、推动执行和评价政策时，就会将它们所掌握的情况考虑进去。

比如，农业部门推行的“单改双”（早稻种植）政策，县级农业农村局非常了解每个乡镇的可耕种田亩、抛荒田亩、浸水田以及大户种植情况，包括上报情况和实际情况，对“单改双”能够改到多少（只有大户种植的才改得成）基本上心中有数。因为了解，才会有针对性地出台刺激政策（如给大户补贴），在年终对乡镇“单改双”的考核中也不会对乡镇所报数据太较真，现场查看也是走走乡镇选好的点。

政策沟通机制对于谈判空间而言，最关键的在于上级“熟悉”下级，表现在以下五个方面：

一是因为熟悉，上级对下级就能同情性理解。下级有几斤几两，都在上级的掌握之中。当下级在执行政策过程中出现问题或困难时，上级不是首先督促、问责，而是给予同情性理解，体谅其“苦衷”和“不容易”，对下级遇到的问题感同身受。当政策非执行不可时，一方面，上级不是强压下级，而是做思想工作，将下级的思想统一到上级的政策上来；另一方面，上级会给予相关配套支持，解决下级的实际困难。如上面“单改双”政策，H 镇的任务重、困难多，向上级反映后，上级给予了该镇更多的支持性项目，以让小农户也能积极加入

“单改双”中来。

二是因为熟悉，上级对下级就能客观性归因。当下级执行政策走样，或无法百分百执行政策时，“事出有因”，上级给下级归因时会有两种选择：一种是主观归因，一种是客观归因。一般情况是，跨级上级是主观归因，认定某层级是主观上不重视造成了政策后果，也不会听该层级解释；直接上级则主要是客观归因。直接上级当然不是为下级开脱，他了解下级的情况，是不是主观因素他心里大致有数，因而他会更多地考虑下级在执行政策时的客观因素限制。加之上级要支持下级的工作，他更多地会从客观上给下级找原因，也就是从政策本身、从政策配套找原因，并可能在政策上给予调整以及增加相应政策配套，或者是降低下级的政策目标值，这也使得政策容易得到修正。比如，前面提到的安装叫号系统和“车卫士”两项政策，在 H 镇就直接取消了。

三是因为熟悉，上级对下级就能原则性通融。上级知道下级的实际困难、政策梗阻在哪里，一方面，上级在推动政策时，就不会太刚性、要求顶格完成，会给政策执行一定的弹性空间，给下级一定的自主性，以便下级能够根据本地实际情况贯彻落实；另一方面，在政策目标验收上，上级的态度也不会太刚性，不会死板到对标检查，而是在不违反原则的情况下，“能过则过”，适当通融。例如，在考核中，上级会秉持做了工作，没有功劳有苦劳的态度，一般问题不大、差不多的就给分；上下级之间沟通越畅通、相互越熟悉的，给的分越高。

四是因为熟悉，上级与下级就能关系性协商。就条线部门来说，上下级之间多没有隶属关系，上级不掌握下级的人、财、物等。上级要调动下级推动工作，需要有资源，其中一种重要资源是项目资源。下级部门某年度工作做得出色，那么下一年度上级就会多拨付项目资源。另一种重要资源则是保持与下级的良好关系，上级部门除主动与下级部门沟通外，一项重要举措是在政策推动、考核中，保持与下级部门的协商姿态。在上下级工作关系中，上级不能以为自己是上级就表现得公事公办，拒人千里之外，给下级以不可接触、不能沟通、不予解释的姿态。上下级关系的沟通性、协商性，使得下级跟上级在政策目标、政策配套条件、政策结果评价等方面，有了商讨议价的可能性。

五是因为熟悉，上级对下级就能合理性认可。上级制定的政策有时不那么接地气，到一线乡镇难以执行。如果乡镇要执行，要么一定程度上调整目标，要么变更执行手段，这都违反政策初衷。县级部门熟悉基层一线的情况，乡镇变更执行手段的做法需要它们向上做出说明和解释，给它们带来了一定的麻烦，但是它们会认同和认可乡镇的做法。这也是有担当的表现。

综上，政策沟通使得政府层级之间的关系不那么僵硬刚性、没有人情味，相互之间在政策上存在一个相互协商、相互讨论、相互理解体谅、相互讨价还价乃至相互博弈较劲的谈判空间。在政府政策领域，谈判空间是上级的原始价格与下级的保留价格之差，它是上下级之间政策沟通的结果。在政策的目标值一定的条件下，由于上下级之间政策沟通机制的客观存在，即便上级一万个“不情愿”——它也要完成上级的任务——也会在目标值上给下级打折扣。也就是说，只要政府层级之间有“政策沟通”机制，上级就会出于理解、体谅、同情、人情、关系、认可、认同、担当等不同原因，给予下级一定的折扣，从而使得层级间的“政策谈判空间”必然存在。该空间的大小与其层级间的“熟悉”程度有关，乡、村之间的空间最大，其次是县、乡之间。

从对县、乡、村的调查来看，这个折扣会在10%～20%间。因为谈判空间是既定的，双方都有这样的预期，即当上级给下级定了100的目标值后，下级不会加足马力完成100的目标，而是用80或90的结果向上交差。谈判空间有一定的伸缩性，下级只要在这个空间之内给自己的目标打折扣，就算完成了上级任务。政策谈判空间是政策沟通的结果。在具体实践中，下级要通过沟通，即向上级说情况、摆问题、讲道理、诉苦衷等，上级才会给予政策折扣。

政策谈判空间主要包括以下四方面内涵：

一是政策目标的伸缩空间。上级在制定政策时，目标就定得相对模糊，越是高层级，目标越模糊，给予了下级自主诠释目标的空间。而对于相对清晰的政策目标，下级跟上级沟通之后，上级会酌情给下级压缩目标值。如果下级的要求具有普遍性的话，上级就可能对政策目标进行调整。

二是政策落地进度的伸缩空间。时间是政策推动的重要维度，它涉及政策落地的进度。随着对政策执行过程管理的加强，上级对下级在不同时间点的进度要求越来越高，每个时间点上都有督导督查和进度排名，落后者还可能被通报批评。但是，执行政策端有自己的实际和考虑，它可能在某些时间段落后，但整体上不会落后，因此需要与上级沟通。比如，M县要对各乡镇社保进行核查，整体有时限要求，这就给各乡镇划定了核查进度。H镇考虑要把所有数据搜集齐后再入户，这样虽然在前期做基础工作使工作进度变慢，但是后期进度会加快。因H镇在前期工作进度慢，社保部门给分管领导施加压力，分管领导和站办主任沟通后，向部门说明情况，他们的做法获得了部门的理解和认可。当然，如果有确凿的原因，政策完成的整体时间拖后，通过提前沟通也可以获得上级的谅解。

三是政策工具的伸缩空间。政策工具即配套支持措施，既包括上级部门配套的资源，如工作经费及相关政策，也包括下级工具库里拥有的工具。如“给政策”就是一个典型的弹性政策工具。“八项规定”出台后，各单位发奖金受到严格限制，但上级通过给政策（多发一个月工资）的方式，对一些重要政策完成好的单位予以激励。

四是政策评价的伸缩空间。政策评价涉及下级单位的政绩、荣耀和面子。政策评价主要以政策结果为依据，但上级掌握评价的标准、尺度和权力，有主观性的一面，因此下级仍有沟通谈判的空间。

正是因为层级间有政策沟通，政策谈判空间必然存在。无论何种政策，上级在政策目标值上一定要给下级折扣，这样的话，上级就难以完成既定的政策目标。为了填补政策谈判空间带来的目标值差，上级政府在制定政策时，就会设定两个目标值。其中一个是实际目标值，假定为 80，这是上级要达到的真实的政策目标。政策实际运行中，一定有 10%～20%的折扣，而且越是低层级，层级间折扣越大。那么，如果以实际目标值给下级布置任务，最终获得的结果是 64～72，离实际政策目标有较大差距。为了弥补这个值差，上级在下达任务时就会在实际目标上加码 20%，下达 100 的任务。这就是加码政策目标。这样，在最高折扣下，也能获得 80 的实际目标值，而下级在最低折扣下完成政策，可获得 90 的结果，超过了实际目标。这当然是上级最愿意看到的。

我国政府体系是多层级体系，每个层级间都有政策沟通和谈判空间，越低层级空间越大，那么，为了达到实际目标值，每个层级在向下布置任务时都会进行加码，呈现的就是层层加码。比如，省里的实际政策目标是 80 的话，假定它给市里的折扣是10%，那么布置的任务就可能是88。市里给县里的折扣是15%，要达到的还是80的目标，那么县里定的目标就是94。县里给乡镇的折扣是20%，目标依然是80，那么它下达的指标就是100。这样，实际目标经过三个层级的加码后从80变成88、94，最后到100，但最终扣去各层级的折扣依然能够达到80的目标值。

形式主义

在M县，县里要求各乡镇到某个时间点打新冠疫苗的人比例为90%。按理说，乡镇也会依葫芦画瓢将任务强推给各村社区。但是，H镇并没有这么办，而是强调动员60岁以下的成年人先打；对于老年人，则让他们到乡镇卫生院检查身体，只有身体允许才能打疫苗。这是因为，乡镇担心老年人打疫苗容易出问题，会造成新的治理问题，还可能引发社会对打疫苗的负面反应，影响群众打疫苗。目前，H镇年轻人已全部打疫苗，只剩下约1万名老年人没打。老年人先做体检再打疫苗会影响乡镇的打疫苗进度（县里每天公布数据排名），进而影响全县的接种率。为此，乡镇一方面积极宣传动员，另一方面积极与县里沟通，说明情况，并获得了县里理解。

H镇之所以会获得县里理解，除了县、乡有沟通，有政策谈判空间外，还有一个重要原因就是县里给乡镇定的目标不是百分百，这也给层级间沟通谈判留下了回旋余地。一项政策只要是进行“顶格管理”，要求短时间内百分百按规定完成，就会有以下政策行为和后果：

一是政策刚性化，层级间没有谈判空间。政策执行“百分百”是死命令，本身就堵死了下级与上级讨价还价的可能。下级只能硬着头皮去做，所谓“有条件要上，没有条件创造条件也要上”。其后果是，下级要投入大量的资源，乃至使用不正当手段去完成政策任务，政策与实际不符，还容易造成负外部性，以及政策得不到及时反馈与修正。

二是数字目标完成，问题得不到真正解决。下级在短时间内、政策工具硬约束下，根本不可能顶格完成任务。但层级间没有谈判空间，下级必须完成上级目标值，那么下级向上汇报的政策结果必定是“百分百完成”。可能的后果是，政策所针对的问题在纸面上、数字上被解决了，完美收官，上下级皆大欢喜；但是，该问题却没有真正被解决，可是因为已“百分百完成”，上下级后面自然不再关注该问题（再关注不就打脸了吗），使问题一直存在。

三是形式化应对，使基层形式主义丛生。数字化完成政策目标是形式主义的表现之一。一项政策要求顶格完成，下级尚可集中资源应对下来。但当多数政策都要顶格完成时，下级的人力、时间、精力、资源都有限，免不了丢三落四、捉襟见肘、顾此失彼，许多工作只能以形式主义应付下来。

基本逻辑

本文的基本逻辑有三：

一是百分百顶格管理的政策，上下级之间没有谈判空间，政策被刚性执行，缺乏反馈和调整。

二是政策沟通机制使得政府层级之间相互熟悉，给层级间制造了一定的谈判空间。谈判空间给下级打上级政策的折扣提供了可能，上级为了弥补下级的折扣，就得在政策目标上加码。每个层级间都有谈判空间，政策在向下传递过程中每一层级都打上级的折扣，那么每一层级都得向下级加码，层层折扣与层层加码一中和，最终还是能够达成最初的政策目标。

三是跨层级之间没有沟通机制，也就不会有谈判空间，这是跨级督查比直接上级督查有力度、有效果的原因。跨级督查是顶格管理的政策工具。

2021 年 8 月 13 日

“领导出面”与“解放领导”

可以说，“领导出面”是最重要、最稀缺的资源。这种资源理应用在最重要的事情上，一般事情领导不应该随便出面。现在的问题是，各种会议、迎检大量占用了这个资源，使得领导难以抽身出来去做更重要的事情。“解放领导”成为当前最紧迫的事情。

领导会在哪儿出面

上级单位到下级单位搞调研、视察，下级单位要派人接待和陪同。主要领导出不出面、出面接待还是全程陪同，要视上级调研或视察组带队领导的级别，以及下级单位的重视程度来定。在上下级对等的前提下，如果下级非常重视，则主要领导会陪同整个过程；如果下级不太重视，则会派副职陪同，主要领导陪一次餐即可。在不对等的情况下，即下级主要领导高于上级调研、视察领队的级别时，则领导出面陪餐意味着领导非常重视。

无论是领导接待，还是陪餐，抑或是陪同，说的都是领导要出现在现场。仅就接待工作来说，“领导出面”是一项非常重要的资源。如果上级单位、事项或人员不是特别重要，领导往往不会出面，他会在更为重要的场合“出面”。

作为特殊注意力分配的“领导出面”

“领导出面”是一种特殊的注意力分配。领导注意力是稀缺的，领导不能同时关注、重视其管辖范围内所有的事情，他的时间、精力不允许他关注太多的事情，只能关注少数重要的事情。因此，领导注意力只能分配到少数重要的事情上。比如，某县领导这一年主要关注申请国家文明卫生城市、公民道德的教育，下一年关注精准扶贫和生态文明建设，领导将主要的精力和时间放在这些事情上，那么下面单位和工作人员也就要将主要的资源投放到这些事情上。在某些阶段，领导也会同时关注一些阶段性的事情，比如老上访户问题、国企改革职工问题、县城摩的整治问题等，以及其他领导批示过的事项，领导所关注的事情，必须有落实和回应。党政两办专门有盯着领导关注的事情的机构和人员，比如，领导秘书专盯领导批示的事情，督查室则督查领导推动的工作。

领导在一年度或某一阶段关注的事情虽然不多，却也有一定的数量，而不只是一两件。因为领导不是每件事情都需要亲自去做、亲自去督促，领导下面有一整套人马为他所用，为他完成他关注、重视的事情。领导亲自参与的事情，也就是需要领导出面的事情，则一般是领导推动的工作，策划、调研、协调、制定方案等都需要领导亲自出面推动。领导亲自出面的事情就是非常重要的事情。领导可以在同一时间内关注多个重要的事情，但是领导分身乏术，不可能在同一时间内亲自在多个场合同时出现。因此，“领导出面”是最重要的资源，好钢要用在刀刃上，领导不会什么事情都出面。

“领导出面”的逻辑

从构建工作关系来说，“面对面”是最有力度的。比如，乡镇主要领导要在行政村推动工作，既可以发文件，也可以打电话，还可以派工作人员下去。最有力度的是派工作人员下到村里跟村支书对接，工作人员代表党委书记，村支书一般不会怠慢。发文件的力度是最小的，村支书感受不到来自党委书记的压力，则对工作可以拖一拖、缓一缓。如果乡镇党委书记亲自到村里来督导工作，则效果最佳。这个时候，村支书会感受到来自党委书记的面对面的压力。党委书记到场，一方面表明他对该事情高度重视，另一方面则意味着人家党委书记亲自来了，你村支书还不重视起来？人家毕竟是领导，从最基本的工作关系来讲也是过意不去的。

从下级单位接待工作来讲，下级单位主要领导出面，无论是级别对等接待，还是下级单位高级别接待，显示的都是下级单位的重视。对于被接待单位来说，体验到的是被尊重和重视的感觉，给人家的印象分就很高。上级如果是来找问题的，也会尽可能将问题淡化，或者不会写入报告中；如果是来调研的，则会更多地看到人家好的地方；如果有资源分配，则会更多地想到人家。

从推动工作的角度来讲，上级下去视察、调研及检查，是完成自己的工作任务，也就希望获得下级的全力配合，使工作顺利完成。下级不同级别的领导出面，意味着下级单位对上级工作的重视程度不同，也就意味着下级配合的程度不同。越是主要领导出面，表明重视程度就越高，下级也就越配合上级的工作，上级工作完成得就越好。比如精准扶贫第三方评估，第三方到村里后，乡、村两级重不重视、配不配合，对于第三方工作的完成状况有很大的影响。如果乡、村两级配合度不高，甚至刁难，第三方的工作开展不力，就会对乡、村两级有很坏的印象。又如，省发改委进行产教融合调研，如果下级发改委重视，就不仅有学校、企业的现场调研安排，还会在市发改委举行包括发改、教育、人社、财政、学校、企业等多方的研讨会，这有利于省发改委更好地掌握情况。

中国的行政体制是条块结合，下级部门的人事、财政等掌握在同级的党委政府手中，而不在上级归口部门身上。因此，部门上下级关系不是纯粹的命令式关系，不是上级部门一纸命令、一个电话，下级就会执行。部门上下级之间的关系更多的是协商、合作式的工作关系。工作关系的构建需要面对面的沟通。这种情况下，上级要推动工作，由主要领导出面推动更便捷。

对于下级来说，资源是掌握在上级各部门手中的，需要通过竞争来获取，上级的资源给谁、不给谁，由上级说了算。下级除了做好基础工作外，与上级的工作关系很重要。如此，下级单位就需要与上级面对面构建起工作关系，而上级的调研、视察则是给下级构建和加强关系的机会。什么领导出面，则视下级单位主要领导对重要事务的判断和选择而定。下级单位主要领导有许多重要的事情需要他出面，如果在排序中，接待上级单位是最重要的，那么他就会选择在这个场合出面，否则他就会派副职出面。

亟待“解放领导”

可以说，“领导出面”是最重要、最稀缺的资源。这种资源理应用在最重要的事情上，一般事情领导不应该随便出面。现在的问题是，各种会议、迎检大量占用了这个资源，使得领导难以抽身出来去做更重要的事情。“解放领导”成为当前最紧迫的事情。

2020 年 10 月 16 日

基层领导开展工作的支持结构

领导开展工作的政治支持网络，主要有两个层面：对上要争取上级主要领导的支持，对下要建立自己的班底。领导的班底包括班子里响应自己的人和中层积极贯彻其意志的人。

上级主要领导支持

郑煌可谓少年得志，28 岁担任乡长。2013 年，年仅 31 岁的他调到本县最大乡镇任党委书记。该镇有全县最大的工矿企业及一些中小有色金属企业，镇域经济活跃，治理任务繁重。按照本县惯例，在该乡镇任职的主要官员都有比较好的前途。

郑煌的父亲担任过本县要职，与时任县委书记冯某关系较好，冯某对郑煌很信任。郑煌本人有政治抱负，希望能够在任乡镇党委书记两三年后，自己35岁左右升任县级领导。

但是，2015年底，冯某调任外县，县长邱某接任书记。新任县委书记对郑煌不待见，在工作上不给予支持，处处掣肘，在副县长遴选中郑煌未能如愿。郑煌憋了一肚子气，工作上就不那么卖命了，闯劲少了，保稳定的想法多了。后来，脱贫攻坚工作要求不动主要领导，郑煌就一直干乡镇党委书记到现在，已有七八年了，在全县属于资格比较老的乡镇书记了。

2020年全县脱贫之后，县里和乡镇的主要领导就要动了。2020年1月，县委书记邱某被任命为市人大常委会副主任，晋升副厅级干部，估计全面脱贫攻坚之后就会卸任县委书记。新任县长按惯例可能接任县委书记。郑煌与新任县长有很好的工作关系。一方面，作为乡镇党委书记，郑煌必须争取县里两个主要领导中至少一个的支持，如果一个都不支持就无法开展工作。没有主要领导支持，乡镇党委书记的工作就没有方向，也没有资源和动力，在乡镇的政治权威也就不高。既然跟县委书记走不近，郑煌就要争取县长的支持。

另一方面，县长刚调进来，也要寻求各乡镇在工作上的支持。他会通过各种渠道了解本县政治的相关情况，会主动支持一批乡镇党委书记。不受县委书记待见、被边缘化的领导干部，就容易成为他争取的对象。这样，郑煌和新任县长就结成紧密工作关系。新任县长接任县委书记后，郑煌就可能顺利升任副县长。

单位内部班底建设

当领导不能是光杆司令，既要得到上级主要领导的支持，在乡镇也要有一些积极响应者。在镇上，郑煌作为书记，在班子里有几个响应自己的人。申主任是他一手从普通干部提拔为办公室主任、副镇长、武装部长的。之外，还有两个是郑煌在其他地方任职时的下属，早于郑煌到该乡镇来。在班子讨论问题时，这几个人会积极响应郑煌的号召，营造和引导有利于书记的会议氛围。如果书记没有积极响应的人，班子里稍有几个副职提出不同意见，书记的方案就会泡汤。泡汤了几次，书记在班子里说话就没分量，在乡镇也就没有了权威，讲出去的话就没人听。所以，作为领导，每到一个地方都要培养几个能够积极响应自己的人，这样至少会在会上容易通过自己的决定。某镇新任党委书记的做法：一是把中层干部提拔为班子成员；二是笼络和重视班子成员中比较边缘的人，比如外地干部。

领导不仅在班子里要有积极响应自己的人，下面更要有积极领会自己意志和为自己办事的人。新任县长要在乡镇、委办局找这样的人，自己的意志才能贯彻得下去。新任领导来了之后，主动和他接触的人大有人在。越是有分量的人找他，新任领导的地位就越巩固，意志就越能得到贯彻。郑煌的两个老下属已经四十多岁了，基本上没有了政治前途，工作积极性不高，但在会上会积极响应、支持郑煌。申主任的政治生涯还蛮长，郑煌还能够支持他再进一步，因此他还有较大的冲劲，所分管工作的成绩都很突出。他担任办公室主任时，是郑煌开展工作的一把利剑。因此，能够积极贯彻领导意志的人主要不是班子成员，而是还有政治前途的中层干部，在乡镇是站办所一把手，在县一级是乡镇、委办局一把手。

政治支持结构

领导开展工作的政治支持网络，主要有两个层面：对上要争取上级主要领导的支持，对下要建立自己的班底。领导的班底包括班子里响应自己的人和中层积极贯彻其意志的人。乡镇一些有能力的普通干部，表现也积极，还有政治前途，也可以进入领导视野，成为直接领办领导事务的人。他们也可以成为领导的班底。

2020 年 3 月 5 日

迎检、暗访与加码

伴随着中央对政策推动力度的加大，各级逐渐建立起包括跨级督查、暗访督查、第三方评估、交叉检查等在内的督导机制。新的督导机制不仅较过去明察式督导检查要多元化、立体化，而且其内在逻辑也发生了较大变化。例如，县级在迎检和对待暗访上的策略大相径庭：迎检时，县级与乡镇共谋应对检查；暗访时，县级则与上级站在一条战线上，对乡镇的要求加码。

问题

笔者在 YX 县 B 镇调查时，当地正在搞农村人居环境整治，省市县都很重视，经常派督查组来督导检查工作。跟以往的检查工作不同的是，上级派的督查组主要采取的是暗访的形式，让乡镇干部猝不及防。之前乡镇干部熟悉的屡试不爽的迎检策略，已经行不通了。乡镇只能尽量降低被暗访组发现问题的概率，多派出人力到乡村巡查、督促，在大街小巷不留明显的脏乱差痕迹。但只要被暗访到了，不可能没有问题。乡镇干部称，面对暗访组，要想不出问题，只有祈求不被暗访到。B镇有个高速路口，省市暗访组下车必须经过该镇，该镇成为暗访的高发地带，基本上不存侥幸。

暗访强化了乡镇政策执行的刚性，让乡镇加大了工作力度，使政策执行偏差减到最小，同时也压缩了政策执行的灵活性空间。相反，过去乡镇对迎检之游刃有余，则表明乡镇对上级明察式督导检查有一套成熟的应对策略，政策执行的灵活性凸显，但也可能破坏政策的统一性。

伴随着中央对政策推动力度的加大，各级逐渐建立起包括跨级督查、暗访督查、第三方评估、交叉检查等在内的督导机制。新的督导机制不仅较过去明察式督导检查要多元化、立体化，而且其内在逻辑也发生了较大变化。例如，县级在迎检和对待暗访上的策略大相径庭：迎检时，县级与乡镇共谋应对检查；暗访时，县级则与上级站在一条战线上，对乡镇的要求加码。

迎检

“迎检”是“迎接督导检查”的简称。上级为了推动工作、评定工作结果，就要到下级单位进行工作的督导、检查、考评。工作过程中有督导检查，年底检查。所考核的工作种类繁多，在乡镇，包括为民办实事工程、党建工作、党风廉政建设、社会综合治理、扶贫工作、信访工作、人口和计生、城镇管理、行政审批、依法行政、文明指数测评等，粗略统计就有近百项之多。每个部门都有对应的迎检工作，分管副职一到年底就忙着整理材料、布置现场迎检。

年终的检查考核主要包括这么几项：一是专题汇报。对相关领域进行汇报，汇报包括口头汇报、PPT 汇报、专题片汇报，一些单位专门请广告公司打造专题片，PPT 如果有语音和影像则效果更佳。二是查看资料。根据台账资料数量要求、标准，对相关工作资料进行查阅，逐一对标，缺项则按标准扣分。三是现场查看。一些建设类、工程类、民生类、文化类的工作，还需要查看现场，具体如公路建设、居家养老等。四是反馈交流。检查考核后，检查方与被检查方一般有一个反馈交流的过程。

对待上级检查考核，乡镇一般有这么几个态度：一是争取好成绩，以获得上级的经济激励，如来年的支持、项目、补贴、福利等。二是副职主动争取，做出业绩。对政治晋升抱希望的副职除了在平常工作上要创造亮点外，还需要在年终总结汇报上进行包装，吸引上级领导的注意力。三是不求有功，但求无过。在资料的整理上不精益求精，通过“资料靠编”“现场靠演”等应付过关，争取考核排名在中等水平，不给单位丢脸。对于一些县级常委单位的检查考核，乡镇分管副职要重视一些，因为年终总结大会上乡镇党委书记要参加，如果排名靠后，乡镇党委书记会被要求上台做“表态发言”，这是变相的工作检讨。

除了年底的检查考核外，年中工作过程也有督导检查，最典型的如计划生育检查、脱贫攻坚检查，这些督导检查都需要查看现场、接触群众，这给迎检带来一定的挑战。一些督导检查在下去前，不通知抽检的乡村，不告知具体时间，甚至在检查组进村前一两小时才通知县乡。然而，这难不倒乡村两级：

一是层层召开迎检冲刺动员会，通宵达旦会战准备材料。遇到重要的检查，县纪委到岗督查。

二是县乡可以通过各种熟人渠道了解到检查组车牌号、抵达时间、抽检地点，乃至检查团成员信息。

三是县乡早已在沿线设了关卡、前哨，上级检查组进了县域范围，他们的行踪就在县乡的掌握之中，哪个时间点到了哪个地方县乡一清二楚。

四是县乡在各村布满工作人员，做通村民工作，将“计生户”“问题户”“上访户”都清出村庄，引导其他村民遇到陌生人询问相关情况要么不回答、要么说“不知道”。

五是在接受检查时，乡村干部故意让检查组绕弯子、兜圈子，拖延时间，降低其与群众“见面率”。

六是被检查出问题，拐弯抹角通过各种关系做工作、打招呼。

七是最大限度地将检查组接待好、陪同好、招待好，尊重和配合他们的工作，让他们更好地完成工作。上级检查组也是人，迎检方越重视，陪同领导级别越高，接待越周到，检查工作越顺利，检查组越会感觉受到了尊重，心里受用，对被检方的态度就不会只是公事公办。

某高校青年老师，他老家的县被国扶办抽到评估。第三方评估方是其学校某院的一位教授，评估成员是该教授的博士、硕士学生。该县副县长与青年老师素有联系，就找到他，要他跟该教授建立联系。青年老师通过学校的关系跟该教授建立了联系，沟通了该教授与副县长的关系。在评估过程中，某村是该县某中学的扶贫点，该中学书记则是青年老师的中学同学。在迎检过程中，中学书记拨通青年老师的电话，让青年老师与带队评估的研究生进行通话。青年老师让研究生多关心、体谅基层扶贫干部。某村检查中出现了三个问题，也由青年老师跟带队研究生沟通，处理意见是让基层做出情况说明、出具相关证据，以便于评估方总结讨论时有据可陈。

基层自己总结的迎检“真经”是：应付上面来人，能应付就应付过关；面对老百姓，争取他们配合工作。但也有应付不过去的。

中央某机关到西部某县监督检查脱贫攻坚，其中民生组检查饮用水工程情况，到一行政村检查。山下的小组情况都较好。山上还有数个小组，因为没通公路，爬上去要一个多小时。县乡工作人员劝民生组不要上去了，但民生组的几位老专家较为认真，一定要上去看看。等爬上去，一行人到水房时，县乡工作人员说没带钥匙（以为检查组不会到这里来），建议检查组就不检查了。民生组组长较真，让他们下山取钥匙。一两小时后，钥匙取来，打开水房检查，发现没通水，也没有相应的消毒设施。县乡工作人员十分尴尬，主管农村饮水工程的水务局局长因压力太大晕倒住院。经协调沟通，县乡连夜做了整改方案，获得检查方谅解。

县乡迎检有以下五个值得注意的地方：

一是只要是接到通知要迎检，县乡都有渠道掌握信息，有提前准备迎检的时间。即便提前一两小时掌握到具体检查点的信息，县乡也可以忙而不乱做好准备。这样，它们就可以制造现场，将达到政策要求的一面展示出来，而屏蔽没有达到政策要求的信息。如此，县乡就可以给自己腾挪出较大的政策执行的自主空间。

二是迎检信息相对对称，为人员关系介入提供了条件。只要知道上级某单位要到自己的地盘上来督导检查，县乡就有办法获取相关信息，进而可能对接到检查团里具体的人。

三是迎检是面对面的，检查组与迎检方是工作关系，双方可以交流，沟通信息。迎检方掌握被检查事项的充分信息，可以对相关问题进行补充、说明、解释。这增加了政策的在地化执行空间，地方约束条件可以被反馈作为参考。比如，扶贫第三方评估伊始，发现问题后，没有给迎检方解释的制度空间，给县乡工作带来了诸多被动，后面才增加解释条款。

四是县乡在迎检上是利益共同体，从上下级关系转变为共同体关系。省市对乡镇的检查，也是省市对县级的检查，县乡共同承担责任，县级与乡镇就要一同应对检查。在省市检查之前，县级会对各乡镇先检查一遍，这有三个目的：其一是督查乡镇做好迎接检查的相关准备，如资料、现场等；其二是督促查漏补缺，看哪些方面还没有做到位、哪些方面容易出问题；其三是训练乡村两级迎检，让乡村了解上级要检查什么、问什么、要找什么人等，起到演练的作用。在市一级，为了迎接中央、省里的检查，市里还可能组织市县交叉检查。检查和迎检很正式、严肃，但检查结果是为了促进各县乡的工作、熟悉检查的程序，不会因问题处分干部。

五是迎检是突击性工作，可以通过突击达到检查方所要的效果。那么，政策执行就不需要按照政策要求原原本本地完成，政策执行就可能打折扣，或者被选择性执行，或者被因地制宜地执行，甚至仅仅是做了迎检的工作。比如人居环境整治，迎检突击完全可以使全县、全乡镇农村人居环境在短短的一两天之内“旧貌换新颜”，而不需要去做日常性工作。

暗访

因为明察式督导检查有被“迎检”化的弊端，上级针对一些重要工作、一些突出问题，越来越多地采取暗访督查的方式。暗访督查不发通知、不打招呼、不听汇报、不用陪同和接待，暗访人员直奔基层、直入问题现场，采取白天访对象、看现场、察实情，晚上碰情况、谈问题、议对策的方式，不与县乡干部接触，结束后整理问题再通报、反馈给县里。县级相关领导会在第一时间对通报做出批示，并组织调查组开展调查核实工作，依规依纪依法进行查处和问责。这是暗访督查的一般程序。

从调查来看，暗访有以下七个特点：

一是不下检查通知。上级检不检查、什么时候检查，县乡不掌握信息，不能像迎检那样搞突击、做好准备。暗访往往是通报之后县乡才知道有过暗访。

二是检查组成员少。与浩浩荡荡数十人的检查团不同，暗访组人数在三到五个人，少的则只有两人，以年轻人为主，他们穿着时尚，少干部模样，携带包裹、相机进村，就像找亲戚、乡村旅游，难以引起村民、乡村干部注意。

三是检查组可能是第三方机构。有的暗访组是外聘第三方机构，县乡难以与它们建立联系，即便知道它们在暗访，也难以疏通关系。

四是带着问题走。暗访组与检查组不同。检查组以了解事实、督促工作为目的，不一定非要发现问题或带走问题，许多问题可以就地“整改”解决。暗访组有时是带着问题线索暗访，因而必须对问题情况有了解，带着详细的、有证据支撑的问题走。没有带问题来的暗访，也要带着问题走，因为暗访本身就是为了发现问题。没有带走问题，就无法体现工作。只要被暗访了，无论基层工作做得好与坏，都一定会有问题通报。

五是不接触县乡村。暗访组不接触一线工作人员，检查人员发现的问题是他们视角下的问题，而不是具体时空环境中的问题。检查组要接触县乡，县乡就可以将问题放置在具体环境中解释，可以呈现问题的客观性。比如，暗访组翻围墙进入一所老旧院落，发现一旱厕未改水厕，作为问题上报。而事实上，该户人家进城后五六年未回家，县乡不可能在未经允许的情况下给人家改厕，即便改了也用不上。但暗访组人员不了解这些客观因素，他们把问题的一个侧面变成了问题的唯一。因为无法解释，进而政策就得不到实践的反馈。

六是问题的超标管理。因为要带走问题，暗访组就得着力发现问题，对问题的定义就会采取宽视角或自定义，即超标管理。如纪委暗访，将基层工作人员办公室吃早餐、桌子上摆花瓶、办公桌上没放东西都给弄成问题；又如，农村干净的大街上突然有团纸屑、有坨鸡粪等，本是偶然现象，也拍照带回去变成必然的问题。

七是跨级通报问题。省市暗访结果一般以通报的形式告知县乡，但不直接处理问题。县级在接到通报后，相关主要领导要给予批示，显示重视，同时组建调查组进行调查，并处理相关问题和责任人。

暗访督查对政策执行及基层治理有以下影响：

一是做好日常工作。以人居环境整治为例，为防不测，乡镇驻村干部要天天下乡督促环卫人员尽职搞好卫生，督促村干部重视，向村民宣传环卫细节、习惯。

二是政策刚性。一方面，暗访消除了政策的模糊空间，政策需要对标、超标完成，一些不符合乡村实际的政策也无法灵活执行。另一方面，政策实践缺乏反馈，导致无法对政策进行适时调整和修正。

三是全域整改。除非是带着问题线索下去的暗访，否则一般暗访都是取点暗访，会将问题一般化。如一个乡镇暗访出了问题，就代表整个县有类似问题，需要全县进行整改，容易出现“一人生病，全家吃药”的局面。

四是层层加码。在检查组督查中，县乡是利益共同体，共谋迎检。但是在暗访中，乡镇出了问题，也是县里的问题和责任，因此需要县乡共同消除问题。县乡也有共谋的基础。但由于暗访无法通过共谋来消除问题，县里为了不被暗访到，就必须在上级暗访之前，先期督促乡镇做好工作，于是它也会搞暗访。上级暗访要求很严，县里为了不出现任何问题，在暗访中就会更加严苛，即在要求上层层加码。与过去检查中县里先检查一遍是为了促进工作、训练迎检不同，县里暗访到了问题，就会启动处罚程序。因为不知道上级什么时候会暗访，所以县里的暗访就得常态化。

五是加重处罚。省市通报问题后，县里为了表示对问题的重视，除了反应快、批示快、调查快外，对下面的处罚也从重从快，加大问责。县里向上表态，也一定程度上脱卸了自己的责任。

加码

不仅暗访中有加码，过去政策下达中也有层层加码的现象。但二者的逻辑有差异。

过去部门下任务，在时间、数量、要求等方面加码，目的是让基层能够达到基本的要求，而非为了追求“高线”要求。例如，某部门要求 80 分，县级加码到 100 分，乡镇则刚好做到了 80 分，达到了上级的要求。如果县级不加码，乡镇可能就只会做到 60 分，还达不到上级的标准。因为乡镇和部门有讨价还价的空间，部门推动乡镇工作无抓手，知道乡镇会应付、会打折扣，因此加码下任务，加码的正好是乡镇打折扣的。

现在加强了监督、检查、问责的力度，部门的许多工作被纳入综合考核，部门工作有抓手，乡镇不得不重视，应付、打折扣现象减少。但是，上级仍然对下级工作进行层层加码，有两个目的：

一是敦促下面出政绩、亮点，使自己在排名中获得好名次。如党建材料，省市要求县级是10项工作材料，县级组织部门给乡镇下达的目标则是15项任务，乡镇对村级再加码到15项以上，各级都要求下级创新。又如，省要求乡镇换届选举35岁以下班子成员占比30%，市里为了在该项工作排名中靠前，对县里的要求是60%，到县里则会做到80%以上。

二是督促下面更好地做好工作，以应付暗访等督查形式，不被上面发现问题及问责。

2021年5月28日

“体现工作”：基层虚事实做的逻辑

各领域工作部门党组要向同级党委汇报工作，实质上加强了同级党委对各领域工作的监督力度，下面就会形成真抓实干的工作氛围。各领域各部门也就会虚事实做，创造更多工作及加强对下级对口部门的工作监督。对于下级对口部门来说，它不仅要向同级党委政府“体现工作”，还要向上级对口部门“体现工作”。

为什么要虚事实做

笔者在乡镇调研发现，过去被认为很清闲、无事可做的机构，现在也忙了起来；以前比较虚的工作，现在也做实了。典型的如乡镇人大，过去除了每年开一两次会之外，整年都没多少事可做。人大主席作为乡镇仅次于党委书记、乡镇长之外的三把手（有的地方还次于副书记），正科级干部，在单位地位、威望较高，主要工作是分管一些急难险重的任务。乡镇人大除主席外，还会配备一名兼职副主席，或由党建办主任兼任，一般没有专职工作人员。

近年来，乡镇人大工作猛地增多了，主要是上一级人大下达了各种任务。乡镇不得不配备专职的工作人员来应对这些任务。要完成这些任务，除了做事，还要做好留痕的工作。留痕的工作要比做事花时间和精力多。规定动作包括每年两次会议，会议程序越来越严格，准备的材料、文件越来越多，还增加了对民生实事的票决制。增加了往县人大网站上传信息的工作，要求平时注意搜集本乡镇人大的信息并及时上传（如党建观摩有人大代表参加，信息要上传）；要求加强各乡镇人大之间的交流，必须在一年内完成与一个以上的其他乡镇人大之间的往来，简单易行的方式是联合起来搞活动、相互串门看点。一次活动下来，必须有这些留痕：活动前的策划书（包括活动内容、意义、流程等）、活动中的相册和资料（亮点手册）和活动后的总结。上级人大除了下达规定动作外，还鼓励各乡镇人大多搞自选活动。

到年底，上级人大会检查和考核各乡镇人大的年度工作情况，并进行排名，依据是纸质档案、人大网站及其他留痕。规定动作分数既定，没有完成则扣分；自选动作是加分项，自选动作越多、越具有创新性，加分越多。当然，加分有上限。

虽然乡镇人大工作并没有被纳入县里对乡镇的综合考核，

但是对于乡镇人大主席来说是分内工作，其并不想搞得太差，甚至还想出点成绩，在排名中露脸。乡镇党委书记也想包括人大工作在内的各项工作都出彩，尤其是在信息传播发达的今天，各项工作只要排名，党委书记都会第一时间知晓，如果排名不好看，自己脸面无存，给上级领导的印象也不好，承受的压力增加，从而要加强对各项工作的推动和支持力度。人大工作变实、变重要了，乡镇就要安排专门人员承接工作。其他工作也是如此。

其他虚的工作，如政协工作，在过去比人大工作还虚。一般乡镇都不设政协主席职务，只是由一名副职领导分管该工作。乡镇政协工作主要是联系和服务本乡镇的县政协委员，如果本乡镇没有政协委员，这项工作就是墙上的工作；有政协委员，具体工作也就是每年组织政协委员到村里、学校调研，慰问一两次，也不需要刻意留痕，而是年底以特定形式向上级政协汇报所做的工作，上级一般默认事实，而不会较真。近年来，该项工作也逐渐变实了，除了像人大工作一样有规定动作、自选动作及检查要有证明材料之外，上级政协还在探索把基层协商民主给抓起来。如果真这么做了，那么乡镇政协的工作就更多、更实了，说不定还要在村里增设相关组织。

过去虚的工作，还如节能减排，县一级的协调管理机构在发改委，由其出台节能减排政策和协调落实。乡镇一级没有专门的负责机构，而是指定党政办或党建办的工作人员负责。过去也就是年终向上面报告节约用水、用电和用燃气的情况，每年报告的数字比上一年的少一点，不需要专门统计和证明材料。这两三年，该项工作变成了一项耗时耗力的工作，上面规定每个月都必须报材料，材料上的数据必须是真实的，需要到相关部门打印用水、用电、用气的流水报表，作为证明材料，并且每个月都需要按照上面给定的标准制作档案材料。这些工作极大地增加了乡镇工作人员的工作量。

虚做的工作并不是不做，只是因为在轻重缓急排序中，属于“轻”“缓”的工作，但又必须做，因此就少做，或应付掉，而不是平均用力。

现在，乡镇的工作基本上都实做了。原因有两个：一是许多工作变成了从中央到地方的政治任务，到县乡后必然是中心工作，如党建、环保、安全生产等。二是上级对口部门下达越来越多的任务和要求，乡镇需要对标完成，比如上面说的人大、政协、节能减排工作。

现在的问题是，既然上面没有把一些部门工作转变为政治任务，那么，为什么上级相关部门会不断地加大对下级对口部门的工作布置力度？从中央到地方，为什么突然之间事情都变多了？都在忙什么？

如何“体现工作”

乡镇对布置非中心工作的上级部门增加工作任务的行为的

理解是："体现工作"，就是要展示它们也在做事、在工作。上级部门要"体现"的工作，有两种。一种是自己部门的专业性事务，这些事务只与它们自己部门有关。部门之间是有比较和竞争的，尤其是性质相近或相连的部门之间。其他部门都在做事，自己部门就也要做事，甚至要做得比其他部门更好。同样是文体部门，文化局与体育局的工作是有可比性的，看谁为辖区提供的文体服务多。即便相互之间不比较，向同级党委政府和上级对口部门发送政绩信号，也需要有可谈的内容，告诉它们自己做了什么。

另一种是政治任务性事务，也就是本级党委政府的中心工作，各专业部门用自己的专业资源去做中心工作，或在专业事务中体现中心工作。比如2020年初，疫情防控是各级政府的中心工作，各部门也没闲着，它们也要在其中做贡献，就要将抗疫体现在自己的工作上。例如，各地妇联统计、慰问从武汉返乡的妇女，小区物业将自己的工作人员拉到小区抗疫一线，餐饮行业为抗疫一线人员、感染者提供饮食，这些工作都会被统计进相关部门的工作之中，以体现它们在抗疫中做了工作。

要体现工作，就要做事。做的事越多，就越能体现工作。为此，上级部门会做几件相辅相成的事情：

一是虚事实做。过去不需要体现工作的时候，一般部门的工作，要么虚做，要么实做的较少，工作下达到乡镇后，乡镇的工作量不会太大，乡镇会有轻重缓急地安排自己的事情。如今，每个部门都要体现工作，那么各个部门首先就要将已有的虚做的事情变实。人大、政协的工作就如此。上级布置任务，下级做事。下级做事了，上级的工作就完成了，也就体现了上级的工作。

二是制造工作。上级不仅要将已有的往下布置的任务做实，还要多做事，以更好地体现工作。体现多做事或为了多做事，上级就会不断地增加做事的部门或科室，典型的如组织部门的组织科，从之前的一个科室变成三个科室，一个科室的工作变成三个科室的工作，把以前不做的事情纳入进来做了，直接增加工作量。各个科室相互竞争，还不断创造工作形式和工作内容，这也会大量增加工作。这些工作最终都要落实到乡村两级来，也就必然增加乡村两级相关部门、科室的工作。如党建工作不断创造出来，每年都增加内容；安全进校园，虽然每年做的事一样，但主题不同，所有的材料每年都重新做一遍。

三是工作规范化。上级不直接做工作，它要体现工作，就必须保证下级真的做了工作，也就是要对工作进行监控。过去许多工作，乡镇报告上来就完事，现在不能再这么做了，乡镇不可信，万一它虚假报告，上级的上级检查出来问题，上级的工作就体现不了，还要受处罚。为了保证乡镇按照自己的意图做事，上级下派任务时就会相应地下派规范，要求下级按照规范来做，自己也按照规范来检查验收。对于下级来说，按照规范做，各步骤都留痕，也是在证明自己做了事情，好向上级交差。对于上级来说，下级按照规范来做了，结果就不会偏离预想，它才能以此体现工作。如上文提到的节能减排工作，上级规定下级每月汇报所涵盖的具体的内容和材料，下级按部就班、按图索骥地做，这样上级能体现工作，下级能够应付检查、完成工作。

这样一来，到乡镇之后，过去虚做的事情要实做了，要做的事情越来越多，还得按照规范来做，工作量就成倍地增加。

为什么要“体现工作”

从中央到地方，各级部门都要“体现工作”，许多虚事都实做了。那么，为什么各级部门都要“体现工作”，它们的“工作”体现给谁看？主要是给本级党委政府看，与以下原因有关系：

一是加强党对各领域工作的领导。这是最根本的原因。十八大以后，为了加强党对政府、人大、政协、法院、检察院、纪检、政法等工作的领导，这些领域的党组织定期要向同级党的常委会汇报工作。同级党的常委会主要监督的是各领域党组织对相关工作的政治、思想和组织领导。各领域党组织要汇报相关情况，需要结合具体所做的事情来谈，也就是首先要谈自己做了什么事情，在这些事情中如何体现进一步加强党的领导。加强党的领导要体现在具体工作中，那么首先是要做事，不做事也就无所谓党的领导，各领域于是就开始抓做事。过去虚事比较多的部门，现在也要做实了，否则就没有汇报的内容，何以体现党的领导？如县级人大的工作要体现党的领导，不仅本级人大的工作要真抓实做，还要监督下级人大的工作做实做硬。又如妇联工作，本来就是搞搞联谊、做些小维权活动，但这些活动拿不出手，就要创造一些新的工作形式，还要让下级妇联组织创造性地开展工作、总结工作创新。多做多体现，各级各部门就要不断地、争先恐后地创造工作。

特别是，针对上级或同级党委政府的中心工作，各领域都要在其中体现自己的工作。这样既能表达各领域的“看齐思想”，又能向同级党委政府表功。比如在脱贫攻坚中，县级政协在其中做了哪些事情，政协党组向同级党委汇报工作时一定要有所体现，那么，在工作中就要创新工作形式，将政协工作融入脱贫攻坚中。统战部门的脱贫攻坚工作主要是向各界人士募捐，形成扶贫资金。县巡察组将被巡察单位在脱贫攻坚中的工作作为巡察重点。县纪检部门则将扶贫资金的使用作为重点监督执纪的领域。不做这些事情，就无法（充分）体现它们在脱贫攻坚中的工作，对于相关单位来说，也就无法充分体现其工作中党的领导。

各领域工作部门党组要向同级党委汇报工作，实质上加强了同级党委对各领域工作的监督力度，下面就会形成真抓实干的工作氛围。各领域各部门也就可能虚事实做，创造更多工作及加强对下级对口部门的工作监督。对于下级对口部门来说，它不仅要向同级党委政府“体现工作”，还要向上级对口部门“体现工作”。

二是领导印象的重要性提高。在县乡村基层，做什么事情都要讲政治。非重要部门下达任务给乡镇，乡镇应付了事，部门领导跟乡镇党委书记说要讲政治，党委书记不得不重视。只要上升到政治的高度，下面的回旋余地就少了。虽然某项工作对于乡镇来说不重要，但它是全县工作全局的一部分，如果因某乡镇的工作影响了全县的工作，乡镇党委书记就会被认为大局意识不强。县里对乡镇的综合工作考核，各乡镇都力争排名靠前。而对其他非中心、非重点工作的单项排名，乡镇主要是做到不落后。虽然这些工作不进入综合考核范畴，但是每年的考核排名县主要领导都会看到。总是排名太靠后或退步明显，给县领导的印象就不好。尤其是县委常委分管的工作，如果做得不好，乡镇领导在常委面前失分，对以后的工作、晋升都会有影响。如果乡镇一年有一两项工作排名靠后，其余排在前面，领导会认为是失误造成的。如果有多项工作都排名靠后或退步明显，那就不是工作方法的问题，而是政治态度问题或施政能力问题，若留下这样的印象就很不好。如果所有工作都排名靠前，不仅所付出的代价、成本过高，若一不小心某年掉了下来，还会引起领导的注意。所以，正确的做法是，非综合考核的工作，有几项靠前，大部分在中间位置，一两项靠后。这样，这些工作就不会给领导留下好或坏的印象，因为领导看的主要是综合排名。当然，如果某项工作乡镇不重视，总是排名靠后，上级对口部门领导也可能会向县主要领导报告，说该乡镇不讲政治、不讲大局。

“体现工作”带来体制僵化

上级体现工作，下级不仅要做工作，还要证明做了工作，工作量就大增。从上到下都在忙，都在创造工作让自己忙，也让下面的人忙。过去被认为清闲的部门，现在也忙了起来。乡镇在最基层，上面创造的工作，许多都要到乡镇来落实，其工作人员就得满负荷运转。本来，乡镇许多站办所的事情并不多，乡镇便可根据事情多少给站办所配备人员，以及根据事情的轻重缓急、工作人员特性等实行混编混岗。比如，乡镇人大事情不多，不仅人大主席要分管其他的工作，而且人大的其他编制也被配置到其他机构和岗位。但是，当人大的事情多了之后，就需要有人干活，人大的编制就不能被抽调了。

其他站办所也是如此，结果是固化了乡镇的编制、岗位和人员，乡镇进行机制创新、灵活应对的空间被压缩，最基层的体制变得越来越僵化，进而难以应对复杂多变的基层社会。

2020 年 12 月 5 日

乡镇人事权的限度与突破：

以普通干部选聘岗位为例

普通干部选聘岗位，这种选聘机制作为一种人事安排机制，是党委书记人事权的重要体现。乡镇党委书记通过机制创新，使其在缺乏人事建议权的情况下，能够将普通干部的主体性、主动性和积极性调动起来，激发他们的内在工作动力。

普通干部跨单位流动

笔者在M县H镇调查时，发现H镇领导干部向外流动频繁：从主要领导来说，五年换了三任党委书记，其他班子成员在两三年内基本上也会更换一遍。乡镇中层与普通干部两三年时间有四十多人向外流动，加上流出的班子成员，达到了全镇在编人数的一半。

中层和普通干部向外流动的方式主要是借调（现改称“跟班学习”），工作单位、岗位变化了，但级别并没有提升。借调主要是借调到县城的委办局和M县南部工业乡镇，借调委办局上班离家近、工作相对轻松，借调南部乡镇收入高、离县城近。借调一段时间，再将关系转到借调单位，还能增加晋升空间。

与班子成员更换快、普通（中层、一般）干部外流频繁相对应的是，普通干部向副科级干部晋升的概率并不高。这次换届才有两人晋升副科级，到其他乡镇任副职。在此之前，较少有中层直接在本镇升任副职的现象，多数是在本镇工作过，调到其他单位再提。

如果说，不同地方班子成员更换有快有慢还好理解的话，那么一般乡镇的情况是，中层及普通干部基本上流动不了。而H镇却大量流动，里面肯定有“蹊跷”。

人事建议权的限度

在许多中西部乡镇，鉴于乡镇在完成上级任务时压力增大，县里给予了乡镇党委书记更大的人事建议权。一方面，党委书记推荐的中层晋升副职名单，县组织部门即便不照单全收，也会两三人中通过一两人，这样就使得党委书记在中层、普通干部中有威信，加强了党委书记对他们的组织动员。另一方面，党委书记配备班子、评价班子成员的权力增大，组织部门在配备乡镇班子成员时会征询党委书记的意见，党委书记推荐的人选组织部门也会给予更多考虑。党委书记对班子成员的评价在他们被提拔重用中的权重变大，这样党委书记就可以更好地团结和动员班子成员干事创业。

然而在H镇，党委书记的建议权却并不凸显，甚至党委书记看中并极力推荐的中层正职也上不了副科。笔者调查的老资格中层领导方主任，是某重点大学毕业的高才生，转业到H镇，在多个中层正职岗位干过，有能力、有情怀，工作扎实，群众基础好，领导喜欢。换届时，上一任书记一面不遗余力向上推荐他，一面建议他到组织部多走动、多汇报。但是，方主任因为性格原因没有这样做，于是即便他呼声很高，党委书记做了很多工作，他依然没有成功晋升。他已经有了多次这样的经历，早已做好了一辈子待在镇上的准备。

在M县，像H镇这样党委书记人事建议权相对其他地方较小的情况，有两个主要原因：

一是M县财力雄厚，不仅给乡镇工作人员开得起高工资，还能够给予非工业乡镇大量转移支付及项目资源。这样，乡镇工作人员推动工作的积极性不一定来源于晋升，乡镇党委书记也不需要通过晋升流动来调动下面人员的积极性。高额工资、财政自主本身就蕴含着较大的激励。既然不需要党委书记的人事调动，工作人员就能够将工作干好，上级组织部门也就无须给予党委书记更多人事建议权。而普通中西部县乡，乡镇党委书记要完成上级任务、要出政绩，就需要调动人来干活，他的干部推荐权就很重要。

二是M县各部门都很有钱，每个部门、科室都有大量的项目资金，它们掌握项目分配权，通过项目与乡镇（村组）建立支配关系。南部乡镇是工业重镇、财税大镇，乡镇班子成员、中层都有较大的资源分配权力。如此，M县各科局领导、乡镇的副职以上岗位都是极其重要的岗位，也就是有权力、有资源的岗位，决定谁来充任这些岗位的权力是重要权力。组织部门掌握全县科级干部的任免权，它自然不想这些权力旁落他人，或赋予乡镇党委书记。它牢牢掌握科级干部的决定权，就可以形成对这些干部的支配。这就是为什么在方主任谋求晋升的过程中，党委书记还要他去组织部走动的缘故。

如此，乡镇党委书记的人事建议权就很小，他也就无法构建与副职、中层正职的人事支配关系，副职、中层正职干部在晋升流动、提拔重用上就不会走“党委书记的路子”，而是走组织部门的“上层路线”。乡镇最需要调动的人，党委书记在人事上无法形成支配，这是乡镇人事权的最大限度所在。

人事上的“八仙过海”

H镇是明星乡镇，具有很强的政治性，能在该乡镇任职是领导干部很漂亮的履历。因此，这里的班子成员都有较好的政治前途，他们要么被提拔、要么受重用。但是，H 镇是农业乡镇，基础设施、环境都已相对完善，农业、旅游都难有新起色，也是就说，在 H 镇很难创造亮眼的政绩。那么，既然调到 H 镇工作是漂亮的履历，而在 H 镇又不能创造政绩，那么，到 H 镇来的领导干部主要是"镀金"，来了一两年就要走人到更高级别或更重要的岗位。所以，H 镇的主要干部及班子副职任职时间都不长。这是一方面。

另一方面，由于 H 镇的班子成员都有较好的政治前途，所以，充任班子成员的就多是从科局、其他乡镇空降过来的干部，而不会是本乡镇上来的中层正职。H 镇班子成员的前途高度确定，这些岗位成为全县的香饽饽，县里科级干部都盯着，组织部门紧握权力。空降本身挤压了乡镇党委书记的人事建议权，使乡镇党委书记无法从本乡镇中层遴选补缺，进而也就使得本乡镇中层及以下干部向上流动的空间缩小。空降副职各有"神通"，在人事上不依赖于和不束缚于乡镇党委书记；加之，乡镇党委书记无力将干部推出去。因此，乡镇普通干部在本镇待着也就晋升困难。

于是，很多中层及一般干部，就以借调或跟班学习的形式先调到有资源、晋升机会多的单位，等在乡镇服务五年期限到了后再正式转关系。无法借调走的年轻公务员、事业编，就通过考公务员走掉。即便是从本镇晋升上去的，走的也是党委书记之外的路子。那些没有调动的本地人、通过招考（转业）进来又没有考走的外地人则被留了下来，成为 H 镇的“老乡镇”。45 岁的方主任就是典型的外地人“老乡镇”。

人事权的突破

既然乡镇党委书记对中层干部晋升副科的人事权较小，那么，他如何调动这些留下来的干部的积极性？乡镇中层干部是乡镇宝贵的财富，他们在乡镇待的时间长，工作经验丰富。他们被调动起来，乡镇就活了。乡镇党委书记除了人事建议权外，还有任免中层、调整干部分工的人事决定权。在 H 镇，就是通过普通干部选岗和中层竞岗的选聘机制，将中层和普通干部调动起来。

在乡镇换届完成后，乡镇会组织岗位竞选大会，将各个岗位、职位摆出来竞选。想竞聘中层副职、正职的工作人员，无论是否担任过中层职务，都可以报名、上台演说，然后全镇干部投票，票数多的当选，同一职务票数相同的由班子成员定夺。中层竞聘机制从以下四个方面调动起了中层干部的积极性：

一是岗位是主动竞聘的，非领导安排的，再苦的果子也要吃下去。这就使得占据中层岗位的干部必须让自己适应岗位工作，在岗位上做出成绩，这既关系到面子问题，也是自我证明的需要。就像长辈不满意的自由恋爱婚姻，婚后要经营好家庭生活才能证明自己的选择是对的。

二是竞聘上岗使人岗、人事匹配度高。中层干部做自己喜欢、适合自己或挑战自我的事情，使做工作本身就带有激励效应。

三是自己所选更容易当作分内的事情。中层会对工作生发出内在的责任感，将工作当作自己的事情，而不只是完成领导、上级交办的任务，工作中会更有积极性、主动性。

四是中层是被选举出来的，表明中层获得了全镇领导干部的认可，这既是荣耀，也是责任，因而中层有动力、压力将工作干好。

普通干部选聘岗位也是上述道理，在选的过程中已经“挑三拣四”过了，工作中就不能再“挑三拣四”了、不能再抱怨了。

这种选聘机制作为一种人事安排机制，是党委书记人事权的重要体现。乡镇党委书记通过机制创新，使其在缺乏人事建议权的情况下，能够将普通干部的主体性、主动性和积极性调动起来，激发他们的内在工作动力。

人事建议权与决定权是两种不同的人事权。乡镇党委书记在争取建议权的同时，应该更多地通过决定权寻求人事突破和创新，使人岗、人事、人人匹配度更高，内在地激励乡镇干部。

2021年8月10日

“县官”不如现管：多层级视频会成负担

> 对上一级来说，它必须启动工作推动体系，才能让下级动起来。对下一级来说，它只对上一级负责。上一级的态度决定下一级的重视程度。某一级要对上一级布置的工作负责，就要通过开会动员下一级，多层级视频会也就必然会演变为逐层级的多层级视频会，从而增加下级的会议负担。

会议为什么会越减越多

会议负担是政府领导干部的沉重负担。中央出台八项规定以后，各地大力精简会议活动，改进会风，包括合会、套会、短会、减会、电视电话会等，提高了效率，降低了成本，取得了一定的效果。但是，笔者在县乡调研时发现，县乡主要领导、部门负责人仍然抱怨会议太多。乡镇党委书记一天要到县里开两三个会，会议的主办方都认为自己的会议重要，要求党委书记参加，不参加就认为其不重视。会多的一个重要原因是自上而下安排的事情、任务多了，这些事务都要到县乡村来落实，就要开会布置安排，要有人去认领任务。

同时，乡镇和各部门都反映：电视电话会议成了基层普遍的新负担。主要表现为：中央部委开了会，原本各级人员已经了解了会议精神，但下面每个层级、每个领域还要开会传达。这类多级视频会，基层领导干部一提就头痛。从中央部委下来的视频会，乡村两级干部要重复开五六次同样的会。

那么，中央部委开过的视频会，为什么下面各层级还要将同样内容的会分别开一次？

为什么要召开多层级视频会

也可以倒过来追问，既然每个层级都会重复开视频会，中央或省市的会为什么不只开到下一级，而是所有层级及相关者都被要求参加？

中央或省市召开的多层级视频会有以下三个目的：

一是减少会议负担。上级希望通过一次会议让所有相关者知晓会议精神，减少各层级的层层传达，直接减少会议的次数，省时省力。除此，还可以减少会议组织、参会交通、会议资料、会议食宿等成本。中央部委召开视频会后，并不要求下面各层级召开会议，而是希望一线直接执行任务，各层级给予督促检查。

二是烘托规模效应。现场会议如果人少，可以选在较小的会议室，气氛照样起得来。但是，电视电话会议，如果视频中人员稀少，既不好看，也没有会议氛围。将所有层级的相关人员都纳入进来，首先在场面上具有了规模效应；其次，在会议主办方的总结汇报上，参会人员有层次、有规模，既体现了组织者的组织力，也表明会议有成效。

三是确保意图直达。从中央部委到乡村，中间有三四个层级，层层传达会议精神，不免会有信息模糊、截留、失真、走样的可能，中央意志到一线会大打折扣。而若召开多层级视频会，最基层的执行层也能与其他高层级一样同时领会中央精神，在执行中就会不折不扣。多层级视频会使得中央部委直接对接基层，减少中央与基层的信息不对称，避免信息的多层级加工，确保信息传递的准确性、及时性。

下级为什么要召开同样的视频会

中央、省、市召开多层级视频会，既传达了精神、布置了任务，又减轻了会议负担、解放了干部。但是，以下层级并未实质性减少会议，反而增加了会议次数。就县乡干部来说，按过去现场会惯例，只需要开两次会即可，一次是上级召开的会议，一次是组织传达精神的会议，乡镇干部可能只听一次会就行，再直接落实会议精神。而召开多层级视频会后，县级领导要参加中央、省、市组织的会三次，还有自己组织的一次，共四次，乡村干部则要参加五六次会。

中央召开多层级视频会后，省里再召开同样的视频会，其中也包含中央开会的三个目的，下面市、县、乡也会这么思考。省、市、县、乡召开多层级视频会，还有三个目的：一是向上一级发送自己重视该问题、做了相关工作的业绩信号；二是根据中央视频会的精神，提出结合本辖区实际情况抓好落实工作的要求；三是督促下级重视、落实，起到思想动员、布置督促工作的作用。

体制内以文件落实文件、以会议落实会议，层层开会，层层陪会，而不是抓成效，常被诟病，也确实需要批评。但是也需要理解的是，上一级不下文或不开会，或者重要领导不陪会，给下级的直接印象是上一级政府、部门及其领导不重视某个事情，那么，下一级也不会重视这个事情，在执行中就会打折扣、应付了事。上一级文件级别、会议规格、陪会领导职级等越高，说明所涉事情越重要，下一级就越要重视；反之，则不重要、不重视。中央召开的多层级视频会，只起到了对省级的动员、督促作用，对其他层级只有信息传递功能。

中央召开了视频会，阐述了重要精神，要求下面给予重视，各级都明白了中央的态度。但是，如果省里不召开同样的会议，市里就不会秉持与中央同样的态度开展工作；市里不召开会议，县里也重视不起来，就可能当作没这个事；县里不开会，乡镇该干什么还干什么，不受中央视频会的影响。或者说，中央、省、市、其他县开会了，本县没开会，乡镇干部会认为这个事情在中央、省、市及其他县很重要，在他们县就不重要，因而不会认真对待。

于是乎，为了让每一层级乃至每个领域、单位都重视，那么，每一层级就得再开会。

“县官不如现管”的逻辑

之所以多层级视频会会变成逐层多层级视频会，与“下管一级”“对上一级负责”的体制运转逻辑有关，也就是“县官不如现管”的逻辑。表现如下：

一方面，上一级领导掌握了下一级领导的人事权、财权或者评价权，上一级领导重视、安排的事情，下一级也要予以重视。在“下管一级”的体制下，下一级做的所有工作都是做给上一级看的。从评价角度看，工作做得好不好，由上一级认定、奖惩。从担责角度来说，下级对上一级负责，而不对上上级负责，出了问题也是上一级给予追责，而非上上级。所以，下级重不重视某项工作，主要与上一级对该项工作所持态度有关系。

另一方面，工作的推动需要启动工作推动体系，包括诸如联席会议（指挥部）、一线办公室、信息报告、督查督导、评估评价等。就乡镇党委书记与县委书记的关系来说，县委书记不是一个人，而是一项制度、一个体系。县委书记对某个事情重视之后，县委县政府这个体系就会运转起来，包括政府、纪委、组织部、督查办、考核办、巡察办等及其他相关单位都会跟进，根据自己的职责参与推动该项工作。这是一套推动工作的体系，各部分之间相互协调、相互促进、相互监督。工作越是重要，这套体系就越显得完整。

县委书记召开工作动员会，不仅仅是乡镇党委书记参加，党委政府这套体系也在里面，会后它们就会动起来。通过开会可以达到宣传动员、制定细则、部署实施的目的。而县委书记不召开会议，这套体系就不会为该项工作运转。上一级部门负责人也是一套体系。这套体系动了，下一级才会动起来。最简单的就是，县委书记直接给乡镇党委书记打个电话交办事情。打电话与开会、下文一样，是启动工作推动体系的方式。上一级工作推动体系运转起来了，下级部门还没有动，相关部门就会开启督查、问责，逼着它动起来。假若中央开了会，县里没开会，意味着县里工作推动体系没有启动，乡镇也就没有动起来。这就是为什么基层干部会有这样的意识——“有些工作不开会，好像就不知怎么开展；领导不讲话，好像就不重视”。

总之，对上一级来说，它必须启动工作推动体系，才能让下级动起来。对下一级来说，它只对上一级负责。上一级的态度决定下一级的重视程度。某一级要对上一级布置的工作负责，就要通过开会动员下一级，多层级视频会也就必然会演变为逐层级的多层级视频会，从而增加下级的会议负担。

2021 年 5 月 24 日

第四篇

基层干部的激励与发展

综合考核变“全中心”工作考核：激励功能弱化

当“单中心”工作变成“多中心”工作、“全中心”工作时，各乡镇对各项工作都必须高度重视、平均用力，那么各乡镇的整体工作就不差，或者都差不多，进而使得综合考核不再能彰显各乡镇的差距，尤其是不能凸显由于领导注意力偏向和创造力带来的差异，也就不能用它来对乡镇主要领导进行评价。也就是说，综合考核变成“全中心”工作考核后，其性质就从对乡镇主要领导的政治考核和评价，变成了纯粹是推动乡镇整体工作的一种机制。

考核是上级单位按照一定的标准，采取科学的方法，衡量和评定下级单位完成职责任务的能力和效果的管理方法。考核的目的是评价前一阶段下级工作的状况，鼓励下级更好地做好下一阶段的工作。县级考核主要有四类，分别是部门考核、综合考核、单项考核和观摩考核，不同考核类型的主体、性质、内容、目标及结果运用有差异。

部门考核

部门考核是县级职能部门对乡镇完成本部门业务范畴工作情况的考核，考核主体是各部门内部科室组成的考核小组。部门考核是部门内部行政工作的一部分，属于行政性质的考核，考核的目的是总结业务工作推动中的经验、发现问题、激励乡镇改进工作、强化本部门业务工作在乡镇的推动。

由于部门业务工作相对稳定和有规律，考核内容也相对固定。比如交通方面的工作，交通建设是主要的考核内容，差异在于具体的道路、桥梁建设。因此，部门在年初一般不会发布该年度要考核的目录概览，变动在于年中突然增加的重要工作任务，这些工作任务在年终考核中所占权重较大。

部门考核一般一年只有年终一次，但一些部门为了推动工作，特别是上级交办的重要的部门工作，会成立工作督导检查小组之类的工作组，在年中时对各乡镇进行督导检查。检查的结果有的直接列入年终考核，有的虽然不直接列入，但是检查时的印象会影响年终打分。

在十八大之前，部门考核普遍较虚，尤其是群团部门的工作考核。每年 12 月份是考核月，是乡镇最忙的时候。部门到乡镇来考核，一般转悠一天，分管副职接待陪同，在办公室座谈一下，查看一下前一天做好的材料。主要是要招待好，饭要吃好、酒要喝好。只要没有出现原则性问题，部门考核的结果都不会太差，乡镇之间的排名也相差无几。乡镇主要领导对部门考核的态度是：只要结果不太差就行。即便是常委部门，如纪委、组织部、统战部、武装部的工作，由于大部分没有列入县级中心工作，有的列入了也比较虚，如组织部门的党建工作，所以也被当作一般部门的工作对待。

因为县级中心工作较少且固定，一般部门的工作难以纳入中心工作范畴，部门为了推动自己的工作，就需要依靠与乡镇主要领导或分管领导的私人关系，以及部门项目支持。因此，部门考核的结果运用主要有两个：一是下一年度项目支持力度。乡镇对部门工作支持力度大的、推动工作效果好的，下一年度就多给项目资源。二是将表现特别差或者在跨级检查中出了问题的乡镇报县委县政府，由它来处理，如约谈、通报。

十八大以后，各部门都加强了工作落实力度，年终考核趋实，许多之前从事虚事的部门也实做了，向下布置的任务也越来越多。许多部门在开布置任务的会议时，为了使乡镇真正重视，要求乡镇主要领导参加。这极大地增加了乡镇主要领导的任务量，使其分身乏术。在M县，为了避免什么会议都要求主要领导参加，县委规定参会领导必须职责对等，只有县委书记召集的会才能叫乡镇党委书记参加，县长召集的会乡镇长参加，乡镇副职也按照职责对等的原则参加县里的会。因此，各科局召集的会，由乡镇分管副职或主管站办主任参加。部门在考核中也变严，不再只是走过场。比如交通部门的年终考核，除了查看资料、听取汇报外，还要带着专家到公路、桥梁现场查看，包括对水泥土的厚度、材质等进行检查。基层党建的考核，按清单逐一检查台账，并找党员座谈。

同时，各部门也加强了对考核结果的运用。每个部门年底都会召开一次总结表彰大会，乡镇参会的一般是分管副职和主管站办主任；只有几大常委单位的大会，乡镇党委书记也会参加，以表示重视。会上对各乡镇年终考核排名进行现场公布，排名前三的单位参会领导上台做经验交流，排名后三的则上台做“表态发言”。表态发言其实是向全县亮相做公开检讨，伤害性不大，但是面子上很过不去。如果是乡镇党委书记上台发言，是丢全乡镇的脸。所以，乡镇党委书记对分管常委部门业务的副职的最低要求是不做表态发言。表态发言激发的是乡镇副职的脸面观，其他乡镇同僚会调侃说“上台发表重要讲话”“露脸啦”，使乡镇副职脸面无存，其必然会在下一年度加强工作力度。如果围绕某个部门的工作，某乡镇参会领导连续上台做表态发言，这会影响分管副职在乡镇主要领导中的印象，有可能他会被调整分工，还会影响提拔。

另外，部门对乡镇的经济激励也增强，主要是对年终考核表现好的乡镇，来年给予更多的工作经费和项目支持，对表现差的乡镇则缩减支持。在一些经济发达县市如 M 县，各职能部门的预算多、项目多，乡镇要想获得职能部门的项目支持，就得重视其工作。每个部门都有大量的项目资源，乡镇各个站办所都想做出成绩，就都要向上争取项目，也就都要重视各部门的各项工作。

一旦各乡镇都重视某个部门的工作，它们之间在该部门业务考核上就拉不开距离。要想在考核中排名靠前，就得搞“创建”。也就是要在业务工作上有创新、出亮点，获得考核加分。在 M 县 H 镇，每个部门的业务工作都已经常规化、常态化，每项工作要想有成绩、得到上级部门肯定，就要“创建”；县级部门的工作要出彩，也要“创建”，于是它们就向乡镇布置大量“创建”任务，使基层治理呈现“创建化”的趋势。

综合考核

综合考核是县委县政府对乡镇（及部门，下同）的年度考核，它考核的项目是全县的中心工作和重要工作。县委县政府会将县域一些重要的治理事务从部门业务中遴选出来，通过县级重要的会议或文件的形式将它们上升为县委县政府重视的事务，对于乡镇来说，就是政治任务。县委县政府及相关部门在下达任务给乡镇时不会给予配套支持，需要乡镇自行筹措资源完成。

这些中心（重要）工作既有部门的专业性事务，也有涉及多部门的综合性事务。对它们的考核主体有两个：一是县委县政府的考核办（有的设在发改委或组织部），它是综合考核的总牵头单位；二是部门考核小组，由业务相近的部门组成，如农口的考核由农业农村局牵头，包括农林水等部门。考核办除总牵头之外，还要承担综合事务的考核。部门考核小组则承担部门专业性事务的考核。

综合考核每年只有一次。但是，一些特别重要的中心（重要）工作，比如环境卫生整治，会在年中或者季度进行考核评比，考评的结果纳入综合考核；一些部门也会对纳入综合考核的本部门事务中某些重要的事务在年中进行考核，以加强乡镇工作推动力度。对于县委县政府特别重视的工作，县委巡察办、县纪委也会组织专项督察行动，督察结果会反馈给县委县政府及考核办，影响综合考核结果。

综合考核有两个目的：一是促进县委县政府中心（重要）工作高质量完成。中心（重要）工作是县级主要领导重视的工作，关涉全县的发展变化及主要领导的晋升，需要集全县之力来完成。二是中心（重要）工作是政治任务，政治性很强，考核结果主要用于评判乡镇主要领导的政治站位、领导水平、执政能力等政治素质，涉及他们的提拔重用。所以，如果说部门考核是行政考核、业务考核的话，那么综合考核就是政治考核。

综合考核自十八大以来有一个较大的变化，那就是从“单中心”工作考核向“多中心”“全中心”工作考核转变。在进行“单中心”工作考核时，县级中心（重要）工作较少，主要包括公粮收缴、计划生育、招商引资、GDP等，以及县委书记推动的工作，如创卫、农业种养等，还有就是整治工作。总体来说，中心工作较少，较为确定和固定，部门的一般工作难以上升为中心工作，而且这些工作基本上是阶段性的。这样一来，乡镇的工作主次分明，有轻重缓急，集中主要力量在中心工作上，一般部门的工作“差不多就行”，工作整体上有节奏感。

十八大以后，对各项工作落实要求提高。部门为了加强业务工作的推动，除了加强部门考核力度和采取一些奖励措施外，还千方百计地将某些业务工作转化为中心工作。这样，从中央到省、市、县，各级都有部门业务工作塞进本级党委政府的中心（重要）工作库中，成为党委政府综合考核内容，这些工作层层下来就都成了乡镇的中心（重要）工作，乡镇面临多中心工作的局面，县级综合考核就成了一个无所不包的“框”。到目前，大部分县级部门都有一项或多项工作纳入综合考核，即便没有工作纳入的部门，也可能成为某个考核小组的成员单位。这样，各个部门就都可以考核乡镇，掌握了对乡镇工作进行评价的“生杀大权”。

如此，乡镇就不仅要重视部门纳入综合考核的工作，而且要重视没有纳入综合考核的部门工作，因为只要乡镇不重视，这些手握“尚方宝剑”的部门就会在考核中给乡镇打低分。每一分乃至零点几分对乡镇来说都很重要，因此乡镇要将这些部门小心“供着”，否则某一项工作打了低分都会影响排名。所以，乡镇就要将它们的每项工作都做好。乡镇工作就从“单中心”“多中心”变成“全中心”工作格局，“全中心”就是无中心，所有工作都变得重要，乡镇都不能小觑。

“单中心”工作时，综合考核是政治考核，可以用于区分工作轻重和乡镇主要领导的工作能力，对主要领导进行政治评价。但是，当“单中心”工作变成“多中心”工作、“全中心”工作时，各乡镇对各项工作都必须高度重视、平均用力，那么各乡镇的整体工作就不差，或者都差不多，进而使得综合考核不再能彰显各乡镇的差距，尤其是不能凸显由于领导注意力偏向和创造力带来的差异，也就不能用它来对乡镇主要领导进行评价。也就是说，综合考核变成“全中心”工作考核后，其性质就从对乡镇主要领导的政治考核和评价，变成了纯粹是推动乡镇整体工作的一种机制。

县里无法通过综合考核对乡镇主要领导做出评价，但又必须做出评价，就得另辟蹊径，主要有单项考核和观摩考核两种并行的方式。有了这两种考核方式，综合考核就成了基础考核，只有综合考核靠前或至少不落后，单项考核和观摩考核才起作用。

单项考核

单项考核不是独立于综合考核之外的考核，而是从综合考核的内容中抽出几个重点事项进行的单独考核。由于每个部门都强调自己的工作很重要，县委书记又不能厚此薄彼，所以综合考核项目只增不减。但是，县委书记肯定有自己的工作重点和重心，他们希望乡镇工作也要如此。然而，他们又不能明说——明说得罪职能部门（手心手背都是肉）。有个县委书记在乡镇说，“哪些工作真重视、哪些工作应付，你们自己把握”，意在告诉乡镇要有所为有所不为。

在制度设计上，县级党委政府逐步对单项考核重视起来。单项考核工作的特点具有可选择性、不固定，每年都可以变动，这给了县委县政府极大的操作空间，也为县委书记按照自己的意志施政腾挪了空间。县里可以根据上级任务、县域发展目标、工作重点及县委书记推动的工作，设定 5～8 项不等的单项考核工作，一般被称作“重点工作目标管理”。对于单项考核工作的设置，各级党委政府有较强自主性，并不一定跟市级逐一对应。比如，2020 年某市的单项考核工作包括党的建设、改革创新、社会建设和民生福祉、环境保护和生态禁养、现代农业、工业和开放型经济、新型城镇化和服务业发展七项，而该市一个县的单项考核工作则是党的建设、脱贫攻坚、经济发展、农村人居环境提升、社会治理五项。

单项考核类工作一般都是综合性的，是大项，涉及多项工作。考核的主体是由相关部门组成的考核小组，主责部门作为牵头单位。比如脱贫攻坚工作，涉及的部门较多，牵头部门是县扶贫办；农村人居环境提升工作的牵头部门是县农村人居环境整治办。

单项考核之所以单独拿出，是因为重要，县级主要领导重视。这些工作除年底参与综合考核外，一般年中还有一到三次的半年或季度考评，通过短周期考评强化乡镇对这些工作的推动力度和进度。比如对于农村人居环境提升工作，除季度考评外，还有暗访督查，扣分、通报会纳入考评。

单项考核设一等奖和二等奖，每个奖项有一到三个名额。一个乡镇如果综合考核排名靠前，那么它肯定有几项单项考核工作获一二等奖。或者说，如果有多项单项工作获奖，那么综合考核一般不会落后。要想单项获奖，除做好基本工作外，主要是要有创新、有亮点，尤其是获得过省市领导、厅局单位的肯定，比如有领导视察、批示、文件引用等，级别越高，加分越多。县级领导在单项奖的评判上也占有较大的权重，尤其是主要领导和分管领导。例如，在 Y 县 B 镇有高速路口，从市里到县里要下高速横穿该镇，因此市里的许多暗访选在该镇。县里分管节能减排的副县长居住在市里，每次到县里上班经过该镇容易看到有秸秆燃烧，对该镇印象不好，于是在年底考评中，在该副县长主持下，该镇的该项工作被打了低分。

单项考核的结果有三种运用途径：

一是奖惩。获奖的乡镇将得到单项奖牌和奖励，比如脱贫攻坚奖，一等奖奖励30万元，这个钱可以供乡镇自主支配。它相对于乡镇的项目资金、财政经费来说，属于“活钱”，可以自主支配，包括发奖金（需上级同意）。这也使得乡镇愿意花重金打造亮点获得“活钱”。有些单项考核工作还会召开年终总结大会，大会上有奖惩通报、有经验交流和表态发言。

二是给政策，如多发一个月的工资。每个单项奖都可以获得多发一个月工资的政策。全市获得省里的某个单项奖，全市各单位都可多发一个月工资；县里获得市里的某个单项奖，全县各单位也可多发一个月工资。乡镇也如此。到年底，搞得好的乡镇一年可以多发5～8个月的工资。一些县直单位甚至可以多发11或12个月的工资。上级给的是政策，但钱还是单位出。有的穷单位没钱，获奖了也发不出来。这是对单位全体工作人员的奖励，每个人按原始工资发放。

三是政治评价。单项考核作为县里评价乡镇主要领导的重要指标，发挥的是“单中心”工作时综合考核的功能。如果一个乡镇既拿了综合考核优秀奖（或良好），还拿了多个单项考核奖，说明该乡镇整体工作处在较高的台阶上；如果综合考核没有拿奖，但是多个单项工作拿了一等奖，说明该乡镇工作有特点和特色；如果一些重要的乡镇在单项奖上多数落后，只获得一两项奖，说明这些乡镇主要领导工作不力，会影响县级领导对他们的政治评价。反过来，也可能因为县级领导对乡镇主要领导评价不高，使得乡镇单项考核获奖较少。

观摩考核

观摩考核是指县委主要领导带领县级领导、部门领导和各乡镇主要领导，到乡镇某项工作的现场观摩并进行考核评价。观摩考核有以下四个特点：

一是“一号工程”考核。这类考核的对象是县委书记亲自推动的工作。例如，县委书记根据自己的施政方略，在一年或两年内推动实施一项或几项工作，他希望通过该（几）项工作的推动来带动其他工作的全面落实，既实现治理面貌的整体改变，也实现对县域科层体制的重塑，同时也能向上面发送政绩信号。这些工作是典型的“一号工程”，是县域最重要的政治任务。如XY县的创卫工作、QS县的人居环境整治、YC市的生态宜居工程、JY市的基层党建等，都是县（市）委书记的工程，有非常强的政治性，成立了专门的领导小组，一般由县委副书记任小组长。在县一级要动员最强的支持力量，包括将财政、发改、组织、纪检等部门都纳入工作领导小组，各部门的资源、政策等都往这个事情上集中。乡镇则要将此事当作头等大事全力以赴。

二是高位考核。这类考核的主体是县级党政及部门主要领导，一般是县委委员，包括党政班子成员、主要职能部门一把手，以及各乡镇党委书记。县委委员不仅占据着县里的重要岗位，还在干部民主推荐、测评中有投票的权力。当然，最重要的是县委书记、县长和副书记都参与观摩考核，他们的打分、评价最为重要。因此，观摩考核不仅是对某一项工作的检查和评价，而且是对乡镇主要领导的政治评价和印象生成。

三是现场考核。观摩考核首先是走访现场，然后是乡镇党委书记在现场做工作介绍和经验总结，再是县级主要领导进行点评，最后是打分。现场观摩的工作是能够彰显重大变化的工作，比如人居环境整治、工业园区建设、城市建设、基础设施建设、旅游风光带建设、农业产业建设、基层党组织建设等。观摩考核不是看资料，必须有货真价实的现场可看，因此在观摩前一年或前一个季度必须将现场创造出来。比如人居环境整治，一个季度观摩一次，每次观摩的线路必须不同，每个季度必须将不同沿线的村庄环境给整治出来，为此乡村两级要花费大量的人力、物力、财力等资源。现场观摩的目的是通过公开亮相进行比较和评价，促进大家相互学习、启发，增强争先创优意识。

例如某县的“走两区、看变化”活动，市主要领导率各县（市、区）党政主要领导、市直单位主要负责人等走进园区、城区，看亮点、看变化，实地检验全市“主攻项目、决战两区”工作成效。两日的活动中，近80位参会代表一路马不停蹄，跋涉800多公里，途经13个县（市、区）以及市高新区，进园区、入城区，看企业、访工地，看城建、游公园，对全市过去一年以来的园区、城区新亮点、新变化进行“回头看”。参会代表当场对各县（市、区）园区建设和城区建设进行了打分。

四是短周期考评。除了像工业、城区建设等长周期工作是一年度一观摩外，许多现场观摩的工作都是一年有两次或四次，属于典型的短周期考评。每次考评后，还要召开大会进行奖惩，也包括经验交流和表态发言。该类考评间隔期短，持续性地给予乡镇高压，使工作没有间歇地高速运转。

现场观摩的工作也会纳入综合考核，每项工作在千分制中只有5分，分值不高。但它们作为“一号工程”，县委书记及其他县级领导可以通过现场观摩，形成对乡镇主要领导及其工作的政治评价和政治印象，为县级党委政府选人用人、提拔重用干部做参考。

2021年8月15日

忙闲不均：
职级并行制度亟待健全

中年事业编因为缺少升职机会，普遍工作较为消极怠工。但是，担任中层干部的事业编尚有较强的工作积极性。在乡镇干部中，忙闲不均，最闲的是比重占72.97%的一般中年公务员和中年事业编干部。这些人乡镇最难动员起来，而这些人又是乡镇工作最需要动员起来的人，因为他们在一个乡镇工作时间长，最了解乡镇和行政村的情况。

在中西部乡镇调查了解到，乡镇干部从十八大以后开始忙起来，精准扶贫后“忙”成了常态。乡镇领导为了应对上级指定的越来越多的工作任务，以及创造亮点工作增添政绩，通过规章制度、基层党建等加强了对乡镇及村干部的动员力度。

L镇是典型的中西部农业型乡镇，该乡镇主要领导积极有为，团结带领干部群众将一个班子不团结、软弱涣散的乡镇，改造成全县乡镇综合考核连续三年排名前三、两次第一的明星乡镇。即便是在该乡镇，“忙闲不均”的现象也依然严重，其他普通乡镇则更甚。

现状

L镇工作人员共86人，其中班子成员12人、一般干部74人。笔者访谈了包括班子成员在内的所有工作人员，以及20多个行政村的支部书记，对每个乡镇干部的“忙闲”进行了精准画像。乡镇非班子成员干部的忙闲具体情况详见表4-1。

表4-1　乡镇非班子成员干部忙闲情况

	年轻人（35岁及以下）	中年人（35岁以上）
公务员（18人）	Ⅰ年轻公务员（13人） 1. 积极：10人，76.92% 2. 不积极：3人，23.08%	Ⅱ中年公务员（5人） 1. 积极：1人，20% 2. 不积极：4人，80%
事业编（56人）	Ⅲ年轻事业编（7人） 1. 积极：4人，57.14% 2. 不积极：3人，42.86%	Ⅳ中年事业编（49人） 1. 积极：19人，占38.78%。其中，中层干部10人，占52.63%；另外9个非中层干部中，7个谋求经济待遇，2个是真积极 2. 不积极：30人，61.22%。其中，中层干部2人，占6.67%

包括班子成员在内，L镇“忙的”即积极分子有46人，占比53.49%，“闲的”即不积极的人有40人，占比46.51%。

刨除班子成员，L 镇积极的工作人员有 34 人，占比 45.95%，不积极的 40 人，占比 54.05%，不积极的高出积极的 8.1 个百分点。

从调查来看，L 镇干部“忙闲不均”主要表现如下：

班子成员最忙

该镇正式班子成员 11 名，另 1 名班子成员因受过处分，没有安排正式职务，但参加班子会议和分管工作。乡镇党委书记对乡镇负主体责任，负责统筹安排工作，镇长负责分解分配工作和调度资源完成工作，书记、镇长还要负责县级常委参加的会议和各种监督检查。书记、镇长是乡镇最忙的人，基本上全年无休。笔者调查期间，书记数次上午在省会城市开完会，中午驱车百余公里赶回乡镇，下午给班子成员开会部署工作。

除书记、镇长外，班子成员不仅是条线工作的分管领导，还是村片区的包片领导。每个班子成员都负责上面数个至十数个的条线部门的工作，要对这些工作负责，每项工作出了问题，要问责首当其冲的是分管领导。因为下面各站办所积极主动干活的人不多，分管领导叫不动分管的站办所的人，许多工作不是由分管领导分配、安排站办所的人去干，而是得分管领导亲自去干，亲自到村里去安排工作、调度工作。

书记、镇长外的班子成员都是包两到三个村的包片领导，对所包片区进行全方位负责，片区行政村出的问题都由包片领导和村支书负主要责任。包片领导的主要职责是负责乡镇工作在片区的落实，某项工作片区行政村在全镇落后了，乡镇党委书记首先找的是包片领导，包片领导就需要对村支书、包村干部、条线工作分管领导进行调度。L镇的分管领导周一到周五白天晚上无休，周末加班是常态，他们一年到头几乎休不了假。

班子成员之所以最忙，其一是因为党委书记要统筹全局、协调各方，镇长负责全面工作，班子成员都有分管和包片任务，每个人头上的工作本身就很多；其二是因为班子成员政治觉悟较一般干部高，他们会主动地将分内事情和乡镇安排下来的活干好；其三是因为班子成员都还有较强的政治预期，包括提拔重用、安排进城、职级晋升等，需要在工作上做出成绩和积极表现；其四是因为多数一般干部叫不动，叫动了也不干活，他们只能亲力亲为，不得不忙。

年轻公务员最为积极

L镇35岁以下年轻公务员有13人，积极的有10人，占76.92％。积极的表现主要有这五个方面：

一是能够将多岗位工作干好。一般工作人员干分内的活打60分，而他们的工作可以打90多分，工作的责任心较强。将岗位工作干好是工作人员的基本职责，一般积极的年轻公务员都会承担多项岗位工作，对接四五个分管领导，以及数个县级部门。L镇有四五个年轻公务员还经常参加班子会议，要在班子会议上介绍手头的工作。他们会积极主动地将岗位工作干好，创新工作的方式方法，积极总结工作经验和教训。

二是积极承担书记、镇长、分管领导交办的临时性事务。领导交办的事情多且杂、不定时，完成起来需要花费较多的时间、精力，加班加点加急的时候较多。这些事情包括撰写领导讲话稿、个人总结、汇报材料等；也包括乡镇改革、创新、制造亮点的工作，要做好事前调研、可行性分析、方案设计、向上汇报材料，许多亮点工作需要交给积极有能力的年轻公务员“盯着”；还包括其他岗位工作人员干不好但很重要的工作。领导将这些工作交办给干活靠谱、值得信赖的年轻公务员去办，例如乡镇的许多迎检、突击性中心工作，主要干活的都是年轻公务员。许多年轻公务员虽然没有担任中层职务，但是干的活是中层干部的活，在领导心目中是当中层干部乃至副职来使用的。

三是下村干活积极主动，而不是站在一旁看。下村工作是乡镇的主要工作，下村的一般有包片领导和包村干部，包片领导是乡镇分管副职，包村干部则一般是站办所中层干部和公务员。刚进乡镇的年轻公务员没有包村的任务，但是经常被包片或分管领导叫着下村。不积极主动者，即便被叫着下村，也是在包片领导、包村干部旁边站着看，不会主动做事；而年轻公务员则会主动跟村干部沟通，积极布置任务以及干活。比如，农村人居环境整治迎检观摩，年轻公务员会主动清扫街道。

四是主动承担包村工作，积极追求上进。在乡镇，包村干部算是中层干部，包村经历是被提拔为乡镇副职的重要条件。年轻公务员要想进步，就得包村。积极上进的年轻公务员会主动向领导申请包村，并将主要精力放在所包村的各项工作上。乡镇领导也有意将年轻公务员放到包村岗位上去锻炼。包村的年轻公务员是乡镇仅次于班子成员的最忙的乡镇干部。

五是承担镇村的文字、电脑、档案工作。年轻公务员有文化，懂电脑，手脚灵活，擅长文字工作。年轻公务员会被安排做镇村的文字、电脑、档案等工作，这些工作细小琐碎、枯燥乏味，一般干部沉不下心来干，领导就交办给积极肯干的年轻公务员。一些年轻公务员也会主动承担这些工作。比如，某年轻公务员擅长写报道，来乡镇后主动撰写镇村工作、活动、迎检等事情的报道，使乡镇在全县宣传报道这一块得了年度第一名。

年轻公务员之所以较为积极上进，首先是因为年轻公务员政治上进步的空间较大。公务员在乡镇较为奇缺，年轻公务员就更为奇缺，只要主动追求进步、积极有为，就有晋升副职的希望。其次是因为年轻人追求能力上的进步。乡镇工作是综合工作，能够锻炼年轻干部各方面的能力。L 镇 3 个 35 岁以下的公务员不太积极，主要是有个人原因，比如：不追求仕途进步、自我边缘化；准备走；经营生意，对工作不上心等。

年轻事业编和中层事业编工作相对积极

事业编人员较公务员在政治、经济待遇上都有较大差异，这是二者的身份使然。在大多数乡镇，事业编要想晋升副科级干部，转身份，渠道非常窄，机会很少。在经济待遇上，许多地方事业编工资虽然较公务员差别不大，但是在平时许多待遇，如车补、年节福利、年终奖励、退休工资等方面会有一定的差距，如事业编没有车补。但是，事业编和公务员干的活却是一样的，所以政治、经济待遇上的差别会抑制事业编的工作积极性。

从表 4 - 1 可看出，L 镇事业编工作人员年龄普遍较大，一般在 35 岁以上，35 岁及以下的年轻事业编共有 7 人，被普遍认为积极的有 4 人，占 57.14%，不积极的有 3 人。在 L 镇，年轻事业编有一定的积极性，会紧跟领导和乡镇中心工作，主要是因为他们有可能晋升到中层岗位乃至乡镇副科级别。L 镇所在地区有事业编中层晋升事业编副科级别的空间，他们晋升副科级别后不仅级别上升了，而且身份也转为公务员了，后面有较大的政治发展空间。

年轻事业编较中年事业编，除有年龄上的优势外，主要是他们有文化和学历，这一点与年轻公务员差别不大，所以他们有积极上进的动力。

中年事业编因为缺少升职机会，普遍较为消极怠工。但是，担任中层干部的事业编尚有较强的工作积极性。在普遍认为工作积极性较高的19个中年事业编中，有10人担任或曾经担任过中层干部，占52.63%。中年事业编担任中层干部之所以会增强他们的工作积极性，除了他们具备的政治素养以外，还与以下现实因素有一定关系：

一是政治地位提高。担任中层干部掌握一些条线业务工作的权力，在乡镇及农村社会有一定的支配力。承担重要工作的中层干部可以列席班子会议，掌握乡镇决策信息，这是重要政治地位的体现。中层事业编受到乡镇领导的重视和重用，乡镇许多攻坚克难的事情都交给他们去做，他们在乡镇有面子、有荣耀感。越是重要的站办所负责人，其在乡镇的政治地位越高。

二是接近主要领导。中层干部可以直接向分管领导和书记、镇长汇报工作，跟乡镇领导层走得较近，甚至能够影响乡镇领导的相关决策；同时，在与条线工作对接中，也能够与县级部门科室主任、分管副职建立良好的工作关系，办相关事情较为方便，也能够结交更多的朋友。

三是经济待遇提升。中层干部作为股级或副股级干部，在制度上会提升经济待遇。在L镇，作为乡镇中层干部更可能跟人合伙做生意、入股企业，获得体制外收入。乡镇分管领导为了调动中层事业编，会更多地在发票报销上放开空间，给中层事业编一些自主空间。在非中层的中年事业编中，有9个工作较为积极，其中 2 个是真积极、真做事，其余 7 个之所以积极，都是因为有额外的“报销”空间。

一般中年公务员和中年事业编最闲

在中西部乡镇，真正“闲的”或不积极的工作人员是一般中年公务员和中年事业编。如表 4－1 所示，中年公务员和中年事业编共有 54 人，占一般干部总数（74 人）的 72.97%，其中积极的只有 20 人，只占一般中年干部的 37.04%。也就是说，在一般的中年干部中，有高达 62.96%的人属于不积极的。

如果说，最为积极的年轻公务员的工作能打 90 分以上、年轻事业编和中层事业编的工作打 80 分的话，一般中年公务员和中年事业编的工作则在 60～70 分间，少数在 60 分以下。一般中年干部最闲、最不积极，体现在以下五个方面：

一是本职工作追求不出错。一般中年干部普遍承担一个岗位的工作，他们一般会完成岗位工作，追求岗位工作不出错，而不求质量和创新。许多重要的条线工作，领导不敢交给他们干。

二是不推不动，被动工作。他们不愿意承担岗位工作之外的工作任务，工作任务下来爱“推闪躲”。领导交办任务给他们，几次都完成不好，就不交办了。他们坚决不加班，到点马上下班。有些需要一起集中完成的中心工作，领导不推不动，推一步动一步，难以与其他领导干部协作干活。

三是下乡时，领导干，他们看。在L镇，分管领导也是包片领导。片区、行政村有需要集中处理或协调的事情，分管领导会调动其所分管的站办所工作人员一起下乡。一般中年干部都不愿意下乡，更不可能单独开车下乡工作；即便被要求下乡，到村庄也是领导与村支书、村干部在干活，他们在旁边看，一般不会动口、动手帮忙。

四是下午基本上见不到人。村里群众工作是乡镇最重要的工作，乡镇领导也催促干部“要下得去”。与L镇一样，中西部许多乡镇都规定周一到周五早上早会、点名或打卡后，除大厅窗口人员外，其他乡镇领导干部都得下到村里去。一般中年干部在早会、点名或打卡之后，有些人会到村委会转悠一圈，然后不知去向，下午基本上不在村里。更有甚者，有些在打卡之后跟包片、包村领导打电话说自己下村去了，实际上并没有下村，而是干自己的事情去了。

五是领导说不得、指挥不得。一般中年干部在乡镇待的时间长，属于乡镇“老油条”，与上上下下都有关系，得罪他们就等于得罪一批人，对工作开展不利。因此，乡镇领导一般既不交办任务给他们，也不调遣他们，只有一些突击性工作要一起干，或他们承担的本职工作没做好、被上级盯着了，才会去动员他们，也主要是用商量的口吻，他们实在不去干、干不好，也不会指责他们，更不会指挥他们。领导稍微对他们语气有些重或者没有依着他们，他们就可能与领导杠上，让领导很难堪。乡镇分管领导说，与其费尽口舌去动员这些“老油条”，还不如自己把工作给干了。

原因

根据以上叙述，在乡镇干部中，忙闲不均，最闲的是比重占72.97%的一般中年公务员和中年事业编干部。这些人乡镇最难动员起来，而这些人又是乡镇工作最需要动员起来的人，因为他们在一个乡镇工作时间长，最了解乡镇和行政村的情况，与其他乡镇干部、村干部乃至群众较为熟悉，与县级部门工作人员也较为熟悉，将他们调动起来有利于各方面工作的开展；他们与群众打交道最多，熟悉群众需求，熟稔群众工作技巧，他们出马“一个顶俩”，许多群众工作难题在他们那儿都能迎刃而解；他们乡镇工作经验丰富，是乡镇工作的“万金油”，调动他们对乡镇年轻干部进行“传帮带”，能让年轻干部更好地成长。

乡镇一般中年干部之所以最难动员起来，与以下原因有关系：

一是缺乏充分有效的政治和经济激励。在政治上，乡镇一般中年干部普遍到了四五十岁，过了被提拔重用的年龄。而乡镇中层的岗位又较少，无法安置太多人从而激励更多的中年事业编。近几年实行的职级并行制度，对一般中年公务员有一定的激励作用，但是因为晋升名额较少，且多给了乡镇领导，影响了该制度作用的发挥。在经济上，不说中西部乡镇没有钱，即便有钱，也不能随便发钱激励干部。有些政府奖项可以发钱，如获“文明奖”可多发一个月的工资，但因为是普惠式的，每个工作人员都有，也起不到激励作用。有些事业编即便有下乡的积极性，也因为事业编没有车补而无法下乡。

另外，中西部乡镇工作人员普遍工资待遇低，这也是影响一般中年干部工作积极性的重要原因。在L镇，刚晋升的副科级干部每月“打卡工资”是2 800元，外加600元的车补，加上年终奖，平均月收入可达5 000元，年入约6万元。一般公务员和事业编，“打卡工资”在2 300元左右，年收入不到4万元，远不如外出打工的农民工的收入。如此之低的收入，迫使一些乡镇干部到体制外获取收入，如与人合伙做生意、承包土地、倒卖花生等，也就使得这些干部的时间和精力不会集中到乡镇工作上。L镇有个公务员，本有被提拔的机会，但他没有意愿去干那个岗位，就是因为工资太低，他将大量包村的时间都用于做他的饲料生意，对包村事务根本不上心。

二是基层治理空转，形式主义泛滥。当前，乡镇许多工作都是为了应对上级下达的任务，而这些工作除了对应付上级考核有用之外，对乡村治理没有多少实质性的作用，甚至会平添基层负担，造成乡村项目配套债务。上级的这些任务与基层治理的实际需求不相符合，徒耗了基层治理资源，结果是造成基层治理只在体制内“空转”，而与基层群众无关。同时，上级各条线的工作存在大量的督导、检查、考核、调研、观摩等，基层干部为了应对这些工作，就要大量地准备迎检材料、布置观摩现场、借钱造“亮点”等，形式主义严重。

无论是治理空转，还是形式主义泛滥，都无法激发乡镇工作人员的积极性，只有那些有晋升期望的乡镇干部有动力去做这些工作，而对于那些晋升无望的一般中年干部，则无法从这些工作中获得政治效能感、成就感，他们通过消极怠工来抵制那些脱离实际的工作任务。这些干部称，真正为群众办实事的工作、能够见到实际效果的工作，他们每做一件都会有成就感，群众的正面评价会给他们带来社会性激励。他们说，越是办实事，就越有工作的责任感。而治理空转、形式主义泛滥却耗尽、消磨了他们工作的责任感。

三是工作机制与治理事务不匹配。当前乡镇工作中普遍存在的一个问题是，乡镇工作体系还延续着过去带有较强季节性的中心工作体系。有中心工作了，全镇干部就动员起来一起干，比如收粮派款、计划生育工作，都是这么干的。然而，当前越来越多的上级部门常规的业务工作下到了乡镇，乡镇所承接的常规工作数十倍地增多。而做常规工作需要的是常规工作体系，非中心工作体系。

但是，乡镇还没有建立起较为完备的常规工作体系，乡镇工作人员也不适应、不习惯常规工作方式，因此他们的常规工作不是在日常中完成，而是日积月累到某个时间点，如上级督查、排名通报后，才予以集中攻坚，在短时期内集中乡镇力量完成。比如收缴“新农合”费用，本来是常规工作，应把工作做在日常中，但是平时分管领导、包村干部都不去做，等到时间截止日期前夕才集全镇之力去收缴。其结果就是，在平常大部分乡镇干部都“闲着”，只有少部分积极的干部“忙着”，集中整治的时候积极分子在忙、不积极的人看。

后果

乡镇干部“忙闲不均”，在体制内和治理中造成了一些负面后果，包括：

一是“鞭打快牛”造成不公平，“闲人”负面示范效应强。“忙闲不均”使能者多劳、能干者多干。积极的干部，因为领导交办事情下来他们不会推三阻四，还能够将事情办妥，从而容易获得领导的信任，领导就会习惯性地将事情交给他们。而那些不愿意做事的人，领导交办事情下来，就找各种理由推脱，或者故意不去做好，完了还让领导花更多的时间纠错，领导后来就不再交办任务给他们。这样，忙的人要花费大量的正常工作时间之外的休息和社交的时间和精力去忙工作，闲的则可以在正常工作时间之内去干其他的事情，却没有受到相应的惩罚，这就会使“闲人”的负面作用在乡镇发酵，可能使本来还在积极做事的人不再积极、不再主动，尤其是对年轻干部的示范效应不好。

二是常规工作“中心工作化”，运动式治理常态化。乡镇常规工作猛增，工作体系却停留在过去中心工作阶段，自然无法应对这些常规工作，就会使得常规工作被积累下来，越积越多，等到必须要做的时候，就要集中整治，开启“中心工作模式”，典型的如运动式治理。问题是，过去常规工作少，用中心工作模式去做常规工作，乡镇尚能应付得过来。当前常规工作增多，再用“中心工作模式”去应对，乡镇的运动式治理就可能经常化、常态化，使得乡村干部经常性地被全面动员起来“救火”，这也是乡镇领导干部、积极分子之所以忙的重要原因。

三是干部动员低效，群众工作做不细，基层治理脱离群众。农村群众工作无法考核、考评，需要将工作做到日常中、做到细节中、做到群众的心坎上，这就需要发挥乡镇干部的积极性、主动性和创造性。如果大量一般中年干部，尤其是中年事业编干部没有被动员起来，他们做群众工作的主体性没有被调动起来，乡镇的群众工作就做不细、做不到位，群众的许多需求和问题就无法表达上去，治理资源就无法与治理需求相对接，基层治理就可能脱离群众。

对策

针对乡镇“忙闲不均”的状态及其发生原因，笔者提出以下对策建议：

一是强化对事业编的激励。事业编在人数上较公务员多一倍，又因身份限制基本不流动，因此长期在一个乡镇工作，容易成长为基层工作经验丰富、群众工作精到的“老乡镇”，将他们充分调动起来可以使基层工作达到事半功倍的效果。首先是应该在制度上给事业编留有一定的晋升副科级别的空间，给事业编以政治期望激励。其次是应给予乡镇事业编与公务员同等的工资、福利等待遇。事业编是乡镇下乡接触群众的主力，在“车补”上应该充分保障。再次是站办所负责人等中层岗位不应硬性规定只有公务员身份者才能担任，给予事业编晋升乡镇中层的空间。又次是承认乡镇驻村、包村负责人的中层干部身份，以此激励更多事业编干部积极驻村、包村。最后是县域事业编职称晋升名额可以向乡镇倾斜。

二是健全职级并行制度。职级并行本是要解决基层“晋升难、待遇低”的问题，但当前职级并行因为名额限制，且名额主要用在了班子成员身上，没有起到对一般公务员的激励作用。应健全基层职级并行制度，在向基层供给更多职数名额的同时，强化职级晋升的竞争效应，让一般公务员充分参与到职级竞争之中，调动职务上未能晋升但基层经验丰富的中年公务员的工作积极性。

三是创新基层工作机制。在中西部乡镇，要建立健全与多项常规工作相适应的工作体系和工作机制，使许多常规工作能够在日常中做完，而不用起用运动式治理程序。这就需要根据不同地方乡镇常规工作的数量、性质以及乡镇本身的资源禀赋等，进行工作机制的创新。工作机制创新的目的是要通过混编混岗，实现乡镇人与岗、人与事、人与人、一线工作与干部培养、人员配置与干部激励的有机匹配，达到对大多数干部的内在激励效果。

2021 年 11 月 4 日

领导用人的艺术：
隐性层级与曲线流动

领导通过推动隐性流动，提拔一人就能挪动一批人，让被提拔和被挪动的人都得到锻炼，并认为自己被关心、被重用了，一批人都感觉自己进步了，就会激起这些人的积极性，并获得这些人的拥戴。

主要领导怎么用好干部人事权

在乡镇，从刚入职的公务员到成为党委书记，一般要经过十几个隐性层级，需要熬上十数年乃至二十几年。隐性层级是乡镇在岗位较少、能上不能下、激励措施缺乏的前提下形成的晋升流动的规则。政府部门里也有类似的隐性层级，它是部门一把手进行干部调配和激励的重要工具。能否通过制造隐性层级的流动来“激活”工作人员，是部门领导工作能力的重要体现。

笔者调查发现，有的部门不缺编、不空岗，有的部门既缺编又空岗。有的单位在前任领导在位时实岗满员，一到后任领导在位就出现缺岗缺员现象。这与领导对隐性层级的理解和运作是否到位有关。会用人的领导会用干部、能用好干部，调整了干部岗位能够让上下满意，部门里各个岗位都实现实岗满员。不会用人的领导，一动干部就可能造成鸡飞狗跳、怨声载道，于是干脆不动干部，但这样就会因摆不平而制造一些空岗现象，特别是造成一些重要岗位的空缺。

与乡镇干部的出口较宽不同，部门里干部的出口相对较窄：专业性越强，出口就越窄，部门里的多数干部只能在内部循环。所以，让部门内部的隐性层级流动起来，是政府部门人事工作的关键。

省厅处室间的隐性层级

与乡镇不同的是，部门除了有内设机构（直属部门）外，还有下属单位。笔者调查的某省厅有内设机构 14 个、下属单位 20 余个。其中，内设机构都是正处级单位；下属单位有 1 个正厅级单位、3 个副厅级单位，其余为正处级单位。厅领导成员共 10 人，党组书记兼厅长 1 人，党组副书记兼副厅长 1 人，党组成员、副厅长 5 人，党组成员、下属厅级单位一把手

1人，另有二级巡视员2人。

在省厅中，副厅长之间虽然有排位，也有隐性层级，但是不像乡镇那样严格地逐级往上挪动，排位靠后的党组成员、副厅长可以调动到其他省厅任一把手。省厅副职的隐性层级起作用的可能就四级，最末级是二级巡视员，接着是党组成员、副厅长，再是党组成员、下属厅级单位一把手，最后是党组副书记、副厅长。作为部门一把手的厅长可以通过调整不同副职的排位，来调动他们的积极性，但这不是他的主要工作。部门副职之间的差别更多的是分工的差别，他们对排位先后不是太敏感。到县级部门，副职之间的隐性层级就更弱。

省厅的隐性层级存在于内设机构之间、下属单位之间及内设机构与下属单位之间。内设机构和下属单位越多，岗位就越多，隐性层级也就越多，干部的内部出口就越多，给予厅长调配干部的可选择性、机动性、灵活性就越大，厅长也就越能在内部制造空缺和流动。

在某省厅14个内设机构中，办公室、财务处和人事处是最重要的三个处室，三个处室的处长如果不出意外，一般都会被提拔为副厅长。三个处室之间的隐性层级差别小，负责人都可以直接被提拔为副厅长，或者可能是人事处处长先调任办公室主任，再被提拔为副厅长，或者有的干部在三个处长岗位上都待过之后再被提拔为副厅长。三个处室与其他处室之间、其他处室彼此之间会存在明显的隐性层级。其他处室的处长除非担任过多个处室的一把手，否则不可能被直接提拔为副厅长。

下面以五个处室为案例来阐述处室之间的隐性层级。在科教处、非遗处、公共服务处、审批处和机关党委五个处室排序中，尽管各处一把手都是正处级别，但科教处的隐性层级最低，机关党委的隐性层级最高。那么，科教处的处长调到非遗处担任处长，或公共服务处的处长调到机关党委担任书记，在隐性层级上都属于“提拔”或是重用。由于科教处处长的隐性级别最低，他不可能直接被提拔为副厅长，甚至不可能被提任为人事处、财务处或是办公室的一把手。科教处处长只有在担任了非遗处、公共服务处、审批处或是机关党委等机构中一个或多个一把手后才有可能担任上述三个重要处室的一把手，后面才有机会升任副厅长。从科教处处长到公共服务处处长，尽管级别没有提升，但是岗位变得更为重要了，越来越接近厅里的权力中心。

越是在隐性层级中排位靠前的处室，处长在厅里的地位就越高，他后面的流动方向是更高层级或更高地位的岗位。这些处室的副处长在厅里的地位也较高，如果他们直接升任本处室处长，那么他们后面就只有往地位更高的处室流动，会使其流动的频次降低，不利于在厅里制造流动。所以，一般情况下，副处长不会直接被提拔为本处室的处长，而是被提拔为隐性层级较低的处室的处长，或者在级别不变的情况下，流动到隐性级别较高的处室担任副处长。前者提高的是级别，后者提高的是地位，后者再流动时也一般是到下一层级担任处长。

可以假设，一个干部首先在科教处担任处长，后流动到非遗处任处长，再到公共服务处当处长，又到审批处担任处长，然后到了机关党委书记的岗位上，最后升任副厅级干部。那么，对于他来说，每一步都是提拔，而他本人的五次提拔就带动了厅里干部的五次流动。如果他只从科教处处长直接被提拔到机关党委书记的岗位上，最后升任副厅级干部，那么就只带动了厅里的两次流动。这对于他本人来说，确实缩短了在正处岗位上的任职期限，有利于他继续往上升，但却降低了厅里其他干部的流动性，这对于厅长来说并不是好事。对于厅长来说，由于越往上走干部职数越稀缺，他在调整干部时要做到的是：既要推动干部流动，又要尽量延长他们在某一级别上的任职期限。这样做才能调动干部的积极性，让他们每隔一段时间就有"进步"；又能将大部分干部置于某一级别上，让他们毫无怨言地退居二线，而不至于使大量干部积压在狭窄的出口处。

比如，一个干部从办公室副主任直接升任正主任，再调任人事处处长岗位，最后被提拔为副厅长，那么此人在正处级岗位上只待了六年时间（每个岗位三年）就升任副厅级。如果办公室副主任先被提拔为公共服务处处长，再调任人事处处长，最后调任办公室主任，再被提拔为副厅长，他在正处级岗位上总共待了九年时间，那么因为增加了流动而为厅长节省了三年时间。这三年时间就减少了在出口上等待的干部。所以，作为厅长，要保证某一级别的干部在该级别上尽量多地流动，而不是“砰”的一声就将人家直接提上来。

当然，在五个处室担任过一把手的情况只是假设。一般在三个处室担任过处长的中层领导，在厅里就会很有地位，即便此人不再到重要处室担任处长，也有很大概率被提拔为副厅级干部（如二级巡视员）。

内设机构与下属单位间的隐性层级

该省厅还有二十余个下属单位，其中正厅级下属单位的一把手由党组成员、副厅长兼任，其余下属单位的一把手都不是厅领导。相对于内设机构（尤其是重要的处室）来说，除正厅级单位以外，其他下属单位的地位要相对较低。

从省厅的角度来讲，下属单位的正职、副职是省厅干部很好的出口。因为处室岗位稀缺，岗位被填满后，很多干部到了年限也得不到提拔。但如果下属单位多，就容易腾出空缺来，处室干部可以调到下属单位。比如，处室的一般正科级干部，提拔到下属单位担任副处级干部，或是处室的副处级干部到下属单位任正处级干部。这样的流动虽然离领导远了，单位地位下降了，但是级别提上来了。也有的情况是，处室一把手自觉升迁无望，还不如到下属单位担任一把手，这样“天高皇帝远”，有独立的财权和人事权。这种向上流动的方式，也是常见操作。

从下属单位的职级来讲，隐性层级就更多了。下属单位一般也是五脏俱全，除了有自己的领导层之外，也有内设机构和办公室。内设机构有重要和不重要、离领导远近之别，重要的、离领导近的机构地位就高。同样的级别，从不重要的机构调到重要的机构、从离领导远的机构调到离领导近的机构，就是提拔重用。

比如，某职员之前在下属单位内设某机构任副科级干部，后调到办公室任副科级普通职员（没有实职），虽然没有实职了，但因办公室是单位的心脏，地位重要，容易被领导关注，因此该调动被认为是提拔重用。此人若再由办公室职员调任内设机构的副职领导职务，虽然级别还是副科级，但是已经进入（下属单位内设机构的）领导行列了，也被认为是提拔重用。此人若再调到办公室担任副主任，级别还没变，但仍是重用。由办公室副主任调到厅办公室任副科级普通职员，还被认为是提拔重用。

这些被认为提拔重用的流动，虽然级别没变，但是有两个方面变了：一是从非实职变成实职，二是从一般岗位调到重要岗位。就前者而言，只有实职才有进一步晋升流动到更高、更重要岗位的可能，实职意味着进入了“领导”序列。例如，副主任科员是非领导职务，只是享受副科级待遇，而担任乡镇办公室主任后，级别还是副科级，但是已经进入了后备干部的序列。又如，副调研员和副处长，虽然都是副处级干部，但是副处长有实职、掌握实权，而副调研员只是有级别、没实权，由副调研员转为副处长被认为是提拔重用，从副巡视员到巡视员也类似。

所谓“重要岗位”，包含以下六个方面：一是有权力的岗位，如市场审批处处长、人事处处长。二是有资源的岗位，如项目审批处处长、财务处处长。三是有“油水”的岗位，如基建处处长、后勤保障处处长。四是领导重视的岗位，领导的注意力配置在某些处室的某些事项上，那么这些处室的领导岗位就被认为相对重要。五是离领导近的岗位，这些岗位上的人容易进入领导的视野，如办公室。六是高级别单位的岗位。相对于下属单位来说，厅里的内设机构的岗位就是高级别单位的岗位。

笔者调查到这么一个典型案例。某市局下属单位内设机构的某副科级普通干部，其先后在以下岗位转过：下属单位办公室副科级干部、下属单位远离领导内设机构副职、下属单位重要内设机构副职、下属单位办公室副主任（副科级）、借调市委办公室普通职员（副科级）、市局办公室副主任科员（非领导职务）、下派乡镇任党委副书记（工资待遇提高，有机会提拔到更重要的岗位）。该干部在副科级岗位上待了近十年、共计七个岗位，后面预计提拔的岗位依然是副科级岗位。但是，每次流动都被视为提拔重用，他都会给予很高期待。最终，此人从下属单位的内设机构到了所属市局的核心部门。从下往上走，岗位越来越重要，地位也越来越高。

总之，下属单位越多，所属政府部门的内设机构的领导干部的出口就越多、越宽；对于下属单位来说，干部向上的隐性流动的机会也越多。在这样的政府部门做领导，可用的干部人事资源就多。相反，小部门可用的人事资源稀缺，领导的干部激励工具就较少。如某县级法制办，就那么七八号人，干部职数少、科室少、隐性层级少，难以制造隐性流动。

"曲线流动"：领导如何制造和推动隐性流动

我国体制内存在大量的隐性层级。为了推动工作、调动积极性、培养干部，领导的很大一部分人事工作，就是要制造和推动单位内的隐性流动。

单位内部隐性流动的频率与主要领导的人事艺术有关系。高超的人事艺术，既要让干部在隐性层级中流动起来，以使干部出口不至于太拥挤，又要让干部在流动中得到锻炼，还要提高领导自身的权威。

某省厅的厅长过去在组织部门担任领导干部，是干部人事方面的专家。下面，以该厅科教处、非遗处、公共服务处、审批处和办公室几个一把手的流动为例，呈现领导的用人艺术。

办公室副主任是厅长悉心培养的后备干部，要受到锻炼和提拔。但是，厅长没有直接把他提拔为办公室主任。如果直接提拔他为办公室主任，虽然可以这么做，但是难以服众，至少副主任的资历不够。再者，如果直接提他为主任，那么后面能给他安排的位置要么是人事处处长，要么直接提副厅。而且届时此人也认为自己当了办公室主任就“应该”能到这些岗位，他对厅长的感激之情就在于提主任这一次。如果后面厅长没能把他推荐上副厅，他可能会有意见。那么，厅长就会调副主任先到科教处去当处长，先解决级别问题，也多历练一下。科教处虽然是边缘处室，但好处是级别上来了，又没有多少人惦记。副主任去锻炼三年后再回办公室当主任，一是其他人没意见，二是厅长兑现了“诺言”，他要再感谢厅长一回。当办公室主任后，厅长建议他再去人事处干干：多岗位锻炼更能服众，资历老了再提拔，省里也好通过，他也不会有怨言，因为副厅级基本上近在咫尺了。那么，从办公室主任到人事处处长的流动，他又要感谢厅长一次。这样一步步向前挪，每一步他都会认为是厅长代表组织在培养他、在为他着想，而不会认为自己的提拔是理所应当的，因此他会对厅长一直怀有感激之情。相反，如果一步到位，他很可能会认为“上去”是必然的，是“天命所在”，从而不会把“功劳”记在厅长身上。

提副主任担任科教处处长要有空缺，厅长要找原来的科教处处长谈话。厅长对原科教处处长说：“你当科教处处长这么几年，把一个边缘处室搞得风生水起、有声有色，都变成厅里的大处了，既有功劳又有苦劳，厅里是看在眼里的。厅里想让你到非遗处去担担子。非遗处是大处，中央对非遗工作越来越重视，需要有魄力、敢担当的干部去接棒。”原科教处处长要到更大、更有资源的非遗处去当处长，自然很愿意。

然后，厅长再找非遗处处长谈话，说：“你非遗处在厅内考核中几年都是名列前茅，成绩有目共睹，厅里决定再给你压压担子，想让你把公共服务处的那一档子事情给揽下来。”公共服务处是该厅的大部门，人员多，还直接对接几个下属单位，前两任处长都被直接提拔为二级巡视员了。因此，调任公共服务处对非遗处处长着实有较大吸引力。

厅长随后找公共服务处处长谈话，让他去审批处。审批处是核心权力部门，掌管着省级相关事项的审批权，公共服务处处长自然会很乐意流动。

厅长最后对审批处处长说：“你这几年搞专业，成绩有目共睹，但是也要到行政岗位上去锻炼锻炼。刚好办公室有空缺。”审批处处长看要到领导身边工作、离副厅级干部越来越近，自然会对安排很满意。

对于办公室主任的安排，由于副厅级的岗位太少，组织决定让他先到人事处去过渡一下，预计三年后可升任副厅级干部。

这样一来，把科教处、非遗处、公共服务处、审批处和办公室的一把手都动了一遍。这五个处室的一把手都得到了提拔重用，都很高兴。

相反，如果直接将办公室副主任提拔为主任，则这五个处室的一把手都可能对该人事变动有意见。科教处、非遗处、公共服务处、审批处四个处室的一把手没有动，他们心里肯定不舒服。办公室原主任调任人事处处长，虽然离副厅级干部更近了，但是新任人事处处长会认为厅长是为了提拔他自己的人上来而让自己挪位置，心里会别扭。如果办公室副主任之前是审批处处长的手下，那么办公室副主任升任主任，审批处处长最不服气。

总之，通过推动隐性流动，厅长提拔一人就能挪动一窝，让这些人在不同的岗位上得到锻炼，让被提拔和挪动的人都认为自己被组织关心、被重用了，都感觉自己进步了，并激起这些人的工作积极性，厅长也会获得这些人的拥戴。

2019 年 8 月 12 日

中层配备与事业编激励：

让大多数人看到希望

乡镇事业编一辈子在一个乡镇工作，既有丰富的群众工作经验，对乡镇也非常熟悉，若能将他们的积极性调动起来，对于乡镇工作有非常大的助益。调动他们积极性的一个办法是给予他们转编或晋升的机会。

中层干部的级别与配备

单位领导要推动工作，就要调动中层干部的积极性。中层干部的职数越多、级别越高、人事流动越快，领导就越好通过配置干部推动工作。无论是乡镇还是委办局，都会在编制之外多设置科室和中层岗位，这既是工作的需要，也是为了有更多的干部能获得中层岗位，提高他们工作的积极性。

在乡镇和委办局，中层岗位一般是股级。也有些单位如组织部和纪委，它们的中层岗位的级别可能会高一级或半级。在新一轮机构改革中，组织部中层岗位的级别普遍降格了，纪委的则升格了。之前，组织部的科室主任都由副科级干部担任；一些重要的科室，如干部科和组织科，科长一般加挂人才办主任、两新工委书记等以解决正科级别问题。组织部除部长是副处级干部外，常务副部长是正科级干部，副部长一般是副科级干部（也有正科级配备的副部长）。尽管科室主任是副科级，副部长也是副科级，但是他们的资历和地位不同，再调任的岗位有差异。同样是调任到乡镇，副部长一般要任党委书记，科室主任只能担任乡镇长。机构改革后，组织部科室的级别全部降半级，由副科级降为正股级。这样，组织部的正科级、副科级职数都相应地减少。

与之形成对比的是，纪委的副科级、正科级岗位则在机构改革后增加了不少。之前纪委科室的级别有正股级、副科级和正科级三类，这次改革中，不少科室的级别都提了半级，许多科室都是正科级和副科级科室了。纪委本身是大单位，科室有十几个，还有副科级纪检员之类的设置，因此科级干部的职数较多。

单位科室升格或降格，其背后是干部职数问题。升格了，相应的干部职数增加；降格了，相应的干部职数减少。在县里，一个单位的副科级、正科级干部职数多，有利于单位内部干部的晋升流动，否则干部晋升流动空间小，不利于干部激励和积极性调动。对于像组织部、纪委这样的高配单位来说，正副科级的科室越多，单位内部能够决定的正副科长就越多，越有利于单位年轻人的成长及与其他单位干部竞争。在乡镇，一个副科级干部的决定权在组织部，组织部可以从其他单位给乡镇外调副科级干部，就会减弱乡镇内部的人事流动。而在纪委，领导班子之外的正副科级干部皆由单位自己决定，从内部提拔，组织部走例行程序，这样对于纪委内部的干部来说向上流动的机会就要较乡镇大。在纪委科室任一把手，已经解决正科或副科级别问题；而乡镇的科室一把手，还是正股级干部，级别差半级或一级。纪委办公室主任是正科级干部，乡镇办公室主任是正股级干部。前者调任乡镇可直接任正科级副书记，熬也能熬到镇长。后者被提拔重用也只是排名最后的副镇长，离副书记还有多个隐性级别。

事业编激励的制度安排

县里为了加强对乡村两级干部的激励，配备好一线工作人员，为村支书、事业编（含工勤编，下同）转公务员提供了便捷机会：在给定条件下，给予他们转编并担任副镇长的机会。在过去几年，全县每年有两名村支书晋升为副镇长，每个乡镇隔两三年有事业编中层正职升任乡镇副职。从调查来看，即便这些人不担任副镇长，仅仅是转变为公务员，对他们来说也是“祖坟上冒青烟”的事情。转变为公务员之后，无论是工资、待遇、福利，还是政治地位、政治前途、退休前景等，都大为改进，“人生进入一个新的境界”。之前是天方夜谭的事情，现在县里给予了这样的机会，对于这几类人群来说无疑是莫大的激励。

但是，调查也发现，给予村支书这个口子，不仅起不到激励作用，反而会被一些人钻了空子。因为县里给村支书的名额是三个，把条件卡下来之后，全县就只有五六个人符合条件，就在这几个人中选拔，对大部分村支书、村干部起不到激励作用。反倒会出现这样的神操作：一些人先将自己的子女弄成社区干部、书记，再通过这个渠道转成副镇长。这样做，比考上公务员，再逐级晋升到副镇长要快得多，也要精准得多。

上述机制如果常规化，对乡镇事业编倒不失为一项很好的激励措施。因为每年都有名额，凡是担任一定年限的中层正职、几次被评为优秀、年龄在五十岁以下的事业编都有报名竞争的机会，这就能够激励事业编为改变命运而将工作干好，以获得领导肯定和推荐。南方某镇有一个典型案例：某事业编四十多岁，担任某科室副主任。因为主任是由一名副镇长兼任，该科室副职实际上主持工作多年。县组织部原来的文件规定只有中层正职才能报名转公务员，他因此认为自己没有资格，就没有报名。后来，在班子会讨论、确定正式推荐名单时，该镇武装部部长提出主持工作的副职是不是也相当于正职，还需要详细咨询组织部，否则会让一些人失去机会。于是，此事暂时搁浅。后来，组织部下文回复说该科室副职可以报，他就报名了，并且因为各项条件占优势，最后在竞争中胜出，担任该乡镇副镇长。

乡镇事业编一辈子在一个乡镇工作，既有丰富的群众工作经验，对乡镇也非常熟悉，若能将他们的积极性调动起来，对于乡镇工作有非常大的助益。调动他们积极性的一个办法是给予他们转编或晋升的机会。从制度设置而言：一是事业编转公务员应该常规化，让事业编能够看到希望；二是条件要放宽，不能让多数人被条件给卡了，要让更多的事业编有机会参与竞争，在竞争中优胜劣汰。

2020 年 3 月 5 日

年轻干部职场里那点事：

“努力就有机会”

在许多乡镇，新进的公务员首先要在党政综合办待一年半载，以熟悉乡镇和行政村的全面工作，然后驻村工作一两年时间，有一定的农村工作经验后再调至乡镇其他站办工作。经过多岗位锻炼，年轻的公务员很快就可以成长为合格的乡镇干部。基层的这些机制，既是治理工作机制，也是人才培养机制。

新条件下的新认识

调查发现，在新时代下，全国各地基层年轻干部的思想状况向更积极健康的一面发展，逐渐形成了干事创业的大好局面，但同时也存在因工作压力过大而滋生了一些自我保护和避责的消极思想。无论是积极方面还是消极方面，都表现在基层年轻干部的一些重要的“新认识”上。

“努力就有机会”

基层年轻干部对职位晋升的认识和看法，直接影响到他们的自我定位、工作状态和职业发展规划，是基层政治生态的风向标。基层年轻干部对职位晋升的认识存在一个逆转过程，即由十八大之前“晋升主要靠关系”的主导认识，转变为十八大之后“努力就有机会”的主导认识。

基层干部普遍声称，在十八大之前，只要听说身边哪个干部获得了提拔重用，就立马联想到他与主要领导有关系，给主要领导送了礼，或者他“朝中有人好做官”，而不会联系到他的工作能力和工作业绩。当自己没有得到提拔重用时，不是反思自己的工作态度和为人处世的方式，而是认为自己没有关系和背景、没有给领导送礼、没有请客吃饭和不会溜须拍马。在这种主导认识和思维方式的导向下，“关系”被认为是晋升的第一位的要素，工作能力、业绩及态度则被摆在次要位置。尽管这种认识不一定是事实，但是它所带来的负面影响却会使得裙带思想、小圈子观念满天飞，基层年轻干部更注重“搞关系”“走后门”和跑官买官，而不是干好工作本身；也会使得那些真正干事创业的干部因为没有得到提拔重用而产生委屈之情，失望和抱怨情绪较浓。

十八大以后，党中央的一系列举措重塑了党和国家大的政治气候，选人用人导向重新走上正确轨道。大的政治气候转变之后，各单位的小环境也发生了根本性变化，年轻干部成长发展的环境有了很大改善。主要表现在：

一是单位领导主动搭建年轻干部干事创业的平台。年轻干部的成长及提拔重用，不是其个人的事情，而是单位整体的事情，与单位的整体氛围息息相关。“凤凰一出就出一窝”，就是这个道理。一个单位（部门、乡镇、科室）内形成领导与班子、普通干部团结协作，共同干事创业的氛围，这个单位的精神风貌就会改变，工作业绩就会突出，在与其他单位竞争中就有优势，也就更容易进入领导的视野及形成普遍公论，那么，该单位的领导及普通干部就容易得到成长和提拔重用。

在中部地区某乡镇，“60后”党委书记与“80后”镇长合作默契，共同团结班子成员，用三年时间将一个落后小乡镇建设成小城镇建设的示范乡镇，在县域政治中有很好的风评。不仅其党委书记晋升为副处级干部，镇长转任更重要乡镇的党委书记，其他班子成员及多位中层干部都得到了提拔或重用。

经济发展水平在全县排中下位置的某农业乡镇，近五年连续为其他乡镇输送了八位乡镇党委书记或镇长。原因就在于该乡镇班子成员形成了团结干事的传统，行政村的班子也较为稳定团结，乡镇整体上政治稳定、风气良好、治理有效。

所谓“平台”，简而言之，就是在大的风清气正的政治气候下，在单位内部营造的团结干事创业的氛围。具有这种氛围的单位就是年轻干部干事创业和成长发展的最好平台。

二是单位领导有意识地构建年轻干部成长和脱颖而出的体制机制。在年轻干部的培养上，许多基层单位领导不仅主动营造好的氛围、搭建好的平台，而且在单位内部有意识地构建相关的体制机制，让年轻干部在其中得到锻炼和成长。在山东，乡镇与行政村之间设置“管区”层级，每个“管区”负责包干管理数个行政村，“管区”书记是一把手和第一责任人。按规定，乡镇干部晋升必须有三年“管区”书记的任职经历，从而激励年轻干部争相下去任“管区”书记。“管区”书记作为一把手，既要独当一面，又直接接触复杂的农村事务，因此很能锻炼乡镇年轻干部的综合能力。

在许多乡镇，新进的公务员首先要在党政综合办待一年半载，以熟悉乡镇和行政村的全面工作，然后驻村工作一两年时间，有一定的农村工作经验后再调至乡镇其他站办工作。经过多岗位锻炼，年轻的公务员很快就可以成长为合格的乡镇干部。基层的这些机制，既是治理工作机制，也是人才培养机制。基层正是通过将治理机制与人才培养机制有机结合起来，在基层治理工作中培养锻炼年轻干部，让真正有能力的年轻干部脱颖而出。

三是单位领导经常关心年轻干部的工作、生活、学习和成长。单位领导的关心和关注，是年轻干部工作干劲的重要源泉，是他们成长发展的关键。调查人员询问多地的乡镇党委书记：为什么他们会关心年轻干部的成长，主动培养年轻干部？乡镇党委书记们认为，首先，培养年轻干部是党中央的要求，干部的培养、推荐和任用，党委书记负第一责任和终身责任，因此需要选好、用好、培养好年轻干部；其次，基层事务需要有人来做，不培养好人才，事情就做不了、做不好，责任最终都要落到党委书记头上；最后，有培养前途的年轻干部的发展空间在全县、全市乃至全省、全国，把他们培养好了，也是乡镇和党委书记的荣耀。

领导对年轻干部的关心和关注，主要有四种方式：一是个别谈话谈心的方式。领导经常找年轻干部谈话谈心，既了解了年轻干部工作、生活和学习的动态，把握他们的思想动向，及时解决他们的问题和困惑，又能具体地给他们指路子、出点子，给予他们经验指导和精神动力。比如，中西部某乡镇“80后”镇长，经常手把手地指导党政综合办新进公务员写材料和改稿子。某乡镇党委书记根据自己的成长经验，及时准确地了解年轻干部在不同阶段、不同岗位遇到的问题和困惑，并有针对性地给予解决。某乡镇党委书记认为“会写材料是晋升的捷径”，他自己就是典型的案例，于是他要求新进公务员必须先在党政综合办或组织办学会写材料，然后再到其他岗位历练。二是集体座谈会的形式。这种形式既能够综合把握年轻干部的整体状况，解决年轻干部工作、生活中普遍存在的问题，又能够在单位营造年轻干部受重视的氛围，达到动员年轻干部、给他们打气鼓劲的效果。三是交办事情的方式。领导把一些难以分下去的、临时的、重要的或带有保密性质、私人性质的事情交给年轻干部去办，既锻炼年轻干部的办事能力，又让他们感觉到领导对自己的重视。四是压担子的方式。即把年轻干部放到关键岗位上、复杂事务处理中去锻炼。

四是基层选人用人以能力和态度为唯一导向和原则，形成了“努力就有机会”的新认识、新氛围、新思维方式。基层过去干部晋升是“有关系”的认识逐渐被“努力就有机会”所取代，“能力”和“态度”成了基层单位选人用人的导向和原则。在乡镇，那些态度好、能力强、业绩突出的年轻公务员容易得到领导赏识和单位推荐；在提拔重用县管干部、配备乡镇班子成员时，乡镇党委书记的推荐及意见至关重要。

据调查，在基层，所谓“能力”包括业务能力、写材料能力、群众工作和群众动员能力、综合协调能力、政治领导能力、全局掌控能力等，对普通干部的基本要求是要有业务能力、写材料能力、群众工作和群众动员能力等，副科级领导干部还需要有综合协调能力，乡镇正职必须要有政治领导能力和全局掌控能力。所谓“态度”，包括政治态度和工作态度，前者主要是要有“四个意识”，后者是指服从领导安排和工作努力认真负责踏实。既然态度好，工作能力又强，一般都能够把工作干好，在单位群众风评就会不错，领导也会满意，那么提拔重用的机会就大。

当然，能力和态度是选人用人的前提和基础，并不排除“关系”仍会发挥一定的作用，但是其不起决定性、关键性、基础性作用。有关系的人要被提拔重用，前提也是要有能力和态度。

头顶“达摩克利斯之剑”

在基层，“80 后”“90 后”年轻干部已经走上了领导岗位。笔者调查的乡镇中，“80 后”已经占了班子成员的大部分，其中一个乡镇班子成员九人中有七个是“80 后”，两个是“70 后”。另一个乡镇，党委书记是 1987 年的，副书记是 1990 年的。

在调查中笔者感受到，这些年轻的领导干部有思想、有经验、有活力、有抱负、有干事创业的闯劲，但同时也深刻感受到他们身上背负着一股沉重的压力，他们似乎在负重前行。多地乡镇领导干部这样形容他们身上的压力，“晚上躺下睡着之后，不知道第二天早上自己是躺在床上还是躺在监狱里”。中西部某贫困县有十五六个乡镇，这两三年间有一半的乡镇党委书记被问责免职，有的乡镇党委书记岗位还在空缺中。

在新时代，基层领导干部的压力不是来自腐败害怕被抓、晋升竞争激烈，甚至不是来自事情多、任务重、矛盾复杂，或者是不被群众和舆论理解，而是来自政治问责。在乡镇领导干部中，压力最大的是乡镇党委书记和乡镇长。

政治问责就像悬在基层领导干部头上的一把“达摩克利斯之剑”，随时都有落下来的危险。基层领导干部担心的政治问责主要源于以下五个方面：

一是基层“事权利责”不匹配。基层尤其是乡镇的事情多、责任大，但是没有相应的职权。乡镇是最基层的政权单位，也是职权不完全的政权单位。上级职能部门以“属地管理”原则，与乡镇签订“责任状”，把工作和责任推到乡镇，自己只监管乡镇做事而不用直接负责，这就会造成事情责任属地而职权不属地，导致乡镇“事权利责”不匹配。乡镇只有管理的权力，而没有执法的权力，就无法真正地将责任落实到位，而一旦出事，它又必须背责。“管行业就要管安全”，各行业安全生产责任成为乡镇领导最担心的“达摩克利斯之剑”。

二是基层“一票否决”项泛滥。在基层考核中，“一票否决”项属于基层党委政府的政治任务，一般有两个来源：一个是中央或省市党委政府重视的事情，如过去的计划生育；另一个是县级层面的重要治理事务。这些政治任务被县级党委政府确定为中心工作，实行“一票否决”制。该机制对于基层压实责任、落实任务、确保实效具有强激励效用，逐渐成为基层推动工作的重要机制。不仅县级党委政府会将一些重要事务上升为政治任务，以使乡镇领导干部重视起来；各职能部门对于下达给乡镇的业务工作，也千方百计地将其变成对乡镇考核的

“一票否决”项。这样，乡镇面对的“一票否决”项越来越多，所有的任务都是“重要”的任务，给乡镇干部的压力越来越大，使他们疲于应付。

三是基层“问责机制”被滥用。问责的目的不在于问责本身，而在于压实基层责任，更好地推动工作。但是，当前基层“问责机制”中存在的一个悖论现象是，上级领导为了保障自己不出事、不被问责，而对下级领导干部频繁滥用“问责机制”、加大问责处罚程度。在以下两种情况下，“问责机制”会被滥用：其一，乡镇出的问题被省市发现或知晓，在上级领导追责之前，县级领导会及时果断地加重问责乡镇领导干部，以表明自己对问题的重视；其二，乡镇出的问题被媒体曝光，县级领导会以牺牲乡镇领导干部为代价来平息舆论。出现这两种情况，普遍的问责措施是给予乡镇主要领导免职处分。这种处分过重，意味着直接中断乡镇领导的仕途。乡镇主要领导生怕这种事情发生，但又防不胜防，倍感压力。

四是基层“容错机制”不健全。尽管中央提出要建立健全容错纠错机制，宽容干部在改革创新中出现的失误、错误，强调切实为敢于担当的干部撑腰鼓劲，但是到了基层，基层领导干部担心对下级问责追责不到位，背负纵容下级的罪名而被上级问责，因此，基层不仅难以落实容错纠错的工作机制，反而在问责追责上层层加码。

五是基层“顶格落实”任务不现实。在强调顶层设计的今天，基层的自主性和能动性越来越弱。上级对下级进行顶格管理，其下达的任务要求下级“顶格落实”，讲究最高标准、最严要求、最快速度。但是，要求基层“顶格落实”任务，既忽视了基层之间的差异性，也忽视了基层资源的稀缺性，使得没有条件给予“顶格落实”的任务也要“顶格落实”。因为不“顶格落实”就可能会被问责，所以必然会给基层领导干部带来压力。

问责高压给基层领导干部带来了一些负面影响，在一些基层领导干部中出现了一些缓解压力的策略行为。比如，以形式主义来应付顶格管理、属地管理和过多的政治任务；以不求有功、但求无过的心态，信奉少干事创业少出错、不干事创业不出错的法则；自我保护和避责意识加强；等等。

又如，上面问责多，担任基层领导干部的风险大。在基层（尤其是乡镇）领导岗位上待的时间越长，风险就越大。这会使得一些有前途的年轻干部不愿意在基层长待，他们一旦有了基层任职经历，就可能转到权力大、风险小的上级单位任职。

2019 年 6 月 2 日

年轻干部职场外那点事：

拮据的经济与健康的社交

基层年轻干部的生活状况主要包括三个方面：一是家庭经济状况，二是社会交往状况，三是知识学习状况。普遍情况是，基层年轻干部的家庭经济状况相对拮据，社会交往较为健康，对知识学习则近乎渴求。总体上，基层年轻干部的生活状况较为积极健康向上，家庭经济状况亟待改善，工资待遇需进一步提高。

经济生活相对拮据

基层年轻干部的经济生活主要是指他们正常薪资收入支撑下的家庭生活水平。基层年轻干部的薪资包括基本工资、岗位津贴、岗位补贴和福利奖金四个部分。这四个部分在日常生活中又主要以三种形式体现出来：一种是打卡工资，可以直接用于购置生活和消费物品；一种是物质福利，主要是基层工会发放的节日福利；一种是“五险一金”之类的非打卡工资，这类工资无法用于日常生活，其中住房公积金对基层年轻干部购房有显性助益。影响基层年轻干部家庭经济生活的主要是打卡工资。

基层公职人员的工资主要是由县市财政统筹，那么，决定基层年轻干部工资水平的因素就主要是所在县市的财力。东部地区和一二线城市经济发达，地方财政收入雄厚，基层年轻干部的工资水平相对较高。在江苏、浙江、广东等地区，乡镇刚入职公务员年收入（打卡工资，下同）普遍达到了 12 万元左右，事业编人员也在 8 万～10 万元间，副科级干部的年收入在 15 万～20 万元间，而正科级干部的年收入则可以达到 25 万元左右。在县市内的公务员要比乡镇公务员少一项“乡镇补贴”——每年 1 万～2 万元。广大中西部地区的县市主要是“吃饭财政”，一个受访的县委书记说，他“每天凌晨起来想的第一件事就是全县两万多公职人员吃饭的问题”。

中西部地区县市普遍的情况是，刚入职的公务员打卡工资（含车补，下同）是 2 800～3 200 元，加上年底绩效和奖金大概在 5 万元，刚入职的事业编人员月工资（没有车补）为 2 600～2 800 元，年收入在 4 万元左右；刚晋升的副科级干部的工资在 3 500 元左右，年收入在 5.5 万～6 万元；工作上十年的副科级实职干部每月打卡工资可以达到 4 500～4 700 元，年收入在 7 万元左右。一些中西部地区县市常因财政紧张而拖欠公务人员工资，时间在半年到一两年不等。

从调查来看，党的十八大以后，基层年轻干部的薪资收入有以下变化：

一是收入来源从多元到单一。在十八大之前，基层对干部和财政的管理不太严格，干部除工资收入外，还有其他的收入来源，包括在工矿企业投资入股、入干股、收受红包礼物、单位小金库发年终奖励、各种补贴津贴、项目结余、单位食堂免费就餐、私人请客单位签单、过节费、各类工作经费等。多元化收入远高于工资性收入，有的基层干部形容“工资基本不用”。笔者通过访谈了解到，鉴于乡镇公务人员有多元化的收入，许多中小学老师通过各种形式（考公务员、事业编、借调）进入乡镇工作。

中央“八项规定”出台之后，基层公务人员多元化的收入被砍掉，工资性收入成为统一的单一性收入来源。例如，在乡镇，过去副科级以上干部及主要的站办所主任、所长等，都可以在本地工矿企业入干股，每年有固定的收入。十八大之后，基层干部不敢再入干股了。再如，单位发放的各种补贴、津贴、过节费、生活日用品等，都被规范起来，许多名目都不准发、不敢发了。又如，过去私人请客单位签单或在单位食堂请客吃饭是基层干部的一项重要福利。“八项规定”出台后，基层基本上实现了“零招待”，或者是以“工作餐”招待客人，私人请客单位买单的福利也就不存在了。

二是收入性质从灰色到阳光。十八大之前，基层干部的收入来源多元化，除工资之外的许多收入都可以纳入灰色收入范畴，处在合法与不合法之间，但被普遍认可。典型的如单位小金库。财政收入好的乡镇或单位，小金库的收入就高，给职员发放的各类福利就多，从而造成单位之间的不平衡，福利好、油水多的单位大家都想方设法往里挤，在福利差、没有油水的单位上班则被人看不起。又如领导干部入干股，一直被认为是领导干部的福利，在单位内部是公开的秘密，为所有人认可。在乡镇，干部争任副科级实职，很多看重的不是政治前途，而是有入干股的机会。

十八大之后，无论是工资性收入还是福利待遇都阳光化，干部和单位的灰色收入空间被极大压缩，收入越来越“干净”。当然，单位之间的福利待遇仍有差别，如在中西部地区，县职能部门的福利待遇普遍高于乡镇。同样是下乡扶贫，县直部门每人每天有100～200元的补贴，乡镇则拿不出这项经费。但对于主要领导来说，由于都没了灰色收入空间，在哪一个单位任职差别不大，很多领导干部更喜欢到过去被认为是“清水衙门”的单位任职。在这些单位任职，待遇有保障，工作清闲且工作压力和风险较小。

三是收入数量从充裕到拮据。十八大之前，由于收入多元化及灰色空间较大，基层干部的收入较为充裕，即便是刚入职的基层干部也能够通过其收入在当地过体面的生活，具有副科级以上实职领导干部的收入就更高。

体面的生活表现在几个方面。比如，在县市购置商品房较其他群体压力小，或者有单位的福利分房。又如，单位发放的生活日用品及收受的红包、礼物、购物卡等能够支撑日常开支。多地基层干部声称，过去单位发放的食用油、大米、洗衣粉、餐巾纸、购物卡等可以满足一年的生活所需，无须动用工资收入。单位的这些福利往往是一个“单位人”被其他人羡慕的地方。签单请客吃饭也被认为是一种重要的体面象征。有些乡镇有这样的规定：在乡镇签单的饭店或是单位食堂，本乡镇工作人员都有签单请客的福利，不同级别的干部签单的次数不同。比如，在某乡镇，普通工作人员一年有五次签单的权利，他们可以在招待亲朋好友时签单请客。这无形中提高了乡镇工作人员在亲朋好友中的地位，帮其争得了面子。

十八大之后，基层的许多灰色收入和单位福利被砍掉，基层干部收入大为降低。基层年轻干部由于职务、职级没有上去，工资性收入及福利少，家庭经济生活较为拮据。在中西部地区，一个刚晋升乡镇副科级实职的年轻干部算了一笔账，其每月打卡工资是 3 200 元，其个人支出包括：伙食费 300 元、汽车燃油费 500 元、电话费 100 元、抽烟费用 300 元、人情支出 600 元、每月给父母费用 300 元，总共 2 100 元。家庭其他支出：老婆电话费 50 元、儿子上幼儿园费用 500 元、买菜费用 300 元、水电费 50 元，总共 900 元。总收入减去支出：3 200 元－(2 100＋900)元＝200 元，即正常开支后，其到手工资只剩下 200 元。

如果家里只有他一个人有收入，那么其家庭成员就不可以发展任何兴趣爱好，无法支付购置衣物、旅游、走亲戚、买化妆品、买零食、买玩具、小孩兴趣班和辅导班、生病医治等费用，更无法支付在餐馆请客吃饭及其他社交活动的费用。该副科级年轻干部的情况在中西部基层具有代表性，基层年轻干部的经济生活总体上较为拮据。

调查发现，刚入职的公务人员工资收入仅够生活开支，在购房、还房贷方面有长期的压力，许多人"望房兴叹"。对于住在县城但工作在偏远乡镇的公务人员而言，购车和支付燃油费也是一笔较大的开支。许多每月 2 000 多元、没有车补的事业编工作人员为了节省燃油费，只能长住乡镇，周末才开车回家。

经济拮据的影响

基层干部收入的单一化和透明化，有利于防止干部腐败，净化基层干部队伍，提高公众对基层干部的满意度。但是，由于中西部基层年轻干部收入较低，家庭经济较为拮据，给这些地区基层干部队伍建设、基层治理及干部个人成长都带来了一定的负面影响。主要有：

一是只有双职工家庭才能应付生活。中西部县市的一般情况是，一个家庭要获得中等收入的体面生活，其家庭可支配的年收入在12万～15万元之间。低于这个区间的收入家庭则难以应付刚性支出。一个公务员家庭只有夫妻双职工且都到了副科级，其家庭收入才能达到县市的中等收入水平，才能过上体面的生活。

比如，一个家庭中，妻子是工作十五六年的乡镇副科级实职，年收入在7万元上下，丈夫是县一中高级教师，享受副处级工资待遇，年收入在八九万元，其家庭可支配收入就有十五六万元，足可使其在当地从容应对各种生活需求和变故。这样的家庭不仅可以生二胎，还可以将子女送到省会城市中学就读。

然而，刚入职数年的双职工家庭，其可支配收入难以达到中等收入水平。在中部某省农业县的一个双职工家庭，丈夫入职四年、刚提副镇长一年，打卡工资是每月3 200元，妻子是乡镇中心小学老师，入职五年，打卡工资是每月2 900元，家庭每月可支配收入6 100元，年收入在8万元左右，不足以支撑他们在县城的体面生活。因此，他们虽然在父母的支持下在县城买了房子，没有还贷的压力，但是没有居住在县城，而是依然在农村跟父母居住，小孩由父母看护，这样生活开支相对较低。

对于基层年轻干部而言，双职工的好处是，买房后两个人的公积金可以支付月供，没有还贷压力。如果家庭中一个是公务人员，另一个没有固定工作，还要在家带小孩，那么其家庭就很可能入不敷出，或者只能勉强维持生计，而谈不上购房和过体面生活。当前中西部基层年轻干部的工资水平，与从事其他行业的人群相比没有优势，他们无法从工资待遇中获得优越感。

二是农村乡镇难以留住人才。在县直机关、城关镇工作，较在农村乡镇工作，在一些方面有优势，比如就近上班、通勤时间短。当前大部分乡镇年轻干部已居住和生活在县城，只有个别刚入职的乡镇公务员和少数“老乡镇”居住和生活在乡镇所在地。那么，对于居住在县城而工作在农村乡镇的年轻干部而言，他们花在通勤上的时间和费用较多，也难以照顾到家庭。在机关或城关镇工作的年轻干部，则无须付出这些成本。

在农村乡镇工作，工资待遇较在县直机关或城关镇工作低，且相对没有保障，经常会被拖欠工资。在农村工作经常加班或下乡，但是没有加班费和下乡补贴，事业编工作人员甚至没有车补和电话补贴；而在县直机关工作不用加班，下乡扶贫还有下乡补贴。由于只有双职工才能使家庭过得较为体面，因此基层年轻干部找对象的第一个要求就是有“正式”工作；而在农村乡镇公职人员内部找对象选择空间小，找其他乡镇或县直机关的对象又要两地分居。

基于上述原因，乡镇年轻干部都想往县直机关或城关镇流动，而不易在乡镇扎根工作。年轻干部向上流动的方式包括借调、招考、调动、升职等。乡镇副职调任到县委办局任一般干部也乐意，而城关镇的副职女干部连升任农村乡镇的正职都不干。农村乡镇留不住人才，梯队建设就会出现一些问题，许多中西部农村乡镇干部出现年龄断层现象。

三是弱化基层党委政府对干部的动员能力。对基层年轻干部的激励和动员不外乎政治激励、经济激励、情感激励。政治激励对于有政治前途、还在组织考虑提拔的年龄的公务员有较大激励作用。对于过了年龄的公务员和没有政治前途的干部，只剩下经济激励和情感激励。

在东部地区和一二线城市基层，由于年轻干部（无论是公务员，还是事业编）的工资待遇相对较高，足够支撑他们在当地过上中产阶层的体面生活，因此他们对自己的收入较为满意，工作积极性较高，基层党委对他们的动员能力较强。用他们自己的话来说就是，自己的工作“至少要对得起这份工资”或是“看在这份工资的份上也要努力工作”。所以，东部沿海基层的返聘人员和临聘人员的工作积极性都较高，较少有消极怠工的现象。

在中西部基层，由于工资待遇低，没有政治激励的工作人员的积极性就要大打折扣，他们感慨自己“政治上没地位，经济上没有优越感”，在工作中有消极怠工现象。对于没有政治前途的事业编来说，对他们的工作动员和激励就只能靠“讲感情”了。

四是基层年轻干部寻找其他收入来源。为了能够在当地过上体面生活，部分基层年轻干部会寻找工作之外的收入来源，不会全身心地投入工作，更不会将工作当成事业来做，这会减弱他们对自己是“党的干部”的身份认同。比如，有的年轻干部会在平时花更多的时间考虑股票、基金、房产投资等，而对本职工作不那么上心；有的年轻干部会借钱、找门路与合伙人创业；有的年轻干部在家庭的支持下经营或出租门店。

由于近年对干部管理越来越严格，尤其是杜绝吃空饷，基层不再允许干部停薪留职，使得基层干部寻找其他收入来源的空间变窄，但是依然有些年轻干部会迫于生活压力去寻找其他的收入。笔者在中部某农业型乡镇了解到，一些乡镇干部为了获取额外收入，从农民那里流转土地后再用稍高价格流转出去，以获得微薄差价。在另一个乡镇，一个刚工作两三年的事业编，月工资只有 2 600 元，老婆没有正式工作，在家带小孩，家庭经济压力大。该年轻干部无奈之下尝试做“滴滴”司机，第一次载客就载到了自己所在乡镇的领导。该年轻干部碍于面子没有收取领导的车费，还因此被滴滴公司罚款 50 元。

五是可能造成有家庭经济支撑的人更容易晋升。由于工资待遇低，基层年轻干部对于家庭支持的依赖程度就较高，包括依赖父母给自己买房子、买车子、提供基本生活费用、带小孩、供给社会交往的费用等。那么，年轻干部的家庭条件越好，家庭对他的支持力度就会越大。而家庭条件相对较差的家庭，对年轻干部的支持就较少。

家庭或家族的支持，对年轻干部有两个方面的功能：一方面，解除了年轻干部的后顾之忧，让他们能够安心工作而非更多地考虑家庭生活问题，从而使他们工作做得更好。而那些家庭无法提供支持的年轻干部，则会有较大的家庭生活压力和较多焦虑，这可能会对他们的工作造成影响。笔者调查了解到，中西部许多乡镇经常有一些年轻的副科级实职干部因为家庭经济压力问题而离职。

另一方面，家庭或家族的支持可以帮助年轻干部拓展社会关系网络。在基层，晋升主要靠的是工作能力和工作态度，但社会关系并不是不起作用。基层干部总结说，干部晋升，“工作能力和态度是基础，社会关系是润滑剂”。要维系和拓展社会关系网络，就需要有持续性的社交活动或人情走动，这都需要有经济支撑。在中西部农村，一次较高规格的请客吃饭要花上千元，这基本上要花掉一个刚晋升为副科级的年轻干部三分之一的月工资。因此，基层干部不可能靠工资收入来维系和扩大社会关系网络，这就需要有家庭或家族经济实力的支撑。那么，无论是从工作本身看，还是从社会交往角度看，有家庭或家族支持的年轻干部都占优势，从而在晋升竞争中也占有优势。

社会交往较为健康

从调查来看，基层年轻干部的社会交往较为健康，体现如下：

一是用于社会交往的时间大为减少。在中央八项规定出台之前，基层干部尤其是领导干部工作之余的时间基本上用于各种应酬、交往，或在赶往上级各部门的路上，个人的娱乐休闲和陪家人的时间很少。结果是，基层领导干部的工作与社交、生活难以分开，私事与公事交织不清。中央八项规定出台之后，基层的招待应酬极大缩减，干部对自身的要求提高，各类应酬和交往减少或被推却。

从调查来看，基层机关干部一般能够保证正常的上下班时间和周末节假日休假时间。乡镇干部加班时间较多，晚上有轮流值班任务，但是一般都能保证周末休息时间。基层领导周末除了开会、迎检或布置紧急任务以外，周末休假一般也会有保障。他们的休息时间多为陪家人或者学习，参加应酬及其他社交活动的时间不会超过周末时间的四分之一，一个月最多有一两天时间用于社交活动。周一至周五晚上的时间除了值班和加班，一般可以自由支配。“80 后”“90 后”基层年轻干部已经形成了较为规律的工作、休息和社交的时间分配。

二是交往的对象较为简单。在社交对象上，“80 后”“90

后”基层年轻干部与其他年龄段的基层干部有较大分化。“70后”及年龄比他们更大的基层干部的社交对象较为庞杂，除了亲朋好友之外，县域范围内掌握不同资源的各色人等都是他们交往的对象，他们认为各种资源都可以被私用或公用，社会关系不愁多，总有一天用得着。他们交往比较多的是权力部门的领导干部、商人群体、地方势力、村干部等。

“80后”“90后”基层年轻干部的交往对象相对简单，除亲朋好友之外，他们交往的一个是同事群体，包括本单位同事和有业务往来的其他单位同事，因为业务关系而结成社交群体；另一个是“同年”群体，也就是同一年考上公务员并一同参加公务员培训的群体，或者是同一届参加后备干部（“青干班”）培训的群体，他们年龄、学历、经历、体验等相仿，没有利益冲突，因而容易结成紧密的社交群体。另外，“80后”副科级实职以上领导，一般会回避与商人群体、地方势力等深度交往，只跟他们保持正常的工作业务关系。

三是交往的形式较为纯粹。“80后”“90后”基层年轻干部的社交形式要较“70后”及以上年龄段基层干部单一。调查了解到的是，后者的社交形式主要包括酒席宴请、K歌、打牌、洗脚、洗头按摩、垂钓、旅游观光等，社交成本由单位或企业老板支付。

“80后”“90后”的社交形式主要有私人聚会、家庭便饭、读书会、座谈会、学习交流会、喝茶聊天等，其中同事之间的社交私人聚会、家庭便饭的形式较多，“同年”之间的交往则以读书会、座谈会、学习交流会为主，个别交往是喝茶聊天。这些形式的社交不带有交易性质，较为纯粹，社交成本也不高，由社交成员轮流支付或AA制。

四是交往的内容较为健康。“80后”“90后”基层年轻干部社交的内容首先是交流感情。他们通过定期和不定期的社交活动，实现同事、“同年”之间及他们家庭之间的感情交流，增进沟通和了解。他们家庭之间会建立较为密切的人情往来。其次是交流学习，如通过定期读书会的形式交流学习理论知识的体会，通过座谈会的形式交流工作中的经验和体会，以实现共同成长进步。再次是解决问题和困惑，这些问题和困惑既包括个人工作、家庭、情感等方面的问题，也包括群体之间共同出现的工作、发展方面的困惑。这方面的社交内容在“同年”群体中体现得较为明显。

比如，中部某省在某市基层工作的“定向选调生”群体，共有12人，其中由1人任组长。组长全面了解该群体的个体和整体情况，当他了解到其中某人在工作中出现某些问题和存在困惑时，除了自己主动做工作、指导外，还邀请其他成员共同商讨解决。有一次，组长发现某成员驻村工作浮于表面，就直接提出了批评。其他成员在工作生活中有什么问题也会直接向组长反映或倾诉。

“80后”“90后”基层年轻干部的社交生活之所以更多地

表现出健康、积极和文雅的一面，既与党和国家大的政治气候有关系，也与他们一般受过高等教育（本科生、研究生毕业）、文化素质较高、有良好的修养和习惯有关系。与之相反，“70后”及之前年龄段的基层干部，一方面文化素质相对较低，普遍是高中、中专学历；另一方面，他们是从最基层摸爬滚打出来的，其工作和生活方式本身就没那么讲究，加上十八大之前的政治大环境也没有现在好。

对知识学习近乎渴求

在工作之外的业余时间，基层年轻干部做得最多的一件事情是进行知识、理论学习。他们对新知识、新理论的学习到了近乎渴求的地步，甚至可以说他们有“学习的焦虑”。

某“80后”年轻干部在领导的支持下，三年内不仅阅读了马克思、恩格斯、列宁、斯大林、毛泽东等伟人的经典著作，还阅读了数十本西方社会科学理论经典著作，撰写了数十万字的读书笔记。

某年轻干部拥有并阅读了大量农村研究的著作，将自己的农村工作经验及观察通过日记的形式记述下来，并进行理论思考。

某乡镇新任镇长在担任大学生村官和村党支部书记时，为了找到乡村治理和解决农村具体问题的办法，在网上阅读了大量农村调查和研究类的文章，对当前学界农村研究状况了如指掌。

调查人员所接触过的“80后”“90后”基层干部，很大部分关注了《人民日报》海外版旗下“侠客岛”公众号，对撰写基层调查研究文章的“岛叔”相当熟悉。各地“选调生”群体常组织“读书交流会”之类的活动，定期交流读书学习体会。读书学习成为“80后”“90后”基层年轻干部的一个显著特点，成为他们生活的一部分。

1. 知识学习的原因。基层年轻干部之所以会有知识学习的渴求和焦虑，首先与工作对干部的要求提高有关系。过去基层工作对年轻干部的要求是，俯下身子向群众学习，一头扎进基层、扎进农村、扎进群众，在实践中学习、摸索基层工作的方式方法，提高基层群众工作和群众动员的能力。然而，新时代基层工作不仅需要有较强的群众工作和群众动员的能力，而且随着基层工作的规范化、专业化、法治化、技术化水平提高，对基层干部在文字写作、政策解读、法律运用、理论把握、专业技能等方面提出了新要求。老一辈基层干部存在一定的分工，大部分文化水平较低的干部主要从事基层群众工作，而小部分有较高文化水平的干部则从事办公室文字工作。进入新时代，“80后”“90后”公务员成为基层干部的主流，他们都具备较高的文化素养，因此对他们的要求就必须是既要有基层群众工作的经验，又要具备新知识和新技能。

其次，与群众对干部的要求提高有关系。一方面，群众的文化知识水平提高，要求基层年轻干部在服务群众、做群众工作时要有更高的文化知识水平，包括专业、政策和法律等知识；另一方面，群众不断提出新的需求和问题，需要基层年轻干部给予满足和解答，这也要求年轻干部不断学习新文化、新知识。

最后，与年轻干部自我要求提高有关系。十八大以后，基层年轻干部的流动更加畅通，基层年轻干部有更强烈的晋升流动的动力，内部晋升竞争加剧，为此他们也要求自己不断增长各方面的本领。

2. 知识学习的方式。据调查，基层年轻干部进行知识学习的方式较为多元，主要包括：一是关注和阅读微信公众号。这种方式学习掌握的是“短平快”的知识，具有较强的实用性。许多受访的基层年轻干部称，他们阅读公众号相关推送文章的时间要占他们学习时间的三分之一。二是阅读相关理论和专业书籍。理论方面的书籍包括党的相关理论著作和社会科学著作，专业书籍包括条线专业著作、政策文件和法律相关书籍。调查发现，几乎所有基层年轻干部都有对相关法律知识的渴求，他们都会学习自己业务范围或分管领域的法律知识。三是积极参加各种类型的培训和进修班。四是有些有条件的基层单位经常会邀请基层党校或高校学者对基层干部进行授课。比如，调查人员在各地调查期间，就多次被基层党委中心学习组邀请去授课或办讲座。笔者从调研中感受到，基层领导干部有很强的希望通过高校理论研究来指导实践的渴求。

3. 知识学习的内容。基层年轻干部的知识学习有以下三方面内容：

一是提高理论素养的学习。基层年轻干部有较强的提高理论素养的主动性。理论素养的提升，不仅可以帮助提高年轻干部写材料的理论水平，还可以帮助提升他们提炼问题、看待问题、分析问题和解答问题的高度和能力。比如，对于某个治理经验，理论素养较高的年轻干部能够对之进行概括提炼，年轻干部写出的材料既能抓住重点和本质，又在语言视觉上有冲击力，从而便于宣传。

二是提高业务能力的学习。基层年轻干部有提高业务能力的迫切性。伴随着基层治理专业化水平的提高，基层各条线的工作越来越专业化和专门化，这对于基层尤其是乡镇非专业人员来说具有很大的挑战性，他们得重点进行专业化训练，那么工作之外的专业学习就变得重要了。比如纪检线上的干部，在十八大之前乡镇纪检工作没有得到重视的时候，他们干的活主要是乡镇的中心工作，而不是纪检业务工作。十八大之后，乡镇纪检工作得以压实，纪检干部就必须重新学习各领域的法律知识，学习的压力很大。另外，许多乡镇为了锻炼年轻中层干部（各站办领导）而实行轮岗制度，这就使他们每到一个新岗位都得重新学习专业知识。这也给他们带来了学习的压力。

三是提高综合素质的学习。基层年轻干部有提高综合素质的必要性。基层干部尤其是乡镇干部多是全能型、万金油式干部，需要有综合性的知识和能力，遇到相关的问题就需要掌握相关的知识并具备解决相关问题的能力。基层对年轻干部的培养也是采取多岗位锻炼的方式。那么，他们既需要在解决问题的过程中掌握相关知识，也需要学习和储备相关的知识以应对相关的问题。

比如，在基层年轻干部中，乡镇综合办主任所关注的公众号最多，少则数十个，多则一两百个，主题涉及政策、法律、政治、经济、文化、治理、农业、生活等各个方面，这是因为综合办是综合协调部门，会涉及乡镇和农村各方面事务，其主任就需要掌握各方面的知识，在写材料时也可能运用到各方面的知识。有位办公室主任跟调研人员介绍，乡镇工作人员买车时要了解耗油情况会向她咨询，她就必须掌握各主要车型的耗油情况，也就要关注相关的公众号；有年轻女干部咨询婴儿奶粉知识，她就必须关注育儿方面的公众号。

2019 年 6 月 1 日

驻村第一书记的角色与工作

村庄中有许多事情，尤其是一些小事情，是国家没有办法去处理好的，或者说通过国家来处理成本会非常高。这就需要动员和组织农民自己去处理。而第一书记的外部资源内部化之后，就可以激活和塑造村庄政治，改造农民群众“等靠要”的思想，触发他们处理好自己事情的能动性和创造性，从而可以低成本地做好群众身边的事情。这样就会形成外部资源“1+1>2”的效应。

笔者在湖北孝昌调研时，发现当地每个村都有上面下派的第一书记，有的村是省直机关派驻的，有的是市县机关派驻的，统称“扶贫第一书记”。

贵州镇远县也基本上每个村都派驻了扶贫第一书记。B村及周边几个村的第一书记是省内某大学的四位老师。四位老师中，只有一位做得比较顺心，其他几位都各有各的难处。还有一个村的第一书记实在做不下去了，就向学校申请召回，学校再派其他人下来。

浙江宁海的一些村也由县直机关派驻了第一书记。其所派驻村有三种情况：一是软弱涣散村，即村两委陷于瘫痪的行政村，村庄派系斗争严重，综治维稳任务重；二是经济薄弱村，集体经济发展缓慢，集体收入在全县中排名垫底；三是全县中心工作任务较重的村，如旅游线路沿线行政村。

从调研来看，第一书记一般是各单位的中层干部，被视为有较大的上升空间，选派本身也被视为一种锻炼，任职届满、考核合格回到原单位后，一般都会被提拔重用。宁海县S村的第一书记被提拔为乡镇党委委员、纪委书记。大学里的专业老师做第一书记在任职上没有提拔空间，但在评优评先、职称晋升上会被考虑。

“我是谁？”

第一书记驻村后遭遇的最大困难来自其身份不明确和角色不清晰。在党组织的正式体制中，没有“第一书记”这么一个职务，它由组织部门下派，但其档案和人事关系仍在原单位，由原单位发工资。组织关系有的调到了所驻村，有的留在原单位。因此，第一书记即便驻村，也不属于乡村党组织体系中的正式职位。“第一书记”名为书记，但他不是村里的书记，村里的书记仍是由村党支部选举产生。第一书记的地位似乎是要高于村支书，但村里的真正一把手又是村支书。那么，是村支书听第一书记的，还是第一书记听村支书的？在组织部门的相关文件中并没有说清楚。组织部门说，驻村第一书记不能绕开党委“闹革命”，是说第一书记要跟基层党委政府保持沟通联系，这就意味着他既有独立性，又与基层党委有组织关系。所以，第一书记与村支书既不是上下级的隶属关系，也不是各自为政的独立关系。

二者关系不明确，就使得第一书记在村里的身份不明确，没有正式的体制身份，既是书记又不是书记，既是村支部委员又不是委员，既是上级领导又不是领导。对于村里其他党员来说，第一书记是党委派下来的，他代表的是县乡党委，那么他就有权威；但是，在面对村支书与第一书记时，他们该听谁的，这也不明确。

因为身份不明确，所以第一书记在村里的角色也就不清晰。第一书记在村里要扮演什么样的角色，在体制上没有明文规定。第一书记要搞党建、抓发展、做精准扶贫，这些都是中心工作。但是，在做这些工作时，第一书记是决策者还是执行者（参谋者、出谋划策者），是主导者还是配合者（参与者、协助者），是负主体责任还是负领导责任？第一书记在村里的这些角色都未清晰化。尽管角色不清晰，但是组织部门对第一书记的考核却跟对村支书的要求是一致的，也是针对其在村里做的主要工作、中心工作进行考核。

身份不明确和角色不清晰，使得第一书记在权力与职责上都较为模糊。说他是上级派下来的，有上级的光环，好像能够动员村干部和党员，但是实权又掌握在村支书手里。说他要主导村里的中心工作，把职责都承担下来，但是这样又将村支书放在什么位置？第一书记就是要在模糊地带开展工作。在没有权力和职责的情况下，完成村里的中心工作。这就需要第一书记创造性地开展工作。模糊既意味着没有空间，又意味着有较大的空间，就看第一书记怎么利用身份和角色的不确定性、权力与职责的模糊性，来创造政治空间。利用得好，第一书记在村里工作就会游刃有余，重塑村里的权力结构，整合资源来做好工作。如果没有利用好，他们要么被村里的权力结构所排斥，一事无成，灰溜溜地回到原单位；要么被既有结构所利用，成为既有结构的“提款机”。

做了什么

从调查来看，驻村第一书记多被村庄既有权力结构所利用，成为村庄向上争取资源的渠道。驻村第一书记主要做了以下事情：

第一，精准扶贫的建档立卡。当前中西部农村的中心工作主要是精准扶贫，精准扶贫中的一项重要工作是建档立卡，即整理和填写档案材料，以及资料的电脑录入。由于村干部大多年龄偏大，对电脑等现代化设备不太熟悉，而现代化的技术治理下乡之后，很多文档需要输入电脑，很多工作需要在电脑上操作。有的村便聘用本村大学生来做这项工作。当扶贫工作队进村之后，工作队和第一书记就承担了这些工作。这也是乡镇对第一书记和扶贫工作队的要求。第一书记要花费较多的时间和精力处理文字录入工作，以及核对精准扶贫数据的逻辑关系，对扶贫户进行动态调整。

第二，帮扶精准扶贫对象。第一书记也有自己的帮扶对象。他们要做的事情，一是要掌握帮扶对象的基本情况，每周入户慰问和了解情况，第一时间掌握信息；二是根据贫困户的实际情况，与贫困户一起商讨脱贫的措施；三是对贫困户进行政策宣传，尽量让他们享受国家政策。他们做得最多的是提东西慰问和宣讲政策。

第三，为村里争取发展资源。“干部下乡，自带资源”，这是第一书记的真实写照，也是村干部和村民对第一书记的期待。第一书记的资源有这三种情况：一是第一书记本单位的资源。第一书记驻村不是个人行为，而是单位行为，其所在单位既要对第一书记进行督促和检查，也要支持第一书记的工作，其中很重要的就是要从单位调配资源到所驻村，调配比较多的是物质和政策资源。二是向本单位二级机构争取到的资源。这与单位性质有关系，不同单位的资源禀赋不同。三是向其他单位争取到的资源。根据所驻村发展的需要，第一书记作为牵头人可向其他单位申请相关资源。

第一书记之所以能够争取到其他单位的资源，有四个原因：一是第一书记是单位的中层干部，与其他单位有工作联系，能够通过这种关系获得资源。二是第一书记能够通过私人关系获得资源。私人关系既有直接的亲戚朋友的强关系，也有通过牵线搭桥建立的弱关系。三是第一书记可以直接找相关单位的负责人申请相关资源，如果资源不紧缺，而相关单位的资源本来就需要落地，第一书记的申请报告正好是个落地渠道。四是可以通过第一书记的政治头衔向相关单位申请资源。第一书记承担的是县委、组织部的政治任务，各单位被要求支持和配合第一书记的工作；同时，第一书记被认为有较好的政治前途，各单位领导将资源批给第一书记算是送个顺水人情，由此建立私人关系。

第一书记能够获得的资源量的大小，与其个人的能力有关系，但背后的基础是他所在单位所拥有的权力和资源禀赋。单位的权威和资源量越大，给第一书记下拨的资源就越多，第一书记向其他单位协调资源的力度也越大。所以，所驻村的干部群众都希望上面下派强势部门的干部到村里做第一书记，而不是“清水衙门”的干部。组织部、农委、财政局、建设局、交通局、农业农村局、水利局、教育局等，或自身掌握或能调动大量的资源，对于农村建设来说至关重要，因此这些部门下派的第一书记很受期待和欢迎。组织部自身虽然资源较少，但是它协调其他部门资源的能力强。若是各级都下派第一书记或工作队，下面期待的是中直机关、省直机关派人来驻村。因为层级越高，掌握的资源越多。

这样造成的结果，一是资源的分配很不均衡，强势部门驻的村获得的资源多，“清水衙门”驻的村所获得的资源就少；二是给农村干部和群众带来了“等靠要”的思想，消磨了他们建设自己村庄的主体性和能动性。第一书记所谓的“为村里谋发展”也简化为给村里找资源。

该做什么

第一书记拥有下派干部权威及自带资源，都是非常重要的乡村治理的外部资源。但是，外部资源再多，也比不上农村干部群众被激活、被调动起来后所形成的自我管理、自我建设和自我服务的能量。外部资源不能取代内部资源，但是外部资源可以激活内部资源，使其发挥更大更好的作用。第一书记的主要职责是运用自身权威和自带资源来撬动村庄政治，激活干部群众的资源。第一书记应该干以下事情：

一是政治整合。通过政治、思想和组织工作重塑村庄政治权力结构，组织、教育和团结村干部，将村干部团结到自己周围，从而把村组干部的工作纳入上级党委、组织部门的工作之中，实现组织工作的高度统一。这个工作过程既要有原则，又要有策略；既要有斗争，又要有团结。组织召开村组干部和党员代表会议，以及个别谈心做工作，是第一书记主要的政治整合方式，必要的时候还要开展批评与自我批评。人情、面子和关系也可以作为政治整合的润滑剂，目的是要使村组干部与自己心往一处想、劲往一处使。村组干部、党员代表一旦被团结起来了，就是一股巨大的力量，也是一支强大的宣传队。

二是组织群众。第一书记组织群众的方法可以是团结少数积极分子，争取大多数群众，孤立少数人，营造积极向上的公共氛围，使村民也讲政治、讲原则、讲底线、讲奉献。积极分子就是村里的党员代表和群众中支持党委政府工作、对村庄事务较为关心、有公心、有积极性的农民。首先，将他们组织动员起来，做好他们的工作，让他们明白和内化组织意图。然后，通过他们去做广大中间群众的工作，将他们争取到组织周边，支持组织的工作，从而形成强大的气场，将钉子户、破坏分子给边缘化。这样就可以达到教育群众的目的，使党委政府的意图转变为群众自身的意图。

三是撬动资源。如果在资源落地的过程中，能够将外部资源作为“诱饵”去动员和组织群众，就可以将外部资源“内部化”为村民自己的公共资源，这样就能够激发村民的主体性和主动性。村庄公共资源具有公共性，可让村民在参与讨论该资源如何分配和使用中形成主人翁意识，从而激发出村庄活力。

激活村庄政治对于村庄治理来说，具有至关重要的意义，一方面可以净化乡村治理的政治生态，另一方面可激起农民群众自己解决自己问题的主体性和主动性。村庄中有许多事情，尤其是一些小事情，是国家没有办法去处理好的，或者说通过国家来处理成本会非常高。这就需要动员和组织农民自己去处理。而第一书记的外部资源内部化之后，就可以激活和塑造村庄政治，改造农民群众“等靠要”的思想，触发他们处理好自己事情的能动性和创造性，从而可以低成本地处理好群众身边的事情。这样就会形成外部资源“1＋1＞2”的效应。外部资源进村不能仅仅是做加法，还要做几何运算，要做到四两拨千斤。

2018 年 9 月 22 日

一个普通公务员的成长

布主任从职业中学考到乡镇做公务员，再从县城单位调到省城单位，经过不同的单位，虽然自己的级别没有太大变化，但是单位的级别和地位在提升。这就是“升迁”，到越来越好的单位，也是一种进步。现在社会上很多人将个人的升迁看作关系运作的结果。布主任的进步确实不乏“关系”，领导关系也是关系，但能力与踏实做事是基础，只有如此才能得到领导赏识。

36 岁的布主任是省厅的副主任科员，他老婆在省会城市公家单位工作。布主任是农家子弟，父辈没有给他积累财富和社会关系，全靠他自己打拼，从县职业中学经过数个单位到省厅工作。由于中间被耽搁及在省厅从头再来，否则他怎么也到了副处级岗位了。但布主任乐观豁达，认为夫妻俩的工作都很稳定，单位级别也都比较高，因而家庭的社会关系网络质量和社会地位都较高。他向笔者讲述了工作十二三年来的故事。他在每个单位都得到了主要领导的赏识，原因是踏实勤恳，在每个岗位上都兢兢业业，肯为单位干活做事，会为领导分忧解难。

从管理好一个班级开始

布主任本科毕业于重点大学文科专业，毕业后到一所职业中学当老师。有一年7月份，高三开始补课了，有一位地理老师脚崴了，就由布主任去代两个班的地理课。这所职业中学分两个教学部：一个是职高部，学生上的是职业课程，毕业后到企业就业；另一个是普高部，学生与普通高中的学生一样参加高考。布主任教的是普高。他说，职业中学的学生基础很差，他上课都不用备课，上了几次课后，以前学的地理知识就都回忆起来了。两个班八九十人，真正读书的十个人不到。他教这两个班共四个月，后来有一个学生考上了本科。

9月份开学，他除代高三两个班的地理课外，还任了高一一个班的班主任，另教高一四个班、高二两个班的地理。到10月份，脚崴了的老师伤好后回校，布主任就将高三两个班的地理课交给了这位老师。这两个班的学生不干了，闹到校长那里，要布主任继续教他们地理课。为此，布主任第一次在校长那里挂上了号，受到了校长的表扬。

布主任带班很严厉，学生也被规训得较好。他在管理班级上做到了以下三点：

一是设身处地地关怀。布主任对学生说："我们是有缘分的，相差六七岁，不是很大，你们就把我当成兄长。"他还跟学生打感情牌，说："以前你们没有努力，现在可以努力！我也刚刚毕业，无依无靠，我很辛苦，你们要体谅我。到这里来读书，千万要珍惜机会，不要搞出什么怀孕、打架的事情来；一切按我说的来做，要求几点起床就几点起床。"职业中学的学生往往被老师看不起，老师一般也不会管他们，任由他们发展。布主任这么负责任，让学生感到家庭般的温暖、感到有些希望。来职业中学上普高的学生，本来就是冲着高考去的，是有一定的学习热情和期待的，但是很多老师都给他们泼冷水，而布老师却点燃他们的激情，所以他们对布老师很感激，也听布老师的话。

二是参与到学生的生活中去。不仅仅是关注日常的学习和生活，布主任还经常到男生宿舍与学生睡在一起。

三是选好班干部。布主任认为，班干部要从学生中选出来，要有威望，能够领导同学，让同学服气。他带的高一班就选了一个高大帅气的男生做班长，该生不仅形象好，还有号召力。到了高二分班后，布主任又选了一个高大的男生当团支书。该生在学校像黑社会老大一样，还练过跆拳道，同学都怕他。到了高二，学生变油腻了，更加不听话了，选该同学担任班干部能够起到震慑作用。其他同学怕该同学，但是此同学却被布主任给调教好了，对布主任百依百顺。布主任对他好，他也对布主任有感情。布主任后来调走时，该生还送了一大束花给他。布主任调走后，该生与新任班主任有嫌隙，不听新任班主任的话，在背后搞小动作，还扬言要打新任班主任，使得新任班主任难以管理。有一次，布主任回学校看望还在学校任教的妻子，新任班主任请布主任夫妇吃饭，委婉地讲到这个事情。布主任打电话给该生，调和了双方的关系。

选好了班干部，就能够将一班人带好。学校有一次搞活动，是校长主持的“魔力训练”，就是让学生从早上8点半到下午4点半到野外拉练。按照过去的惯例，每个班会有一大半的人找各种理由不参加。但是，布主任第一次带班参加这种活动却一个不少，又一次在校长那里露脸。这是因为，布主任事先将班干部找过来，要他们去做学生的工作，要求班上一个都不能少。具体的做法是，每个班干部负责一部分人，尤其是要负责说服那些调皮捣蛋的人。班长、团支书则负责最调皮的。其中有两个学生最调皮，不怕布主任，但怕团支书，于是这两人就归团支书管。这样把学生“分包”下去，抓重点、抓关键少数，把整个班级都团结了起来。

打铁还需自身硬

布主任在职业中学待了两年半时间，后来决定考公务员。

布主任的专业，决定了他只能报考没有专业限制的乡镇公务员。结果，一考就中。

到乡镇后，布主任被安排在办公室当文书，做一些接电话、收发材料之类的工作。他的前任是一个“快乐男孩”，有点胖，看起来不精神、油腻。在工作上，“快乐男孩”也不上心，办公室、传达室里乱七八糟的，报纸也不主动分发，给人的印象是不积极、不主动、责任心不强。布主任到任后，每天第一个到办公室，首先将桌子擦拭一遍，报纸分好，给每个工作人员定一个格子，书记、镇长的报纸就给送上去。再打扫会议室、院子，有时还跟保洁人员一起搞卫生。这些都被领导看在眼里，他们认为“小布”很勤奋。几个月后，布主任兼任党办秘书，负责会议记录，跟主要领导近了。后面，布主任还兼任驻村干部。在党办做会议记录时，布主任初时不知如何做，不论谁讲的，有用没用都记录下来，结果乡长还说好。

布主任说，他在乡镇变成了“清洁工”，活是粗糙了点，但是乡镇的老同志对他都挺满意。在乡镇有个现象，就是那些“老乡镇”，自己升不上去，级别不高，“油滑”得很，对自己要求不高，无所事事，但是对年轻人要求很高，爱说闲话，喜欢评论人。这些都是难伺候的主，如果他们都说你好话，那说明你在乡镇确实做得蛮好了。由于工作出色，分管后勤的人大主席将食堂餐券管理的事交给了布主任管。这也算是重要的工作，把这项工作交给布主任，是对布主任的信任。布主任的前任餐券管理者，就经常将自己的七大姑八大姨叫到食堂吃饭，乡镇食堂成了他私人请客的地方，乡镇工作人员对此都很有意见。布主任接手这项工作后，就给自己定下了一个规矩，要以身作则，不从中捞取好处。打铁还需自身硬，自己带头不乱搞，就可以按规矩办事，其他人也就没话说。

在乡镇食堂吃饭，规矩是：县里领导 15 元/人，村里干部 8 元/人，乡镇干部自己 3 元/人，吃一顿在表格上登记一次。县里来人，布主任开单子，拿去食堂换饭吃，结账时还需要布主任签字。布主任自己不乱吃、乱喝，也从不带自己的亲戚朋友来吃喝。但是，他的管理并不是呆板的，也有变通灵活的情况。

如村干部来乡里开会，就不能有几个人就给几张票，要多给几张，这样就可以多点些酒菜。虽然村干部是乡镇的下级，但是他们有推荐副乡长、评议乡镇干部的权力，不能得罪这些人。更何况，布主任下乡还要村干部配合，也要到村干部家“混饭”吃。若县里来两三个人，他就开五六张票，这样就可以点些鸡、鸭、鱼之类的菜。到食堂点菜的时候，老板会问“要不要吃个鸡呀、鱼呀的”。一个人一张票买不到这些菜，但是老板都问了，总不能不点吧。所以就要多给几张票，这样县里来的人也有面子，带他们去吃饭的乡镇干部也不尴尬。

伯乐提携，成为办公室副主任

布主任在乡镇总共待了八个月。除去培训的一个多月，扎扎实实待了六个多月。第二年 6 月份就走了。这期间，他还干过片区秘书，在村里主持过县人大代表选举，参与过征地拆迁等工作。他在村里做选举工作时，乡镇的组织委员交代给他一项任务，是县组织部一位副部长交办的撰写关于留守儿童的调研报告。他一个星期就写好上交了。很快，组织委员就把他从村里叫到乡镇去开会，他发现副部长也在。副部长开口就问他是否愿意被借调到县直机关工委工作，并说是先借调，等有编制后再正式调入。这是难逢的机会，当然不能错过，更何况副部长肯定与乡镇主要领导沟通过此事，布主任也就不再推辞。

布主任分析，之所以副部长会让他来写这份报告：一是与乡镇主要领导的推荐有关系；二是他到乡镇党办后，乡长曾叫他写材料，是写一个体会交到县委办，可能乡长认为他写得不错，就推荐了，副部长也可能看到过；三是副部长曾在布主任老家乡镇担任过领导，对那里有感情，连带也将那里出的干部当作自己人。叫布主任搞份调研材料可能是探试布主任写报告、看问题、干工作的能力，目的是要借调一个人到县直机关工委工作。

县直工委是小单位，一共就五六个人，书记由副部长兼任，主要工作由副书记抓。布主任到工委工作后，很快转变角色投入了工作，副部长对他的工作也很满意，并给他安排了一个办公室副主任的职位。像县直工委这样的小单位，办公室只有主任一人，其他都是办公室文员，没有副主任的编制。为此，组织部部长还批评了副部长。县直工委的主要工作是在县直机关中发展党员，对机关党支部的党员进行培训、教育工作。每年，机关党支部都要向工委汇报总结。

副部长任命布主任为办公室副主任，主持办公室工作，还管财务，权力就大了。这也说明副部长对布主任十分信任。过了两年半，副部长调到人社局当局长。有一次，副部长打电话说纪委要招人，让布主任报名。副部长跟纪委两个副书记打了电话。纪委招三个人，有五十多人考试，布主任入围。

如何在机关里出亮点

县纪委主要有两块工作：一块是办案，一块是写材料。写材料的工作在“党风室”，局长要布主任到党风室锻炼。党风室主任是一位退伍军人，跟谁都敢大声说话。一般来说，县里级别低，要提到副股级都难。布主任进到党风室，恰逢党风室副主任转正主任，布主任接任副主任，属于正股级干部。主任自己不做事，也不干涉布主任做事。这对于布主任来说是好事，他就在党风室独当一面，直接对接纪委副书记，很快就对基本的工作熟悉了，也无须刻意去经营与主任的关系。

县级纪委一般没有什么大案要案，办的最大的官员也就是正科级，比较多的是村干部，在办案方面工作要出亮点很难。纪委书记期待的亮点工作就寄托在了党风室。事实上，党风室也是出亮点的地方。县委书记的党风报告就出自纪委党风室。布主任在党风室独当一面，市里对县里的考核，材料都是他弄的；县里对部门的考核、通稿也是他操刀的。这使得他在撰写公文、讲话稿等方面的能力有了很大提升，对于他后来借调到省厅工作有很大的帮助。

布主任到纪委后，第一任书记很快上调了。第二任书记也待了不长时间，布主任给他写了一篇报告——有关县里招投标出亮点的报告。这个报告引起了上面的注意，纪委书记很满意。第三任书记在位时，其中有一个亮点工作是“阳光新农村”，文件是布主任一个人起草的，纪委副书记修改过。领导看过之后很感兴趣，在全县推广，还上了省日报。还有一个亮点是“三议两公开”。这项制度推广之后，得到了省里的高度肯定，被水利厅推广了。时任省纪委书记就该亮点工作到地市来座谈，其中两个乡镇书记去汇报了工作，有一个人的汇报材料是布主任写的。

根据布主任的总结，纪委一份文件的制定与出台有以下步骤：纪委书记有某个想法；布主任根据领导意思制定文件初稿；纪委副书记审阅；修改、成稿；纪委书记签署下发。纪委书记觉得很重要的，就重点推。布主任是如何制定这些文件的呢？一是到网上查找资料，二是根据自己在乡村工作的经验，三是偶尔下乡调研。一个偌大的县纪委的文件，包括文件的精神、制度建设、操作方法以及后续工作推动，都由他一个人具体操刀完成。

布主任在纪委的工作得到了几任纪委书记的肯定。后来，他老婆考上省会城市的公务员，为了解决两地分居问题，布主任在就要提副科级时主动放弃了机会，以借调的方式到某省厅工作。布主任的意思是，如果提拔副科级干部，就很可能是到乡镇担任纪委书记，这样一来就很难解决两地分居的问题。

某省厅与县纪委不是一条线上的工作，布主任首先要将关系转到与该省厅对应的县级工作单位，再将关系从该工作单位转到省厅来。这样一来，布主任在省厅就要从普通工作人员做起。工作关系调动需要县委书记签字。县委书记对布主任印象深刻，认为人才不能流失而拒绝签字。最后，县纪委书记给县委书记做工作，才把事情办好。

考核优秀是“跑出来的”

在省厅办公室工作，布主任也深得直属领导、厅领导的赏识。早在借调期间，厅领导就将他的工作关系转到省厅来了。

他与领导、同事之间的关系处理得相当融洽。在笔者对布主任进行访谈时，正好他们办公室副主任打来电话，说从老家带来了一些特产要给布主任尝尝。布主任百般推脱而不得。布主任还谈及，他找副厅长帮自己的弟弟调动单位。布主任感慨自己一个普通工作人员，副厅长能帮自己办事，也算是值了。

布主任在省厅办公室干了几年，最让他得意的一件事，也是让厅长对他刮目相看的一件事，是他通过努力，使本省厅从之前全省所有省厅排名中倒数冲刺到前六位，为省厅和厅长添了光彩。布主任所在的省厅属于教科文卫系统，在省厅中较为弱势。该厅在十几年前排名中进过前十，获得过“优秀”称号，后来则一直垫底。厅长 2012 年底就任，任期前几年也一直想争个优秀，但一直未能实现。他问办公室主任及相关工作人员有什么办法拿到优秀，得到的答复是“小厅局没办法”。再过两年厅长就到了退休年龄，他特想在退休之前拿个优秀。2015 年底，布主任接手办公室这块工作。布主任从基层走过来，了解考核的程序和许多具体细节，通过调查研究，他写了一份工作分析报告，认为单位没能评上优秀问题出在两个方面：一是虽然完成了省委省政府相关工作，但量化工作指标定不上去；二是与相关厅局的联系太少，导致扣分偏多。分析报告出来后，得到了办公室主任、厅长的认同，办公室主任让他后面一年盯着考核工作，“对症下药”。

布主任在 2016 年这一年除了做日常工作外，主要就是应对省委省政府的考核工作，他做了这么几个事情：

一是找到能够将省委省政府工作目标量化为本厅局工作目标的依据，使之能够在督查室得到认可，并尽量让其不要合并同类项。

二是与进行考核工作相关的厅局沟通，做好协调工作。这些厅局主要关系到扣分项，如信访维稳、安全生产等。

三是跑了一年的省政府督查室（考核办），跟工作人员建立感情。布主任经常到小年轻的办公室汇报厅里工作开展情况。人心是肉长的，跑勤快了，小年轻也就对布主任的事情上心了。

四是副厅长领着布主任一同给领导汇报工作。“汇报工作”不能光人去凭嘴巴说，要有可信的材料，布主任撰写了大量不同的汇报材料。

2016 年厅里的工作扎实推进，厅里不仅顺利完成了省委省政府定的目标任务，在系统内还获得了几项重要领导批示、国家级大奖，成绩可谓上下内外有目共睹，最后在省里考核排名中靠前，获得了省优秀。厅长总结说，2016 年的工作虽然并不比以前亮眼很多，却得了优秀，布主任功不可没。

由于工作出色，2017 年上半年，布主任被厅里选派到省委巡视组工作。在巡视组的半年期间，布主任也得到了巡视组的高度认可。布主任身上有两点深受组长、组员喜欢：一是工作踏实，交代给他的任务一五一十地干好，从不拖沓推诿；二是布主任幽默风趣，能够开得起玩笑，是小组里的日常调味剂、休息娱乐时的调侃对象。巡视组长很喜欢布主任，有一次对布主任说："小布啊，我跟你们单位的几个领导都是好朋友，你现在是什么级别啊？"当布主任告诉他自己是副主任科员时，组长就不说话了。组长的意思是，如果布主任现在是正科级或副处级，到他提副处或正处时自己就可以说得上话。但是，现在布主任还是副主任科员，等到将来布主任提副处的时候，他也退休了。

踏实做事是第一位的

布主任是典型的从基层培养起来的干部，级别不高，经历却很丰富。他总结说，自己中等智商，但是组织将自己安排在不同的岗位上，做不同的事情，有着不同的经历、体悟和思考，锻炼了不同的能力。现在，自己做事情、看问题都有了一定的高度，似乎自己变聪明了。这或许正是组织培养干部的厉害之处。

虽然布主任不是少年得志的那种官员，但是他在每个岗位上都能够得到领导的赏识和重用，不外乎做到了以下六点：

一是能吃苦耐劳，把本分的事情干好；

二是不怨天尤人，把每份工作都当作机会；

三是为领导分忧解难，领导交代的任务他能够想方设法去完成，从不推卸工作；

四是工作上有创新，既不墨守成规，又能够一步一个脚印；

五是为人诚恳，工作上不投机取巧，对待领导不阿谀奉承，对待同事不阳奉阴违；

六是心态积极向上，追求进步但不为升官发财，升迁上受到挫折能拿得起、放得下、想得开。

布主任从职业中学考到乡镇做公务员，再从县城单位调到省城单位，经过不同的单位，虽然自己的级别没有太大变化，但是单位的级别和地位在提升。这就是“升迁”。到越来越好的单位，也是一种进步。官场内外普遍将个人的升迁看作关系运作的结果。布主任的进步确实不乏关系，领导关系也是关系，但能力与踏实做事是基础，只有如此才能得到领导赏识。

2018年2月19日